新工科·智能网联汽车卓越工程师培养系列教材

智能网联汽车运营与管理

（含实验指导）

主　编　张　鹏　孙玉凤　张　强
副主编　李大成　王冠军　刘　晓
参　编　贾明正　陈艳茹　黄志丹　张云飞　张　选　马　麟

配套资源目录

机械工业出版社

本书以当前智能网联汽车产业的迅速发展为背景，以智能网联汽车运营与管理为核心内容，借鉴国内外相关研究成果与产业实践经验，与智能网联汽车领域先进企业合作，阐述智能网联汽车测试场景技术与标准、测试基地场景管理、试验场设计建设、示范区管理模式、认证准入管理、运营模式等，从内容采集、分析、存储、场景构建到产业应用的全流程，深度剖析各个环节产业现状与关键技术，并结合我国智能网联汽车产业特征分析智能网联汽车运营与管理产业模式及未来发展前景。本书可供汽车及零部件企业科研工作者、检测认证行业从业人员及高等院校相关专业学生阅读参考。

图书在版编目（CIP）数据

智能网联汽车运营与管理：含实验指导 / 张鹏，孙玉凤，张强主编. —北京：机械工业出版社，2022.11
新工科·智能网联汽车卓越工程师培养系列教材
ISBN 978-7-111-71827-7

Ⅰ.①智… Ⅱ.①张…②孙…③张… Ⅲ.①汽车–智能通信网–技术培训–教材 Ⅳ.① U463.67

中国版本图书馆 CIP 数据核字（2022）第 193938 号

机械工业出版社（北京市百万庄大街22号　邮政编码100037）
策划编辑：王　婕　何士娟　　责任编辑：王　婕　何士娟
责任校对：郑　婕　王明欣　　封面设计：马若濛
责任印制：郜　敏
中煤（北京）印务有限公司印刷
2023年1月第1版第1次印刷
184mm×260mm · 12.75 印张 · 307 千字
标准书号：ISBN 978-7-111-71827-7
定价：75.00 元

电话服务　　　　　　　　　网络服务
客服电话：010-88361066　　机 工 官 网：www.cmpbook.com
　　　　　010-88379833　　机 工 官 博：weibo.com/cmp1952
　　　　　010-68326294　　金　书　网：www.golden-book.com
封底无防伪标均为盗版　机工教育服务网：www.cmpedu.com

前 言

随着汽车制造技术与网络技术、通信技术、人工智能技术等新技术的加快融合，智能网联成为汽车高质量发展的制高点。作为汽车与信息通信技术等多产业融合发展的新兴产业方向，智能网联汽车已成为全球汽车产业技术变革和转型升级的重要突破口。

智能网联汽车能大幅度降低交通事故、显著提高交通效率、提高驾驶舒适性、解放驾驶人，使老年人也拥有驾驶出行的权利。智能网联对车辆的使用、售后、保养、消费等各个场景都起到驱动作用。因此，智能网联对车企、行业而言都是巨大的推动力。

智能网联要开放合作，整合社会资源，组建大数据战略联盟，将监管机构与车厂、科技类公司整合起来，各取所需，依托联盟的力量共同把汽车的智能化、网联化以及高质量工作做好，为未来消费者提供更高质量的汽车产品。

国际上，美国、日本及部分欧洲国家纷纷加快智能网联汽车布局，加快推动自动驾驶相关法案制定，相继出台示范运行和道路测试管理规范，推动智能网联汽车产业化进程。

在我国，《中国制造2025》明确将发展智能网联汽车上升至国家战略高度，政产学研各界纷纷围绕这项新技术，从各个角度来谋求突破和发展，包括制定相关的法律法规及标准、研发新的技术等。

在国家和地方密集出台各项智能网联汽车相关政策、标准和法规的同时，各地智能网联汽车商业化示范发展进入了实操阶段。这些智能网联汽车商业化示范项目多布局在示范区或先行区。截至2022年8月，全国已有多地建设智能网联汽车示范区和先行区，北京、成都、重庆陆续开展商业化运营示范。

"智能网联汽车运营与管理"是本科汽车类专业的一门专业技术课程。作为汽车类专业课程结构体系中的主要专业课教材，本书主要涵盖了智能网联汽车测试场景技术与标准、测试基地场景管理、试验场设计建设、示范区管理模式、认证准入管理、运营模式等内容。智能网联汽车是一种跨技术、跨产业领域的新型汽车，汽车行业企业对智能网联汽车运营与管理人才需求量很大，而目前市面上还没有关于智能网联汽车运营与管理相关内容的教材。本课程的教学，旨在使学生了解智能网联汽车运营模式、智能网联汽车城市示范区管理模式，智能网联汽车测试场景技术与标准现状，熟悉智能网联汽车的测试与评价方法，掌握智能网联汽车试验场设计建设，为他们以后从事智能网联汽车测试与评价、运营与管理、科研等方面工作打下良好的基础。

本书的特点是：以岗位需求为导向，对接企业需求，将学生在校学习与就业岗位技能要求有效衔接，全面提升学生的能力和素养；突出时代特色，紧跟智能网联汽车先进技术的更迭与发展，多企联手，校企合作，共同开发；注重应用型人才培养，零距离贴近工程技术人才岗位要求；把专业课模块中的专业知识、应用技术以及技能培养融为一体，做到理论与实际相联系，讲授与操作相结合，同时融入课程思政。

本书由国家智能清洁能源汽车质量检验检测中心副主任、黄河交通学院校长助理、汽车工程学院院长张鹏，黄河交通学院孙玉凤，中国汽研智能中心副主任、中汽院智能网联科技有限公司总经理张强担任主编；由高新兴科技集团股份有限公司李大成、河南凯瑞检测认证中心有限公司王冠军、中国汽车工程研究院股份有限公司刘晓担任副主编。参编人员还有：高新兴科技集团股份有限公司黄志丹、国家智能清洁能源汽车质量检验检测中心河南凯瑞检测认证中心有限公司张云飞、北京中汽院科技有限公司张选、北京中汽院科技有限公司马麟、黄河交通学院贾明正和黄河交通学院陈艳茹。全书由孙玉凤、刘晓、王冠军负责统稿。

本书在编写过程中，得到了上海霍兰汽车科技有限公司、广州高新兴科技集团股份有限公司、中汽院智能网联科技有限公司、中国汽车工程研究院股份有限公司、北京中汽院科技有限公司、中汽院汽车技术有限公司、河南凯瑞检测认证中心有限公司等企业的大力支持，在此表示衷心的感谢。

由于编者水平有限，书中难免存在不足和疏漏之处，恳请广大读者批评指正。

编　者

"天工讲堂"二维码目录

素材名称	二维码	页码	素材名称	二维码	页码
什么是智能网联汽车		1	《深圳经济特区智能网联汽车管理条例》具体内容		155
智能网联汽车测试场景要素		53	智能网联道路测试		158
《智能网联汽车道路测试与示范应用管理规范（试行）》具体内容		69	《智能网联汽车生产企业及产品准入管理指南（试行）》征求意见稿		158
智能网联汽车试验场介绍		98	带您了解什么是智慧城市		172
什么是数字孪生		119			

目 录

前言
"天工讲堂"二维码目录

第1章 绪论 1

1.1 智能网联汽车的概念与内涵 1
1.1.1 智能网联汽车的相关范畴 1
1.1.2 智能网联汽车的基本概念及主要分类 3
1.2 智能网联汽车的发展趋势与概况 10
1.2.1 智能网联汽车的主要特点 10
1.2.2 智能网联汽车的发展概况 11
1.2.3 智能网联汽车的发展趋势 15
1.3 智能网联汽车的测试与评价 16
1.3.1 传统汽车测评技术 16
1.3.2 智能网联汽车测评技术 20
1.3.3 智能网联汽车典型事故案例 23
1.3.4 智能网联汽车测试的意义和必要性 25
1.4 智能网联汽车测试场地 29
1.4.1 智能网联汽车测试基地 29
1.4.2 智能网联汽车应用示范区 33
思考题 35

第2章 智能网联汽车测试场景技术与标准 36

2.1 智能网联汽车测试场景研究 36
2.1.1 国外智能网联汽车测试场景研究现状 36
2.1.2 国内智能网联汽车测试场景研究现状 39
2.2 智能网联汽车测试场景标准法规现状 44
2.2.1 国外智能网联汽车测试场景标准法规现状 44
2.2.2 国内智能网联汽车测试场景标准法规现状 45
2.3 智能网联汽车测试场景技术标准化面临的问题和挑战 51

思考题 ·· 52

第 3 章　智能网联汽车测试基地场景管理　53

3.1　智能网联汽车测试场景分类与要素 ··· 53
3.1.1　智能网联汽车测试场景的概念 ··· 53
3.1.2　智能网联汽车测试场景的分类 ··· 56
3.1.3　智能网联汽车场地测试场景要素 ··· 67
3.2　智能网联汽车测试场景应用 ··· 70
3.2.1　智能网联汽车场景与测试 ·· 70
3.2.2　智能网联汽车典型物理测试中的场景应用 ·························· 74
3.2.3　智能网联汽车商用车园区驾驶验证场景 ······························ 89
3.2.4　智能网联汽车其他场地场景应用 ··· 90
3.3　智能网联汽车测试场景未来发展趋势与展望 ··································· 92
3.3.1　智能网联汽车测试场景未来发展趋势 ································· 92
3.3.2　智能网联汽车测试场景未来展望 ··· 94
思考题 ·· 97

第 4 章　智能网联汽车试验场设计建设　98

4.1　智能网联汽车测试场存在的问题 ··· 98
4.1.1　标准不统一，场景差异大 ·· 98
4.1.2　建设协调性差，数据难共享 ·· 99
4.1.3　建设成本高，运营收益不佳 ·· 100
4.1.4　缺乏创新商业模式的测试与验证 ······································· 100
4.2　智能网联汽车测试场数据平台 ··· 101
4.2.1　数据平台人机交互设计 ·· 101
4.2.2　数据平台功能模块设计 ·· 102
4.2.3　测试场系统结构 ··· 105
4.2.4　智能网联汽车测试场解决方案探究 ··································· 106
4.2.5　车企需求及法规分析 ·· 110
4.2.6　智能网联汽车测试场规划思考 ·· 111
思考题 ·· 115

第 5 章　智能网联汽车城市示范区管理模式　116

5.1　智能网联汽车测试现状与发展 ··· 116
5.2　数字孪生技术介绍 ·· 119
5.2.1　概述 ·· 119

- 5.2.2 数字孪生的价值 …… 120
- 5.2.3 数字孪生体系架构 …… 120
- 5.2.4 数字孪生关键技术 …… 124
- 5.2.5 数字孪生技术与其他技术的区别 …… 127
- 5.2.6 数字孪生技术典型应用场景 …… 130
- 5.2.7 数字孪生技术展望 …… 132

5.3 基于数字孪生技术的管理平台搭建 …… 134
- 5.3.1 孪生地图研究 …… 135
- 5.3.2 孪生场景构建 …… 137
- 5.3.3 多指标融合评估 …… 139
- 5.3.4 算法接入与优化 …… 140

5.4 智能网联汽车测试场景应用管理模式研究 …… 142
- 5.4.1 管理平台总体架构 …… 142
- 5.4.2 管理平台系统建设内容 …… 143
- 5.4.3 数字孪生技术在测试场景管理中的应用 …… 145

5.5 智能网联汽车城市示范区管理新模式展望 …… 147

思考题 …… 149

第6章 智能网联汽车认证准入管理 — 150

6.1 产品认证在智能驾驶领域的创新与实践 …… 150
- 6.1.1 智能网联汽车芯片认证 …… 150
- 6.1.2 智能网联汽车信息安全认证 …… 151
- 6.1.3 智能网联汽车功能安全认证 …… 153
- 6.1.4 智能网联汽车典型认证管理模式 …… 154
- 6.1.5 智能网联汽车新认证技术探究 …… 155
- 6.1.6 智能网联汽车认证的意义 …… 158

6.2 智能网联汽车生产企业及产品准入管理 …… 158
- 6.2.1 总体要求 …… 159
- 6.2.2 加强数据和网络安全管理 …… 160
- 6.2.3 规范软件在线升级 …… 161
- 6.2.4 加强产品管理 …… 162
- 6.2.5 保障措施 …… 163

思考题 …… 164

第7章 智能网联汽车运营模式探索与实践 — 165

7.1 智能网联汽车产业应用发展 …… 165
- 7.1.1 城市交通发展趋势 …… 165

	7.1.2	国内智能网联汽车发展规划	167
	7.1.3	智能网联汽车创新应用路线图探究	168
	7.1.4	智能网联汽车创新应用展望与发展探究	170

7.2 智能网联汽车商业模式探索与实践 … 172
  7.2.1 城市智能网联汽车运营政策法规研究 … 172
  7.2.2 城市运营基础建设要求 … 174
  7.2.3 新兴应用场景 … 174
  7.2.4 商业模式更新 … 176
  7.2.5 典型应用场景的商业模式探索 … 176
  7.2.6 智能网联汽车大规模商用运营模式探究 … 178
思考题 … 179
参考文献 … 180

第1章 绪 论

本章首先介绍了智能网联汽车的概念与内涵,接着介绍了美国、欧盟、日本以及我国智能网联汽车的发展趋势与概况,指出了我国在发展智能网联汽车中所面临的挑战,分析了智能网联汽车测试与评价的重要性与必要性,并给出其测试与评价的基本方向。

> **学习目标**
> 1. 了解智能网联汽车的概念。
> 2. 了解智能网联汽车的发展概况。
> 3. 了解智能网联汽车测试的必要性。
> 4. 了解智能网联汽车测试场地发展现状。

 智能网联汽车的概念与内涵

《中华人民共和国国民经济和社会发展第十四个五年规划和2035年远景目标纲要》中将新能源汽车和智能网联汽车作为国家制造业核心竞争力提升领域进行布局,而"智能网联汽车""车联网""智能汽车""智能交通系统"等概念也在日常生活中被反复提及。那智能网联汽车到底是什么?智能网联汽车与这些概念又是如何区分的呢?

什么是智能网联汽车

1.1.1 智能网联汽车的相关范畴

随着汽车智能化、网联化发展大潮的到来,"车联网""智能网联汽车"等概念被反复提及。"车联网"与"智能网联汽车"的准确定义是什么?它们与"智能汽车""智能交通"的关系又是如何的?在本书的开篇,有必要对上述概念进行一些梳理。

智能网联汽车是智能交通系统中的智能汽车与车联网交集的产品。智能网联汽车是车联网的重要组成部分,智能网联汽车的技术进步和产业发展有利于支撑车联网的发展;车联网系统是智能网联汽车、智能汽车的最重要载体,只有充分利用互联技术,才能保障智能网联汽车真正拥有充分的智能和互联。故智能网联汽车与车联网应该并行推进,协同发展。

智能网联汽车本身具备自主的环境感知能力,也是智能交通系统的核心组成部分,是车联网体系的一个结点,通过车载信息终端实现与车、路、行人、业务平台等之间的无线通信和信息交换。

1. 智能汽车

按照 Azim Eskandarian 在《智能汽车手册》中的定义，智能汽车是指"能够自主完成部分驾驶任务或辅助驾驶人更有效地完成驾驶任务，实现更安全、更高效和更环保行驶的车辆"。

智能汽车作为智能交通系统的一个重要组成部分，是一个集环境感知、规划决策和控制执行于一体的高新技术综合体。智能汽车利用传感器技术、信号处理技术、通信技术、计算机技术等，根据各传感器所得到的信息做出分析和判断，辨别车辆所处的环境和状态；或者向驾驶人发出劝告和报警信息，提醒驾驶人注意规避危险；或者在紧急情况下帮助驾驶人操作车辆（即辅助驾驶系统），防止事故发生，使车辆回到正常驾驶状态；或者代替驾驶人操作，实现车辆运行的自动化。

智能汽车主要侧重于汽车的智能化发展层次，即汽车是否具有先进的环境感知、决策规划和一定层级的自动驾驶能力，并未将联网与信息交互功能作为考虑的重点。

2. 车联网

车联网的概念来自物联网，即车辆物联网。行业背景不同，对车联网的定义也不尽相同。传统意义的车联网是指装载在车辆上的电子标签通过无线射频等识别技术，在信息网络平台上实现对所有车辆的属性信息和静、动态信息的提取和有效利用，并根据不同的功能需求对所有车辆的运行状态进行有效的监管和提供综合服务的系统。随着车联网技术与产业的发展，上述定义已经不能涵盖车联网的全部内容。

根据车联网产业技术创新战略联盟的定义，车联网（Internet of Vehicle，IOV）是以车内网、车际网和车载移动物联网为基础，按照约定的通信协议和数据交互标准，在车—X（车、路、行人以及互联网等）之间，进行无线通信和信息交换的大系统网络，是能够实现智能化交通管理、智能动态信息服务和车辆智能化控制的一体化网络。车联网组成如图 1-1 所示。

图 1-1　车联网组成

车联网通过整合全球定位系统（GPS）导航技术、车对车交流技术、无线通信及远程感应技术奠定了新的汽车技术发展方向，实现了手动驾驶和自动驾驶的兼容。

车联网技术主要面向道路交通，为交通管理者提供决策支持，为车辆与车辆、车辆与道路提供协同控制，为交通参与者提供信息服务。车联网是智能交通系统与互联网技术发展的融合产物，是智能交通系统的重要组成部分，更多表现在汽车基于现实中的场景应用，量产车型目前主要以导航和娱乐系统为主，而车辆主动安全和节能减排则是业内最新热点。

3. 智能交通系统

中国智能交通协会提出，智能交通系统是将先进的数据传输技术、电子控制技术、计算机技术及智能车辆技术等综合运用于整个交通运输管理体系，通过对交通信息的实时采集、传输和处理，借助各种科技手段和设备，对各种交通情况进行协调和处理，建立起一种实时、准确、高效的综合运输管理体系，从而使交通设施得以充分利用，提高交通效率和安全水平，最终使交通运输服务和管理智能化，实现交通运输的集约式发展。

"智能交通系统"强调的是交通运输系统的整体构建，包含了路网和通信基站等基础设施建设、道路交通管理，以及相关信息服务等。汽车被看作庞大交通系统中的一个网络节点，其自身产品形态和功能的变化在此被弱化。

4. 无人驾驶汽车

无人驾驶汽车是一种智能汽车，主要依靠车内的以计算机系统为主的智能驾驶系统来实现无人驾驶。无人驾驶汽车集自动控制、环境交互、视觉识别等众多人工智能技术于一体，是计算机科学、模式识别和智能控制技术高度发展的产物，也是衡量一个国家科研实力和工业水平的一个重要标志，在国防和国民经济领域具有广阔的应用前景。无人驾驶汽车是通过车载传感系统感知道路环境，自动规划行车路线并控制车辆到达预定目标的智能汽车。它是利用车载传感器来感知车辆周围环境，并根据感知所获得的道路、车辆位置和障碍物信息，控制车辆的转向和速度，从而使车辆能够安全、可靠地在道路上行驶。

综上所述，智能汽车、智能网联汽车、智能交通、车联网等概念间的相互关系可如图1-2所示。其中智能汽车隶属于智能交通大系统，智能网联汽车则属于智能汽车与车联网的交集。智能网联汽车是智能交通系统的核心组成部分。智能网联汽车的终极目标是无人驾驶汽车。车联网的聚焦点是建立一个比较大的交通体系，发展重点是给汽车提供信息服务，终极目标是智能交通系统。无人驾驶汽车是汽车智能化与车联网的完美结合。

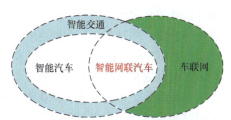

图1-2 智能汽车、智能网联汽车、智能交通、车联网的相互关系

1.1.2 智能网联汽车的基本概念及主要分类

1. 基本概念

按照中国汽车工业协会的定义，智能网联汽车（Intelligent and Connected Vehicle，ICV）是指搭载先进的车载传感器、控制器、执行器等装置，并融合现代通信与网络技术，实现车与X（车、路、人、云等）智能信息交换、共享，具备复杂环境感知、智能决策、协同控制等功能，可实现安全、高效、舒适、节能行驶，并最终实现替代人来操作的新一代汽车。

由智能网联汽车的定义可知，真正意义上的智能网联汽车实际上不仅只是一个移动的互联网，还有车车通信、车路通信，以及车内通信等，可以称之为三网融合的网，即车云网、车际网、车内网。

车辆通信类型可根据通信对象的不同进行划分，包括车与车通信、车与路通信、车与人通信、车与应用平台通信、车内通信等类型，即 V2X（Vehicle to X），如图 1-3 所示。V2X 是未来智能交通运输系统的关键技术。它使得车与车、车与基站、基站与基站之间能够通信，从而获得实时路况、道路信息、行人信息等一系列交通信息，提高驾驶安全性，减少拥堵，提高交通效率，提供车载娱乐信息等。

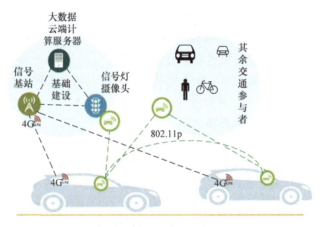

图 1-3　V2X 组成结构

车与车通信主要是指通过车载终端进行车辆间的通信。车载终端可实时获取周围车辆的车速、车辆位置、行车情况告警等信息，车辆间也可以构成一个互动的平台，实时交换各种文字、图片、音乐和视频等信息。车与车通信主要应用于避免和减缓交通事故、车辆监督管理、生活娱乐等方面，同时基于公共网络的车与车通信，还可应用于车辆间的语音、视频通话等。车与车通信主要采用短距离无线通信技术。

车与路通信是指车辆终端设备与道路区域的设备（如交通信号灯、交通摄像头、路侧单元等）进行通信，道路区域设备获取附近区域的车辆信息并发布各类实时信息，其中，路包括室外道路和室内道路。车与路通信主要应用于实时信息服务、车辆监控管理、不停车收费等。车与路通信主要采用短距离无线通信技术。

车与人通信是指人使用用户区域的设备（如手机、计算机等）与车辆区域的设备进行通信。车与人通信主要应用于智能服务、车辆信息管理等。车与人通信主要采用短距离或远距离无线通信网络。

车与应用平台通信是指车载终端通过接入核心网络与远程的应用平台建立连接，应用平台与车辆之间进行数据交互，并对获取的数据进行存储和处理，提供远程车辆交通/娱乐/手持设备商务服务和车辆管理等应用。车与应用平台通信主要应用于车辆导航、车辆远程监控、紧急救援、信息娱乐服务等。车与应用平台通信主要采用无线通信技术。

车内通信是车载终端与车内的传感器和电子控制装置之间连接形成车内通信网络，获取车辆数据并可发送指令对车辆进行控制。车内通信主要应用于车辆检测、车辆系统控制、辅助驾驶等。车内通信的范围覆盖整个车辆内部，是在一个相对静止的环境中进行通信。车内通信主要采用总线技术。

由上述可知，在智能网联汽车的通信类型中采用的主要通信技术有三种：短距离无线通信技术、远距离无线通信技术、总线技术。

智能网联汽车依据其技术架构可以划分为"端""管""云"三层，如图1-4所示。"端"是指汽车端的部件和系统，包含传感器、车载总线、手机移动软件、嵌入式控制软件、车载操作系统、车载及智能终端应用软件等；"管"是指汽车端到服务端的接口和通信媒介，包含基于OBD的服务终端、车载信息服务终端（Telematics BOX，T-BOX）、V2X通信（DSRC、LTE-V）、4G/5G等；"云"是指汽车的远程服务系统，包含远程的信息服务系统、汽车远程服务提供商（Telematics Service Provider，TSP）、云计算平台、大数据平台等。

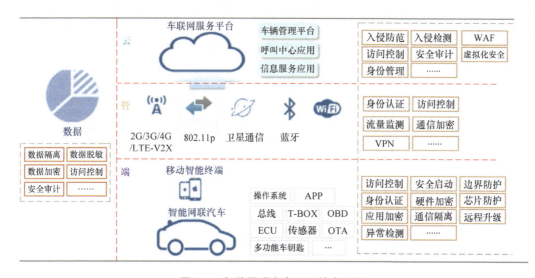

图1-4　智能网联汽车三层技术架构

（1）云计算服务

云服务平台是未来智能网联汽车架构的核心，车辆的智能化并不仅仅表现为车辆依赖自身的能力对周围局部环境的理解和反应，而是充分获取全局信息后单体智能与全局智能的协同最优。云服务平台需要具备海量数据的存储和处理能力，通过集群应用、网格技术或者分布式文件系统等功能，将网络中大量各种类型的存储设备通过应用软件集合起来协同工作，共同对外提供数据存储和业务访问功能。云服务平台一方面能够实时接收记录所有车辆的上报信息进行定期备份并异地存储所有数据，另一方面能够利用人工智能、机器学习等方法对海量数据进行分析整理，挖掘数据的潜在价值。通过虚拟化和资源共享，云服务平台大大提升了资源的利用率和资源使用的弹性，从而极大地提升对海量数据的存储能力和处理能力，促进智能网联汽车智能程度的升级。

（2）"三网"融合

智能网联汽车的发展趋势是必须有通信，以实现自主控制和云端控制的结合。网联化就是要做到车内网、车云网和车际网"三网"融合。车内网是指由数据总线和电控单元组成的集中式网络系统，为了简化线路、减少线束、提高信息传输的速度和可靠性，CAN等数据总线技术得到了广泛的应用,解决了车辆的线束问题,整合汽车电子领域的各种先进技术,同时使得电控单元之间的数据交换变得更为快捷方便。除了车内互联,车云网和车际网也是智能网联汽车的发展趋势。车云网是指车辆通过通信技术与互联网进行连接,实现车辆与云服务平台的互联,而车际网是指通过专用短程通信技术建立的车—X(车、人、路等)之间的通信网络。智能网联汽车最终是具有通信协同感知和云端智能控制的系统。

(3)智能终端

车载智能终端主要借助对周边环境的感知、对障碍物及危险的识别、与云服务平台的通信以及与其他车辆和路侧设备的互联等获取的信息,通过智能控制、人机交互等方式提高安全性,改善驾驶体验。车载智能终端一方面基于先进的传感技术与传统汽车制造业的深度融合,主要使用诸如立体摄像机、雷达等传感器,结合控制器、线控执行机构的组合,构成驾驶辅助或自动驾驶系统,使得车辆能够检测和应对周围的环境,这类应用已经在部分品牌的车辆上得到应用;另一方面是互联网思维对传统汽车驾驶模式的变革,主要依靠有代表性的互联网企业推动。这类企业重点开发车载信息系统,并与汽车厂商合作开发推广导航、语音识别、娱乐、安全等方面的应用程序和控制技术。

智能网联汽车从"云—管—端"三方面体现智能化及网联化。

2. 主要分类

智能网联汽车包括网联化与自动化两个技术层面,其分级也可对应地按照网联化与自动化两个层面区分。

(1)网联化等级划分

智能网联汽车网联划分为 3 个等级,见表 1-1。1 级是网联辅助信息交互,2 级是网联协同感知,3 级是网联协同决策与控制。网联化等级越高,智能网联汽车网联化程度越高。

表 1-1 网联化等级划分

网联化等级	等级名称	等级定义	典型信息	传输需求	典型场景	控制者
1	网联辅助信息交互	基于车-路、车-云通信,实现导航等辅助信息的获取以及车辆行驶数据与驾驶人操作等数据的上传	地图、交通流量、交通标志、油耗、里程等静态信息	传输实时性、可靠性要求较低	交通信息提醒、车载信息娱乐服务、ecall 等	人
2	网联协同感知	基于车-车、车-路、车-人、车-云通信,实时获取车辆周边交通环境信息,与车载传感器的感知信息融合,作为自车决策与控制系统的输入	周边车辆、行人、非机动车位置,信号灯相位,道路预警等动态数字化信息	传输实时性、可靠性要求较高	道路湿滑提醒、紧急制动预警、特殊车辆避让等	人、自车
3	网联协同决策与控制	基于车-车、车-路、车-人、车-云通信,实时并可靠获取车辆周边交通环境信息及车辆决策信息,车-车、车-路等各交通参与者之间信息进行交互融合,形成车-车、车-路等各交通参与者之间的协同决策与控制	车-车、车-路、车-云间的协同控制信息	传输实时性、可靠性要求最高	列队跟驰等	人、自车、他车、云

目前,已经量产的汽车产品的网联化水平基本还以 1 级为主,部分实验室阶段的产品能达到 2 级、3 级水平。

(2)自动化等级划分

自动化分级级别越高,应用的高级驾驶辅助系统越多,车辆系统的集成与融合度越高,软件控制的重要性越大。当前,自动化分级比较有代表性的是两种分级,一种是美国汽车工程师学会(SAE)划分的分类标准,也就是现在常说的 L0~L5 级的分级标准,见表 1-2;另一类则是我国在 2021 年正式开始发行的 GB/T 40429—2021《汽车驾驶自动化分级》,按 0~5 级来划分,见表 1-3。我国的划分标准在制定过程中参考了 SAE 的标准,是更符合我们国家实际情况的分级标准。

1)SAE 划分的标准见表 1-2。

表 1-2 SAE 汽车驾驶自动化等级

分级		L0	L1	L2	L3	L4	L5
名称		无自动化	驾驶支持	部分自动化	有条件自动化	高度自动化	完全自动化
定义		由驾驶人全权驾驶汽车,在行驶过程中可以得到警告	通过驾驶环境对转向盘和加减速中的一项操作提供支持,其余由驾驶人操作	通过驾驶环境对转向盘和加减速中的多项操作提供支持,其余由驾驶人操作	由无人驾驶系统完成所有的驾驶操作,根据系统要求,驾驶人提供适当的应答	由无人驾驶系统完成所有的驾驶操作,根据系统要求,驾驶人不一定提供所有的应答;限定道路和环境条件	由无人驾驶系统完成所有的驾驶操作,可能的情况下,驾驶人接管;不限定道路和环境条件
主体	驾驶操作	驾驶人	驾驶人/系统	系统			
	周边监控	驾驶人			系统		
	支援	驾驶人				系统	
	系统作用域	无	部分				全域

在 L0 级时,车辆没有辅助系统,驾驶人需要全神贯注,手眼并用。

在 L1 级时,车辆有横向或者纵向辅助系统,但驾驶人仍需要集中注意力,手眼并用。

在 L2 级时,车辆有横向和纵向辅助系统,驾驶人仍需要观察环境,但可以临时解放手和眼。

在 L3 级时,车辆在紧急情况下会发出驾驶人接管请求,驾驶人全程需要有接管意识,驾驶人可以解放手和眼。

在 L4 级时,车辆即使在紧急情况下(可以自己处理)也不会发出驾驶人接管请求,驾驶人不需要有接管意识,可以解放手和大脑。

在 L5 级时,车辆可以实现完全自动驾驶,车辆不需要驾驶人,并且将不再需要转向盘、制动和加速踏板、后视镜。

2)我国划分的标准见表 1-3。

表 1-3 中国汽车驾驶自动化等级

分级	名称	定义	持续的车辆横向和纵向控制	目标和事件探测与响应	动态驾驶任务接管	设计运行范围
0级	应急辅助	系统不能持续执行动态驾驶任务中的车辆横向或纵向运动控制，但具备持续执行动态驾驶任务中的部分目标和事件探测与响应的能力	驾驶人	驾驶人及系统	驾驶人	有限制
1级	部分驾驶辅助	系统在其设计运行条件内持续地执行动态驾驶任务中的车辆横向或纵向运动控制，且具备与所执行的车辆横向或纵向运动控制相适应的部分目标和事件探测与响应的能力	驾驶人及系统	驾驶人及系统	驾驶人	有限制
2级	组合驾驶辅助	系统在其设计运行条件内持续地执行动态驾驶任务中的车辆横向和纵向运动控制，且具备与所执行的车辆横向和纵向运动控制相适应的部分目标和事件探测与响应的能力	系统	驾驶人及系统	驾驶人	有限制
3级	有条件自动驾驶	系统在其设计运行条件内持续地执行全部动态驾驶任务	系统	系统	动态驾驶任务接管用户（接管后成为驾驶人）	有限制
4级	高度自动驾驶	系统在其设计运行条件下持续地执行全部动态驾驶任务并自动执行最小风险策略	系统	系统	系统	有限制
5级	完全自动驾驶	系统在任何可行条件下持续地执行全部动态驾驶任务并自动执行最小风险策略	系统	系统	系统	无限制

0级具有的功能：驾驶人掌握驾驶权，系统不能对车辆横向（指左右方向）或纵向（指加减速）进行控制，但是具备一定的路况识别和反应能力，具有前部碰撞预警（FCW）、车道偏离预警（LDW）、盲点探测预警（BSD）功能。

1级具有的功能：1级自动驾驶汽车和0级自动驾驶汽车一样，都属于有限制条件的自动驾驶，且当汽车出现故障时都需要人类驾驶人来控制车辆。不同之处在于，1级自动驾驶汽车的自动化系统能够在人类驾驶人的协助下，对车辆的方向或加减速进行控制，但只能二选一。换言之，1级自动驾驶可具备自适应巡航（ACC）或者车道保持辅助功能（LKA）和自动紧急制动（AEB）。

2级具有的功能：在自动驾驶系统所规定的运行条件下，车辆本身能够控制汽车的转向和加减速运动，拥有多项操作权，但还是驾驶人主导。在汽车出现故障时，人类驾驶人将负责执行汽车的驾驶任务。和1级自动驾驶相比，2级自动驾驶将拥有智能巡航辅助功能（ICC），也就是同时具有 ACC 和 LKA。

3级具有的功能：0级到2级是驾驶人为主导，3级为自动驾驶的分水岭。在自动驾驶系统所规定的运行条件下，车辆本身就能完成转向和加减速，以及路况探测和反应的任务。对于3级自动驾驶汽车，驾驶人只需要在系统失效或者超过工作条件时对故障汽车进行接管。由此，属于3级自动驾驶的汽车将有条件实现交通拥堵辅助功能（TJP）。

4级具有的功能：4级自动驾驶汽车仍属于有限制条件的自动驾驶，但是汽车的方向和加减速控制、路况观测和反应，以及汽车故障时的接管任务都能够由自动驾驶系统完成，不需要人类参与。但由于立法和基础设施发展欠缺，4级自动驾驶汽车只能在限定区域行驶［通常是在城市路况，最高平均速度达 30mile/h（1mile=1.6km）］。因此，现有的大多数4级自动驾驶汽车都面向共享出行领域。

5级具有的功能：5级自动驾驶汽车和4级自动驾驶汽车能够实现的基本功能相同，但5级自动驾驶汽车不再有运行条件的限制（商业和法规因素等限制除外），同时自动驾驶系统能够独立完成所有的操作和决策。

知识链接

802.11p——无线局域网标准

802.11p——无线局域网标准，用于智能交通 ITS。

802.11p 被用在车载通信（或称专用短距离通信，Dedicated Short Range Communications，DSRC）系统中，这是一个美国交通部（U.S. Department of Transportation）基于欧洲针对车辆的通信网路，特别是电子道路收费系统、车辆安全服务与车上的商业交易系统等应用而规划的中长距离继续传播空气介面（Continuous Air interfaces - Long and Medium Range，CALM）系统的计划。该计划最终的愿景是建立一个允许车辆与路边无线接取器或是其他车辆间的通信的全国性网络。这项工作的基础是 ASTM E2213-03 计划。

802.11p 已由 IEEE 于 2010 年 7 月颁布。

IEEE 802.11p（又称 WAVE, Wireless Access in the Vehicular Environment）是一个由 IEEE 802.11 标准扩充的通信协议，主要用于车载电子无线通信。它本质上是 IEEE 802.11 的扩充延伸，符合智能交通系统的相关应用。应用层面包括高速车辆之间以及车辆与 ITS 路边基础设施（5.9GHz 频段）之间的数据交换。IEEE 1609 标准则基于 IEEE 802.11p 通信协议的上层应用标准。

IEEE 802.11p 对传统的无线短距离网络技术加以扩展，可以实现对汽车非常有用的功能，包括更先进的切换机制（handoff scheme）、移动操作、增强安全、识别（identification）、对等网络（peer-to-peer）认证。最重要的是，在车载规定频率上进行通信，将充当专用短程通信（DSRC）或者面向车载通信的基础。车载通信可以在汽车之间进行，也可以是汽车与路边基础设施网络之间进行。

从技术上来看，对进行了多项针对汽车这样的特殊环境的改进，如更先进的热点切换、更好地支持移动环境、增强了安全性、加强了身份认证等，若要实现真正商用，不同厂商产品间的互通性至关重要，因此首先将标准在 IEEE 获得通过至关重要，现在看来这似乎不是什么难事。车载通信市场很大部分上由手机通信所主导，但客观上说，蜂窝通信覆盖成本比较高昂，提供的带宽也比较有限。而使用 802.11p 有望降低部署成本、提高带宽、实时收集交通信息等，而且支持身份认证则有望使其代替射频识别（RFID）技术。上述的优势有助于刺激厂商将车用 WiFi（WAVE）内置入汽车中，而为节省成本和方便起见，厂商极有可能将其与传统的 a/b/g 工作于同一频段之中，或者是整合这些标准的多模产品。使用 IEEE 的汽车厂商还有可能获得车载通信的运营权。

> 📝 **小贴士**
>
> **《智能汽车创新发展战略》介绍**
>
> 2020年2月24日，国家发展改革委、工业和信息化部、科技部等11个部委联合发布《智能汽车创新发展战略》。《智能汽车创新发展战略》指出，发展智能汽车不仅有利于加速汽车产业转型升级，更有利于加快建设制造强国、科技强国、智慧社会，增强国家综合实力。中国在汽车产业体系逐渐成熟完善的基础上，在信息通信领域实力雄厚，网路规模、5G通信、基础设施各领域皆有全面保障。
>
> 《智能汽车创新发展战略》提出，到2025年，中国标准智能汽车的技术创新、产业动态、基础设施、法规标准、产品监管和网络安全体系基本形成。智能交通系统和智慧城市相关基础设施取得积极进展，LTE-V2X 无线通信网络实现区域覆盖，5G-V2X 新一代车用无线通信网络在部分城市、高速公路逐步开展应用。

1.2 智能网联汽车的发展趋势与概况

中国智能网联汽车发展已上升至国家战略层面，发展定位从车联网向智能制造、智慧城市等智能化集成行业转移。在顶层设计上，《汽车产业中长期发展规划》《智能汽车创新发展战略》及《车联网（智能网联汽车）产业发展行动计划》等指导性规划文件密集出台。在这样的大背景之下，我国智能网联汽车已经发展到什么程度了？未来智能网联汽车又会有哪些发展趋势呢？

1.2.1 智能网联汽车的主要特点

智能网联汽车的聚焦点是在车上，发展重点是提高汽车安全性，其终极目标是无人驾驶汽车。智能网联汽车本身具备自主的环境感知能力，通过车载信息终端实现与车、路、行人、业务平台等之间的无线通信和信息交换。目前，智能网联汽车在技术和产业领域上一直存在"自主式"及"网联式"两大技术阵营，而智能化和网联化也是智能网联汽车区别于传统汽车的最主要特点。"自主式"及"网联式"原理如图1-5所示。

图1-5 "自主式"及"网联式"原理

1. 呈现"自主式"和"网联式"两条主要技术路径

自主式智能汽车通过在车上安装雷达、摄像头等环境探测及检测传感器，实现对周边交通环境的检测和定位。自主式智能汽车的计算决策主要集中在车上。车载处理器一方面对传感器数据进行处理分析，实现对交通目标的检测识别；另一方面车载处理器进行行为预测和路径规划。自主式智能汽车技术虽然发展迅速，但由于只依赖于车辆自身的传感器，环境感知能力还存在缺陷，比如在目标被遮挡、路口通行等工况下摄像机、雷达等不能有效探测目标。

网联式以信息通信网络为依托，实现车与环境间的信息互联互通和实时交互。要实现真正安全的无人驾驶，需要通过通信技术来获取更多的信息，解决非视距工况下的环境感知问题。同时，网联式智能汽车的控制也可以不全是在车上，而是利用云端技术，实现基于移动互联、大数据平台的车辆协同控制。从整体来看，网联式可以实现车 - 车、车 - 路、车 - 云之间的高可靠、低延时通信，有效缓解了单车智能的传感器和算力压力。

2. 智能化和网联化让车辆出行更安全环保

智能网联汽车在结合智能和网联技术之后，使汽车在行驶过程中可以更加高效、安全，并且智能网联技术通过控制算法的优化，可以使汽车在行驶过程中减少汽车尾气的排放，让汽车更加环保节能。它的智能化设计实现了人们自动化驾驶的设想，在一定程度上还利于车辆管理。汽车智能化的改变，不但保留了传统汽车的所有功能，而且在此基础上还实现了定制化设计、人工交互等功能。智能网联汽车产业的发展不但体现了我国在汽车产业的创新，还使人们在使用汽车的过程中更加便捷和安全，实现了汽车行驶全程中对使用者的全方位服务功能。

3. 智能网联汽车促进汽车产业结构升级

智能网联汽车产业结构与传统产业相比有许多不同，汽车的智能网联系统有其独立性、封闭性和私密性等特点。其生产制造前往往要依照供应商的要求进行设计。同时，相较于传统汽车的销售，智能网联汽车在销售过程中增加了许多环节，但是在对相关零件进行设计和开发时却依然按照传统汽车行业的步骤进行。智能网联汽车在发展过程中并不是摒弃传统汽车产业，而是在传统汽车上进行升级。对传统汽车产业进行重塑后的现代汽车产业将会更加现代化、智能化，也会更加开放，层次越来越丰富。

4. 智能网联汽车加快汽车产业创新融合

智能网联汽车产业在发展过程中不断融合新产生的各种科学技术，以创新产品为主要发展方向，结合现代化的通信技术，将高科技材料和新型能源与汽车产业进行有机结合。智能网联汽车利用现代化科学技术手段比如重点研究环境感应、智能决策等，结合这些新的科学技术形成一个以创新为主要发展方向的发展模式。这种融合各种高新技术产业和新型能源、新型技术的发展模式可以在一定程度上为汽车产业的产业升级起到推动作用，加快汽车产业创建一个新的产业生态，最后融合智能网联技术做到产业升级。

1.2.2　智能网联汽车的发展概况

1. 国外发展形势

（1）美国

1）美国交通部近年来陆续公布自动驾驶顶层设计文件。

2015 年，美国发布《美国智能交通系统（ITS）战略规划（2015—2019 年）》，2016 年发布《联邦自动驾驶汽车政策指南》（AV1.0），2017 年 9 月发布《自动驾驶系统 2.0：安全愿景》（ADS2.0），2018 年 10 月发布《为交通运输的未来做准备：自动驾驶汽车 3.0》（AV3.0），这一系列文件被视为美国自动驾驶领域的战略性指导文件，同时是针对自动驾驶的战略升级。2020 年 1 月，美国正式发布了 AV4.0 版本的指导性文件《确保美国自动驾驶领先地位：自动驾驶汽车 4.0》，以确保美国在 AV 技术开发和集成方面的领导地位，促进自动驾驶技术安全且充分地融入地面运输系统中。

2）美国重点依托ITS的整体发展推进汽车的智能化和网联化进程。

1991年，美国国会指派交通部（US Department of Transportation，DOT）负责全国的智能交通发展。1997年，美国进行了自动公路系统（Automated Highway System，AHS）试验展示，旨在减少道路拥堵、环境污染、降低事故率和减轻驾驶者的负担。1998年，美国交通部启动智能车辆先导计划（Intelligent Vehicle Initiative，IVI），旨在通过加速开发和引进驾驶辅助产品来减少道路交通事故引起的伤亡。2010年，发布《美国ITS战略计划2010—2014》，第一次从国家战略层面提出大力发展网联技术及汽车应用。2015年，发布《美国ITS战略计划2015—2019》，明确了实现汽车网联化、加速汽车智能化两大核心战略，提出了车辆和道路更安全、增强交通移动性、降低环境影响、促进改革创新、支持交通系统信息共享5项发展战略，确定了网联汽车、自动化、新兴功能、大数据、互用性、加速应用六大类别的研发及应用目标。2020年3月，美国交通部发布的《ITS战略规划2020—2025》中，指出要评估和应用5G、AI、无人驾驶等新技术，推动自动驾驶技术集成到道路交通系统，加速ITS智能交通系统部署，确保人员、货物运输更加安全和高效。

3）美国加利福尼亚州（简称加州）是自动驾驶汽车测试应用发展最具代表性的地区。

美国加州当地开放的政策使全球大部分的自动驾驶公司选择在此进行开放道路测试。2022年2月，加州交通管理局（California Department of Motor Vehicles，CDMV）发布的2021年度报告显示，在加州进行路测的28家公司的1180辆自动驾驶车辆共计行驶了逾410万mile（660万km），相比2020年度增加200万mile（322万km），测试里程翻倍。在这1180辆自动驾驶车中，Waymo运营的车辆最多，有693辆，其次是Cruise，有138辆。就测试里程来看，Waymo在2021年进行了最长的自动驾驶道路测试，其总里程超过230万mile（370万km），占比超过了所有公司总和的一半；排名第二的是Cruise，其在2021年的自动驾驶总里程也超过了87万km；排名第三的则是来自我国的小马智行，其自动驾驶测试里程超过30万mile（48万km）。尽管DMV的报告并不足以反映美国各公司自动驾驶技术的成熟度，但作为目前美国自动驾驶汽车行业最公开和客观的量化评价标准之一，其披露的数据在一定程度上反映了过去一年美国自动驾驶汽车行业的整体进步程度和各公司自动驾驶技术的发展水平。

（2）欧盟

1）制定详细的技术发展路线图。

欧盟发布了《欧洲自动驾驶智能系统技术路线报告》，涉及车内技术、基础设施、大数据、系统集成与验证、系统设计、标准化、法律框架、宣传措施8项内容，并规划了3个阶段：2020—2025年为研发期，2022—2028年为示范期，2025—2028年为产业化期。根据欧盟委员会交通白皮书提出的发展目标，以不减少交通流量为前提，到2020年，通过自动驾驶技术的应用，实现污染物排放降低20%、道路交通伤亡率降低50%；到2050年，污染物排放降低50%，道路交通伤亡率接近零。

2）依托全欧ITS网络推进产业发展。

欧盟智能网联汽车产业以全欧ITS网络计划为基础。2004年，欧盟进行了ITS整体体系框架的研究（FRAME计划），统一了欧盟范围内各国的ITS体系框架。2010年，欧盟委员会制定了《ITS发展行动计划》，这是欧盟范围内第一个协调部署ITS的法律基础性文件。2014年，欧盟启动"Horizon 2020研究计划（2014—2021）"，将ITS作为主要研发目标，其中的道路、物流、智能交通系统研究方向，均涉及智能汽车产业的相关领域，重点项目包括道路领域（协同式 ITS、公路交通车辆安全性与网联化）、物流领域（促进供应链的协同）和智能交通领域（互联性、数据共享与 ITS 部署的广泛性和兼容性等）。

（3）日本

1）建设覆盖全国的道路交通信息通信系统。

日本的道路交通信息通信系统（Vehicle Information Communication System，VICS）是比较典型的、具有较高层次的车联网信息系统。VICS 于 1996 年正式提供信息服务，2003 年基本覆盖全日本，能将警察部门和高速公路管理部门提供的交通路况、驾驶所需时间、路面施工、车速与路线管制以及停车场空位等信息经过编辑处理后及时传递给用户，构建了车辆互联、多方服务的信息化生态环境。目前日本安装 VICS 终端的车辆已超过 4000 万辆。

2）重点发展 ITS 布点技术。

近年来，日本国土交通省（Ministry of Land, Infrastructure, Transport and Tourism，MLIT）强调车辆与公共交通基础设施之间通信连接的重要性。为更好地实现智能网联汽车的实际应用，引入 ITS 布点技术来实现高带宽的连接。在日本各地已经安装了超过 1700 个 ITS 布点位置，已有超过 10 万辆汽车与之建立通信连接。ITS 系统已能提供一定的交通信息及预警提示，未来将进一步实现与车载车道保持辅助系统（Lane Keeping Alert，LKA）和自适应巡航系统（Adaptive Cruise Control，ACC）的联合。

3）实施新的 IT 战略。

2013 年，日本宣布新 IT 战略即《世界领先 IT 国家创造宣言》，启动战略性创新创造项目（Cross-Ministerial Strategic Innovation Promotion Program，SIP）计划，提出了日本自动化驾驶汽车商用化时间表以及 ITS 2014—2030 技术发展路线图，并提出到 2020 年推动先进驾驶辅助系统和自动驾驶系统的开发和商业化应用，建成世界最安全的道路；在 2030 年实现交通数据的大规模应用，建成全世界最安全及最畅通的道路。2014 年 11 月，日本由内阁府牵头，联合警察厅、总务省、经济产业省、国土交通省等政府部门，以及丰田等日本主要汽车企业，开始实施"自动驾驶汽车研发"国家战略创新项目。对环境感知、高精度动态地图、系统安全强化、驾驶人模型、交通基础设施、安全与节能减排效果统计方法、自动驾驶汽车的测试验证等关键技术进行联合研究，并提出了"2017 年实现部分自动驾驶系统市场化，21 世纪 20 年代后期实现完全无人驾驶系统市场化"的目标。

4）大力推广智能安全技术。

日本在智能安全技术的应用上较为领先。丰田推出的综合安全管理理念（Integrated Safety Management Concept，ISMC）创建了能够将各系统加以整合、共同运行的安全体系，而非各系统单独运行。日产宣布在 2020 年推出无人驾驶汽车并表示其价格将在公众可接受的范围内，并不像谷歌一样需要昂贵的顶置激光雷达，而是使用低成本、高集成度的车载传感器。本田公司正在开发的无人驾驶汽车则采用协同式技术路线，通过车车、车路通信获取环境信息，对车辆周围环境进行全面的辨识，进而对车辆行驶路径进行智能决策。

由上述总结能够发现，智能网联汽车已经从研究测试阶段逐渐过渡到产业应用阶段，部分智能驾驶辅助系统已经在上市车辆中安装并投入使用。国外也针对自动驾驶/无人驾驶车辆等进行了测试标准和法律法规的研究和制定。美国关注政策法规的制定和基础设施的建设，密歇根州、佛罗里达州、内华达州和加利福尼亚州等已出台了关于自动驾驶汽车公共道路测试的相关法规，包括保险、安全标准、测试等方面，另外十多个州和地区也正在考虑出台。美国高速公路安全管理局也发布了《自动驾驶车辆声明》，对自动驾驶汽车进行了分类，并对部分州允许测试自动驾驶汽车提供了基本建议。欧盟和日本也在智能网联汽车系统研发的基础上进行了评价标准和方法的研究。

2. 我国发展形势

（1）政策层面

中国智能网联汽车发展已上升至国家战略层面，发展定位从车联网向智能制造、智能网联等智能化集成行业转移。从顶层设计上，《汽车产业中长期发展规划》《智能汽车创新发展战略》及《车联网（智能网联汽车）产业发展行动计划》等指导性规划文件密集出台。国家发展改革委、工业和信息化部、交通运输部等各部委，在贯彻落实国务院对于智能网联汽车领域的战略部署之外，同样在各自所负责的产业规划、产品准入、安全监管、场景应用等领域积极主动推进。

（2）产业标准体系建设

中国智能网联汽车标准体系建设是迎接新机遇和新挑战的重点努力方向。2017年底，工业和信息化部与国家标准化管理委员会联合印发《国家车联网产业标准体系建设指南（智能网联汽车）》；2018年6月，工业和信息化部与国家标准化管理委员会联合印发了《国家车联网产业标准体系建设指南（总体要求）》《国家车联网产业标准体系建设指南（信息通信）》和《国家车联网产业标准体系建设指南（电子产品与服务）》系列文件；2020年4月，工业和信息化部、公安部与国家标准化管理委员会联合印发《国家车联网产业标准体系建设指南（车辆智能管理）》；2021年3月，工业和信息化部、交通运输部与国家标准化管理委员会联合印发《国家车联网产业标准体系建设指南（智能交通相关）》。综上可见，目前我国已基本建成国家车联网产业标准体系，可有效规范智能网联产业发展。

（3）开放道路测试

当前我国自动驾驶开放道路测试正处于发展试行阶段。2018年4月，工业和信息化部、公安部及交通运输部出台《智能网联汽车道路测试管理规范（试行）》，确定了智能网联汽车测试管理的基本框架，在国家层面准许地方开展自动驾驶道路测试。同年8月，全国汽车标准化技术委员会等多家行业组织共同编制了《智能网联汽车自动驾驶功能测试规程（试行）》，为智能网联汽车道路测试规程提供可量化的标准。随后地方政府开始大力推进，北京、上海、保定、重庆、深圳、长沙、长春、平潭、天津等多座城市先后出台了地方道路测试管理规定，对测试主体、测试车辆、测试员、许可方式以及测试区域等内容作出具体要求与规定。为适应新技术新模式新业态发展，加快智能网联汽车产业化进程，2021年7月，工业和信息化部、公安部及交通运输部发布修订后的《智能网联汽车道路测试与示范应用管理规范（试行）》。该规范于2021年9月1日实施，2018年规范同时废止。2022年1月，工业和信息化部发布：我国智能网联汽车呈现强劲发展势头，全国开放测试区域5000km^2、智能网联汽车测试总里程超过1000万km，发放道路测试牌照800多张，超过3500km的道路实现智能化改造升级。

（4）示范应用推广

随着工业和信息化部构建的"基于宽带移动互联网的智能汽车与智慧交通应用示范"项目的推动，中国积极推进智能网联汽车测试示范区的建设，已经构建形成了包括北京、河北、上海、浙江、吉林（长春）、湖北（武汉）、江苏（无锡）、重庆、广东、湖南（长沙）、四川（成都）10家工业和信息化部授权的国家级智能网联汽车示范区，江苏（无锡）、天津（西青）、湖南（长沙）、重庆（两江新区）4家工业和信息化部授权的国家级车联网先导区，以及30+由城市或企业主导的示范区。研发包括车路协同、先进辅助驾驶、自动驾驶、交通大数据等新技术与新产品。同时开展实验验证、测试评估、封闭测试、应用示范等多方面功能性营运项目，为智能网联自动驾驶汽车的快速发展创造示范性条件。

1.2.3 智能网联汽车的发展趋势

随着社会的发展和进步，我国的科学技术正处在快速发展阶段，各种新技术在汽车领域的应用促进了汽车行业的发展。智能网联汽车作为未来汽车技术发展的一个重要方向，其发展意义不仅在于汽车产品与技术的升级，而且有可能带来汽车及相关产业全业态和价值链体系的重塑，其技术与产业发展是中国汽车工业转型升级的重要机遇。

就当前智能网联汽车发展趋势来看，互联网与IT企业开始不断入驻，随着行业竞争的开展，激光雷达等先进传感器也加速向低成本小型化发展。同时，以"深度学习"方法为代表的人工智能技术也在智能网联汽车上得到快速应用，网联式智能技术与自主式智能技术相辅相成，互为补充，正在加速推动智能网联汽车的全方面发展。

1. 以深度学习为代表的AI技术快速发展和应用

以"深度学习"方法为代表的人工智能技术在智能网联汽车上得到快速应用。尤其在环境感知领域，深度学习方法已凸显出巨大的优势，正在以惊人的速度替代传统机器学习方法。深度学习方法需要大量的数据作为学习的样本库，对数据采集和存储提出了较高需求；同时，深度学习方法还存在内在机理不清晰、边界条件不确定等缺点，需要与其他传统方法融合使用以确保可靠性，且目前也受限于车载芯片的处理能力。

2. 激光雷达等先进传感器加速向低成本、小型化发展

激光雷达相对于毫米波雷达等其他传感器具有分辨率高、识别效果好等优点，已逐渐成为主流的自动驾驶汽车用传感器；但其体积大、成本高，同时也更易受雨雪等天气条件影响，这导致它现阶段难以大规模商业化应用。目前激光雷达正在向着低成本、小型化的固态扫描或机械固态混合扫描形式发展，但仍需要克服光学相控阵易产生旁瓣影响探测距离和分辨率、繁复的精密光学调装影响量产规模和成本等问题。

3. 自主式智能与网联式智能技术加速融合

网联式系统能从时间和空间维度突破自主式系统对于车辆周边环境的感知能力。在时间维度，通过V2X通信，系统能够提前获知周边车辆的操作信息、信号灯等交通控制系统信息以及气象条件、拥堵预测等更长期的未来状态信息。在空间维度，通过V2X通信，系统能够感知交叉路口盲区、弯道盲区、车辆遮挡盲区等位置的环境信息，从而帮助自动驾驶系统更全面地掌握周边交通态势。网联式智能技术与自主式智能技术正在加速融合发展。

4. 互联网与IT企业成为重构产业链的重要参与者

智能网联汽车的发展，要求新一代信息技术与传统汽车加快融合，给了互联网与IT企业巨大的施展空间。未来，互联网企业和IT企业将在研发、制造、销售、售后服务等汽车产业的各个环节发挥自身在智能技术、互联网技术等方面的优势，推动智能网联汽车产业链的重构。

IT企业在信息收集和智能控制方面具有技术优势，但在汽车生产制造以及汽车安全、性能等方面不具备优势。因此，IT企业和汽车制造企业合作将是一个更为明智的选择，优势互补，优化资源。

知识链接

V2X

所谓 V2X，与流行的 B2B、B2C 如出一辙，意为 Vehicle to Everything，即车对外界的信息交换。车联网通过整合全球定位系统（GPS）导航技术、车对车交流技术、无线通信及远程感应技术奠定了汽车新的技术发展方向，实现了手动驾驶和自动驾驶的兼容。

简单来说，搭配了该系统的车型，在自动驾驶模式下，能够通过对实时交通信息的分析，自动选择路况最佳的行驶路线，从而大大缓解交通堵塞。除此之外，通过使用车载传感器和摄像系统，还可以感知周围环境，做出迅速调整，从而实现"零交通事故"。例如，如果前方突然出现行人，则自车可以自动减速至安全速度或停车。

V2X 最早的应用是在 2006 年，由通用汽车在一辆凯迪拉克上做了展示。从那之后，其他的汽车制造商和汽车配套产品供应商都纷纷开始研究这项技术。但是 V2X 的应用被提上日程却是起源于美国的两起交通事故。

在美国的新泽西州和佛罗里达州分别发生了一起校车被撞导致留在车内的学生死亡的特大交通事故。美国国家运输安全委员会（NTSB）。在事件报告中认为，如果车辆上有能与其他汽车进行通信的系统，那么这两起事故就能够被避免，并建议美国国家公路交通安全管理局开始进行 V2V 的授权工作，为所有在高速公路行驶的车辆发布一个能安装此项技术的最低性能要求。

如果一辆车能够做驾驶人的"第二双眼睛"，那么这会从理论上降低因为注意力分散或者能见度低造成的交通事故的发生。V2X 就是把汽车变成驾驶人眼睛的神器，它可以帮助驾驶人更早发现突然跑上公路的小鹿，或者用车身侧部"看见"驾驶人难以注意到的拐角处的停车标志，然后提醒驾驶人。

现在的 V2X 技术还没有通行的行业标准可以衡量。鉴于其所使用的 DSRC 技术与 WiFi 的传输距离相同，也和 WiFi 信号一样能够穿透固体如建筑物，这也就被拿来用作测试的标准。在密歇根州的测试中，V2X 最大的传输距离达到 300m。

V2X（Vehicle to X）是未来智能交通运输系统的关键技术。它使得车与车、车与基站、基站与基站之间能够通信，从而获得实时路况、道路信息、行人信息等一系列交通信息，提高驾驶安全性，减少拥堵，提高交通效率等。

1.3 智能网联汽车的测试与评价

随着机械技术、传感器技术、控制技术、通信技术的不断发展和融合，未来的汽车势必会越来越智能化和网络化，但同时也会越来越复杂，传统的汽车测试评价方法和工具已经不能很好地满足智能网联汽车的需要，需要在传统的汽车测评技术基础上提炼创新，为智能网联汽车开发高精度、可靠、综合性的测试系统，为研发人员和生产测试人员带来灵活和便利，那传统的汽车测评技术是怎样的？未来的智能网联汽车测评技术又会是怎样呢？

1.3.1 传统汽车测评技术

为了保证车辆在道路上的安全行驶，车辆在出厂前需要经过多项测试，只有这些测试都达

标后，车辆才能够被核准上路。传统的检测项目主要包括汽车的整车性能测试、发动机测试、底盘测试、电控系统测试等。汽车整车性能检测包括动力性、经济性、制动性、操纵稳定性、车轮侧滑量、前照灯以及尾气等内容的检测。

1. 汽车动力性能检测

汽车的动力性能是指汽车在良好的路面上直线行驶时，由汽车受到的纵向外力决定的、所能达到的平均行驶速度。从获得尽可能高的平均行驶速度的观点出发，汽车的动力性能主要由3方面的指标来评定，即汽车的最高车速、汽车的加速时间和汽车能爬上的最大坡度。汽车动力性能可在道路或台架上进行试验。道路试验主要是测定最高车速、加速能力和最大爬坡度等评价参数；台架试验可测量汽车的驱动力和各种阻力。在室内检测汽车动力性能时，采用驱动轮输出功率或驱动力作为诊断参数，必须在底盘测功试验台上进行。

汽车动力性能试验使用的设备主要是底盘测功机（也叫底盘测功试验台，或转鼓试验台），是一种不解体检测汽车性能的室内检测设备。汽车底盘测功机具有以下几项功能：底盘输出功率测试；最高车速测试；加速、滑行测试；车速、里程表校验；油耗测试；高速下制动性能检测；后桥差速锁试验；在用汽车多工况排放污染物测试以及汽车技术状况检测、故障诊断等。能够检测反映汽车动力性能的一些指标，如驱动轮输出功率、驱动力、滑行距离、最高车速、加速能力、爬坡能力、传动系传动效率等。底盘测功机采用滚筒替代路面，用加载的方法模拟道路阻力，用飞轮模拟汽车的惯性，以便用室内试验方法代替道路试验。底盘测功机可以快速、准确地检测汽车动力性能、燃油经济性并对整车性能进行诊断，广泛用于汽车设计、制造、维修和检测部门。

2. 汽车燃料经济性检测

通常用汽车燃料消耗量对汽车的燃料经济性进行评价，通过试验测定所消耗燃料的容积或质量。燃料经济性评价指标用单位行驶里程（如100km）的燃料消耗量来表示。按照试验方法的不同，燃料经济性试验可分为等速行驶燃料消耗量试验、加速行驶燃料消耗量试验、多工况燃料消耗量试验、限定条件下的平均使用燃料消耗量和不限定条件下的平均使用燃料消耗量试验等。按照试验时对各种因素的控制程度进行分类，又可分为不控制的道路试验、控制的道路试验、道路上的循环试验和底盘测功机上的循环试验。燃料消耗量可以通过道路试验和室内模拟道路试验来测定。

在燃料消耗量测定的试验中主要测量车速、距离、时间和燃料消耗量等参数。通过道路试验测量燃料消耗量时，车速、距离和时间的测量采用第五轮仪（简称五轮仪）或非接触式车速仪；在室内模拟道路试验测量燃料消耗量时，则采用底盘测功机来模拟汽车行驶时的道路。燃料消耗量的检测仪器均使用油耗仪，它可以测量某一段时间间隔或某一里程内，流体通过管道的总体积或总重量。

3. 汽车制动性能检测

汽车制动性能是指汽车行驶时，能在短距离内停车且维持行驶方向的稳定和下长坡时维持一定车速，以及保证汽车长时间停驻坡道的能力。制动性能的好坏可以通过其评价参数和检测标准的比较加以评价。评价参数主要包括汽车制动力、制动距离、制动减速度、制动协调时间以及制动时的方向稳定性。汽车制动性能检测分为台架检测和路试检测。现行汽车制动性能的检测标准按GB 7258—2017《机动车运行安全技术条件》中的相关规定执行。只要检测指标符合检测标准，则认为汽车制动性能合格。

4. 汽车操纵稳定性检测

汽车操纵稳定性分为两个方面：一是操纵性，指的是汽车能够确切地响应驾驶人转向指令的能力；二是稳定性，指的是汽车受到外界扰动后恢复原来运动状态的能力。两者很难截然分开，稳定性的好坏可直接影响操纵性的好坏，反之亦然。因此，把两者统称为操纵稳定性。我国 GB/T 6323—2014《汽车操纵稳定性试验方法》和 QC/T 480—1999《汽车操纵稳定性指标限值与评价方法》中规定汽车操纵稳定性试验包括：稳态回转试验、转向瞬态响应试验、转向瞬态转向试验、转向回正性试验、转向轻便性试验、蛇形试验等。常用的汽车操纵稳定性试验仪器有：陀螺仪、光束水准车轮定位仪、车辆动态测试仪、力矩及转角仪、五轮仪及磁带机等。另外，前轮侧滑对汽车的操纵稳定性影响较大。侧滑量太大会引起很多不良后果，包括汽车行驶方向不稳、转向沉重、增加轮胎磨损、加大燃油消耗，甚至会导致交通事故。因此侧滑检测也是必不可少的检测项目之一，可以通过滑板试验台进行检测。国家标准规定，机动车转向轮的横向侧滑量，使用侧滑试验台检测时，应在（−5～5）m/km 之间。

5. 汽车发动机检测

汽车发动机综合性能检测包括发动机功率检测、气缸密封性检测、点火系统检测、燃料供给系统检测、润滑系统检测、冷却系统检测和异向检测。进行发动机测试时，通常在专用的发动机试验台架上进行，测试时通过一些专用的连接装置将发动机固定到试验台架上并接上所需的电、气、水、油以及一些设备后进行。发动机测试中常用设备有测功器、油耗仪、控制发动机节气门的执行机构以及各种转速、温度、压力测量传感器和二次仪表，还有用于各种流体测量的流量仪等。现代先进的试验台架一般都将常用的设备和测量仪器、仪表集成在一个控制台上，利用计算机和控制软件对发动机的工况进行控制和处理。

6. 底盘检测技术

汽车底盘包括传动系、行驶系、转向系和制动系。汽车底盘的技术状况直接关系到汽车行驶的操纵稳定性和安全性，同时还影响发动机的动力传递和燃油消耗。汽车的底盘检测主要包括传动系游动角度检测、车轮定位检测、转向盘自由行程和转向阻力检测、车轮平衡度检测和悬架装置检测等。常用的检测设备有：汽车底盘测功试验台、传动系游动角度检测仪、四轮定位仪、侧滑试验台、制动试验台、车轮动平衡仪、悬架和转向系检测仪、悬架装置检测台等。

7. 电控系统测试

汽车电子产业的兴起，不仅给汽车工业的技术创新和持续发展注入了新的生机和活力，也为电子信息产业提供了新的动力和发展空间，促进了汽车工业和电子信息产业的共同发展。随着电子信息技术在汽车中的应用范围不断扩大，电子化、信息化和智能化成为汽车工业发展的必然趋势，这为汽车电子产业的发展提供了广阔空间。同时，也对车辆电控系统的检测提出了新的要求。车辆的电控系统包括发动机、底盘、车身的电子控制，例如电子燃油喷射系统、制动防抱死控制（Anti-lock Braking System，ABS）、防滑控制、牵引力控制、电子控制悬架以及电子动力转向等。下面以制动防抱死控制系统和 CAN 总线测试说明现存的电控系统测试方法。

（1）ABS 性能测试

ABS 是车辆制动时防止车轮抱死的一种装置，ABS 可以提高汽车制动过程中的操纵稳定性，缩短制动距离。随着以微处理器为核心的电子技术出现，ABS 产品的性能和可靠性有了重大突破。

全面评价 ABS 的性能主要是依据其性能评价指标，目前对 ABS 性能的评价在国内外尚无统一的标准作为依据，国外汽车 ABS 的评价方法主要为道路试验法，较权威的是欧洲的 ECER13 法规。我国 GB/T 13594—2003《机动车和挂车防抱制动性能和试验方法》也是参照欧洲 ECER13 制定的。GB 12676—2014《商用车辆和挂车制动系统技术要求及试验方法》是目前我国对汽车 ABS 性能检测的主要技术依据。

汽车 ABS 是制动液压控制装置，其设计和具体规范不能导致制动失效或损害它的功能、性能、用途和强度，必须满足安装在汽车上的环境要求；ABS 必须能满足前后轮对称制动或前后轮对角制动系统，具体类型根据车型而定；ABS 接收传感器信号后，能独立控制 4 个车轮（或后轮低选控制）的制动轮缸的液压；ABS 正常工作，受控车轮不抱死，其性能要求符合 GB/T 13594—2003《机动车和挂车防抱制动性能和试验方法》。

现存的 ABS 检测方法主要包括自我诊断系统、仪表检测和实车检测 3 种。自我诊断系统是通过控制器中的监视电路监测发生故障的部位，并将检测结果传输到显示部分，以故障码的形式显示给驾驶人；仪表检测主要是指利用仪表测量 ABS 控制器的插脚，根据有关故障诊断编码来确定故障的部位。实车检测指实车道路试验，主要通过直线行驶制动试验、转向行驶制动试验和强化试验，检测相关数据，进而直观地对 ABS 进行综合客观的评价。

（2）CAN 总线测试

由于 CAN 总线具有可靠性高、实时性好、成本合理等优点，已在汽车、工业测控与工业自动化等领域得到广泛的应用。在 CAN 总线开发流程中，需要对所开发的 CAN 总线节点和总线系统进行验证与确认，既要检查所开发的 CAN 总线节点设备是否符合设计规范，又要检查集成后的 CAN 总线系统是否满足初始需求。

CAN 总线测试可以分为单节点测试和总线系统集成测试两部分。在系统集成之前，需要对单个节点设备进行测试，用以确定节点工作正确并且不会干扰总线的正常通信。总线系统集成测试则是将各个节点都连接起来形成完整的 CAN 网络，对集成后的系统进行测试以验证整个系统运行的完整性和正确性，以及系统的通信鲁棒性、电气鲁棒性以及系统的容错自恢复功能等。

不论是单节点测试还是系统集成测试，测试的内容按照通信层次的不同都可分为以下几点：

1）物理层测试，验证 CAN 节点及 CAN 总线网络在电路设计、物理电平特性等方面的性能，保证节点能够正确接入总线。

2）数据链路层测试，测试单个节点的数据链路层参数，确保 CAN 网络集成后总线通信性能的一致性。

3）应用层测试，包括应用层协议的测试、网络管理功能测试和故障诊断测试等方面的内容。通过此测试检测每个 CAN 节点是否按照系统的 CAN 总线通信规范实现了应用层协议，是否实现了相应的诊断功能，以及 CAN 网络集成后的网络管理功能是否达到了要求。

另外，我国常用的关于车辆测试的标准如下。

1）国际电工委员会发布的标准规范 IEC 61508《电气 / 电子 / 可编程电子安全相关系统的功能安全》。

2）GB/T 20438—2017《电气 / 电子 / 可编程电子安全相关系统的功能安全》。

3）标准 ISO 26262，是从 IEC61508 派生出来的，适用于汽车行业中特定的电气器件、电子设备、可编程电子器件等专门用于汽车领域的部件，旨在提高汽车电子、电气产品功能安全的国际标准。

4）GB/T 12534—1990《汽车道路试验方法通则》，规定了汽车道路试验方法中通用的试验条件和试验车辆的准备工作，适用于各类汽车。

5）GB 7258—2017《机动车运行安全技术条件》，是我国机动车技术管理最基本的技术性法规，是交通管理部门新车注册登记和在用车定期检验、事故车检验等安全技术检验的主要依据，同时也是我国机动车新车定型强制性检验、新车出厂检验及进口机动车检验的重要技术依据之一。

6）GB/T 12534—1990《汽车道路试验方法通则》。

7）GB/T 12544—2012《汽车最高车速试验方法》。

8）GB/T 12547—2009《汽车最低稳定车速试验方法》。

9）GB/T 12539—2018《汽车爬陡坡试验方法》。

10）GB/T 12537—1990《汽车牵引性能试验方法》。

11）GB/T 12545.1—2008《汽车燃料消耗量试验方法 第1部分：乘用车燃料消耗量试验方法》。

12）GB/T 12545.2—2001《商用车辆燃料消耗量试验方法》。

13）GB/T 19233—2020《轻型汽车燃料消耗量试验方法》。

14）GB 12676—2014《商用车辆和挂车制动系统技术要求及试验方法》。

15）GB/T 13594—2003《机动车和挂车防抱制动性能和试验方法》

16）GB/T 4970—2009《汽车平顺性试验方法》。

1.3.2　智能网联汽车测评技术

1. 智能网联汽车测试方法

传统的汽车测试方法不能满足智能网联汽车的开发和认证需求，需要开发新的测试评价方法体系以及支撑工具平台，为研发人员和生产测试人员带来灵活和便利。当前智能网联汽车的测试内容可以分为虚拟仿真测试、封闭场地测试和开放道路测试。

总体上，虚拟仿真测试是加速自动驾驶研发过程和保证安全的核心环节，封闭场地测试是自动驾驶研发过程的有效验证手段，真实道路测试是检测自动驾驶系统性能的必要环节，也是实现自动驾驶商业部署的前置条件。

（1）虚拟仿真测试

针对智能网联汽车自动驾驶功能的虚拟仿真测试，典型的测试流程包括：测试需求分析、测试资源配置、接口定义、设计测试用例、执行测试、出具测试报告以及形成评价结论等主要环节。

1）测试需求分析：针对自动驾驶功能，规范对应的测试对象、测试项目、测试方法、测试资源配置、接口规范、数据存储、评价方案和结果展示的具体要求，确定虚拟仿真任务的输入（如虚拟仿真测试对象的数学模型、驾驶自动化系统指标、自动驾驶功能要求以及相应文档）；确定虚拟仿真任务的输出（如仿真数据、仿真结果分析以及相应文档），指导测试工作的开展。

2）测试资源配置：根据自动驾驶功能确定虚拟仿真测试所需资源，如人员需求、人员的责任、仿真模型要求、场地要求、设备需求等；对虚拟仿真系统进行参数设置：包括车辆模型配置、静态场景配置、动态场景配置、传感器模拟配置、控制器配置等主要过程。

3）接口定义：根据虚拟仿真测试对象确定用软件或者实物来实现驾驶自动化系统的各部

分，确定仿真系统各部分之间的接口关系，匹配各子系统和单元间接口，包括车辆模型、环境模型、传感器模型，执行器和控制器之间的接口等。

4）设计测试用例：根据自动驾驶功能设计测试用例，确定测试方案，确定虚拟仿真测试平台依据的测试规则，先基础后进阶高级增加测试场景，制定通过条件。

5）执行测试：虚拟仿真测试包括单一场景输入测试和路网连续里程测试，通过单一场景输入测试后进行路网连续里程测试。当发现某测试场景结果为不通过时，可终止单项测试或者重启虚拟仿真测试流程。

6）出具测试报告：通过软件进行自动化测试结果的数据处理，并根据规范生成测试报告，报告应包括测试对象、测试人员、测试时间、测试结果和测试数据等内容。

7）形成评价结论：测试结果应比对标准值和历史数据，形成评价结果的评分。

（2）封闭场地测试

封闭场地测试用例围绕五大应用场景建设：高速/环路、市内运行、城际/郊区、泊车/取车、封闭园区。封闭场地测试场景和测试用例设计原则上充分考虑场景的典型性、危险性以及对法律法规的符合性。测试车辆应在不进行软硬件变更的条件下通过所有规定的测试用例，验证产品驾驶自动化系统、人机交互功能的合规性和安全性。

以城市道路场景中交通标志识别及响应测试为例，说明自动驾驶功能封闭场地测试场景、测试方法及通过标准：

1）测试场景设置。测试道路为至少包含一条车道的长直道，并于该路段上应设置各类交通标志牌，测试车辆对于标志牌的识别能力并做出相应执行。

2）测试方法。

① 测试车辆在自动驾驶模式下，在距离限速标志100m前达到限速标志所示速度的1.2倍，并匀速沿车道中间驶向限速标志。

② 测试车辆在自动驾驶模式下，规划路口掉头任务。

③ 识别禁止掉头标志牌，测试车辆在自动驾驶模式下，规划直行行驶任务。

④ 识别前方禁止通行标志牌，测试车辆在自动驾驶模式下，规划直行行驶任务。

⑤ 识别前方停车让行标志牌。

3）通过标准。

① 测试车辆到达限速标志时，车速不高于限速标志所示速度。

② 不违反交通标牌所示。

（3）实际道路测试

企业在获取实际道路测试牌照后，方可进行实际道路测试。

1）测试时长和里程要求。根据不同的自动驾驶运行区域，如高速公路、城市快速路、城市道路等，实际道路测试应同时设定一定的测试时长和测试里程要求，测试涵盖自动驾驶必备功能。

2）通过标准。智能网联汽车实际道路测试国际范围内暂无可借鉴的成熟的法规、标准、评价规程等。根据全国汽车标准化技术委员会（简称汽标委）智能网联汽车分标委"自动驾驶功能实际道路测试标准化需求研究"项目组的研究成果，实际道路测试拟采用主客观评价相结合的方式，以安全（本车和其他交通参与者的安全）、及时（本车执行动作是否及时）、准确（本车执行相关驾驶行为是否精准）、顺畅（本车执行动作是否连贯、通畅）为通过原则，测试人员结合车辆测试表现调整通过系数。

2. 智能网联汽车评价指标

安全是汽车智能化的基本前提，也是自动驾驶的基本要求；在保障安全的前提下，用户体验的好坏也是消费者是否接受智能网联汽车的重要方面。在一定程度上，安全和体验可以代表智能网联汽车的综合性能。

智能网联汽车基于车辆的智能化网联化配置，可以有效保障车内乘员及其他道路使用者的生命安全，还可以带来更加舒适的驾乘体验。同时，配置还可以间接地反映出智能网联汽车产品的关键零部件水平，反映该系统处理复杂使用场景的能力上限。

因此，本书对智能网联汽车产品的评价从安全、体验两大性能维度进行，并以配置维度作为辅助评价。

（1）安全评价

安全评价基于连续性测试场景，从驾乘人员状态监控、自车操作、设计运行域（Operational Design Domain, ODD）、事件探测及响应（Object and Event Detection and Response, OEDR）以及失效响应五个方面进行评价。

1）驾乘人员状态监控是指对驾驶人（L3级自动驾驶时为动态驾驶任务后援用户）的接管能力和乘客的安全行为进行监控。

2）自车操作是指相应测试场景下需要执行的驾驶任务及执行驾驶任务的性能指标，驾驶任务包括纵向操作如加速、减速，横向操作如变道、超车等，自车性能包括报警TTC（Time-To-Collision）、跟停距离，可区分同一场景下不同自动驾驶车辆的安全能力。

3）ODD是指自动驾驶系统的测试运行范围，包括道路、天气条件和交通情况等。

4）OEDR是指相应测试场景下自动驾驶系统需要探测的物体或者事件以及做出的响应，如对行人横穿和动物穿行的探测及响应。

5）失效响应是指相应测试场景下自动驾驶系统失效的响应模式，失效原因主要包括：传感器失效、超出ODD等，响应模式主要包括人工操作接管、车道内停车和靠边停车等。

安全部分的连续测试场景设计，通过虚拟仿真、封闭场地和实际道路进行测试，满足该测试场景的测试规程即视为该场景通过。具体的评价打分方法如下：从驾乘人员状态监控、自车操作、ODD、OEDR以及失效响应这五个方面对自动驾驶系统的安全能力进行评价打分。主要根据实现的难易程度进行打分，如高速变道得分高于跟车得分，高速夜间通行得分高于白天通行得分。不同应用场景所需的安全具体指标项不同，如相对于高速场景，城区场景下自动驾驶的复杂度更高，对行人、两轮车的探测和响应能力要求较高，实际评价时对不同的运行范围进行分别评价。最终，累加通过场景的具体指标得分并归一化处理即得到智能网联汽车产品安全的得分。

（2）体验评价

体验评价基于实际连续测试场景，从人机交互、舒适体验、通行效率、接管四个方面进行主观和客观评价。

1）人机交互对系统易用性进行主观评价，对报警提示、接管提示、抬头显示、远程控车等具体指标进行客观评价。

2）舒适体验对乘坐安全感受和乘坐舒适感受两方面进行主观评价，对起步、转弯、加速、减速等具体参数要求进行客观评价。

3）通行效率对效率感受方面进行主观评价，采用最小理论通行时间与实际使用时间的比值方式进行客观评价。

4）接管对系统可用性体验进行主观评价，对脱离场景、脱离率、误报警率、漏报警率、被动接管率、平均千米接管次数等进行客观评价。

体验部分的实际连续测试场景设计，通过虚拟仿真、封闭场地和实际道路进行测试。具体的评价打分方法，从人机交互、舒适体验、通行效率和接管这四个方面对自动驾驶系统的体验能力进行评价打分，主要根据实现的难易程度进行打分，最终，累加具体指标的测试得分并归一化即得到智能网联汽车产品体验的得分。

（3）配置评价

智能网联汽车的工作原理，是通过摄像头、激光雷达、毫米波雷达、超声波雷达等车载传感器来感知周围的环境，结合高精度地图或网联等信息，依据所获取的信息进行决策判断、路径规划与控制执行。故配置评价是从感知、高精地图、计算平台和网联四个方面对智能网联汽车产品的关键零部件的数量和性能进行评价。

1）感知体现的是自动驾驶系统对于环境的场景理解能力，从传感器数量、传感器性能这两个指标进行评价。

2）高精地图能够提供准确而详细的道路特征信息，在环境感知辅助、路径决策与规划和高精度定位辅助方面发挥重要作用，主要从数据精度和更新时间上进行评价。

3）计算平台能够体现智能网联汽车实时分析、处理海量数据与进行复杂逻辑运算的能力，通过自动驾驶需要的算力、时延和能耗进行评价。

4）网联通过车辆与其他车辆、道路使用者和道路基础设施进行通信，来减少非视距危险事故同时提高自动驾驶效率，从通信方式、网联数据发送能力和网联数据使用能力进行评价。

具体的，从感知、高精地图、计算平台和网联这四个方面对智能网联汽车产品的配置进行评价打分，打分依据为配置的高低，即关键零部件的数量和性能。最终累加各具体指标的测试得分并归一化即得到智能网联汽车产品配置的得分。

1.3.3 智能网联汽车典型事故案例

尽管智能网联汽车发展非常迅速，在试验及应用的过程中仍然存在非常多的问题，可能导致车辆发生事故或者其他一些未知的危险。本书根据公开资料罗列了自2016年至2021年期间国际范围内发生的较为重大的自动驾驶道路交通事故。

1）2016年1月，京港澳高速河北邯郸段发生一起追尾事故，一辆特斯拉Model S在定速状态下直接撞上一辆正在作业的道路清扫车，驾驶人不幸身亡。证据显示，事故发生时车内没有采取任何紧急制动措施，该事故被确认为全球首例"自动驾驶"致死车祸。

2）2016年5月，美国佛罗里达州，一辆Model S在Autopilot开启状态下，与正在转弯的白色半挂货车发生碰撞，钻进了货车货柜下方，特斯拉驾驶人不幸身亡。这是美国发生的首起Autopilot引发的车祸致死案。据公开资料显示，当时特斯拉的Autopilot因为货车车体反光，摄像头并未识别出对向的货车。

3）2018年3月，佛罗里达州德雷海滩的一名驾驶人在驾驶Model 3时（开启Autopilot后）撞上一辆牵引拖车，当场死亡。NTSB披露的信息显示，车祸发生前8s驾驶人的手并不在转向盘上，且当时 Autopilot 并未做出响应。

4）2018 年 3 月，美国亚利桑那州坦佩市，一台 Uber 测试车在自动驾驶模式下撞上正推着自行车横穿马路的白人女性并致其死亡，这是全球首例自动驾驶测试车撞死行人事故。

5）2018 年 3 月，一辆特斯拉 SUV Model X 在美国加州山景城 101 高速公路发生严重车祸，汽车高速行驶中撞向高速公路未封闭完全的隔离带，Model X 现场起火，后面两车也因车祸追尾，车主不幸在事故中丧生。

6）2019 年 3 月，美国佛罗里达州，一辆特斯拉 Model 3 以 110km/h 的速度侧面撞击了一辆正在缓慢穿过马路的白色拖挂货车。此时 Model 3 处于自动驾驶模式，驾驶人以及 Autopilot 系统均未做任何回避动作，最终致使车辆钻进货车货柜下方，驾驶人当场死亡。

7）2021 年 8 月，上善若水投资管理公司创始人、美一好品牌管理公司创始人林文钦，驾驶蔚来 ES8 汽车，在沈海高速涵江段发生交通事故，不幸逝世。随后记录表明，在车辆发生事故时，蔚来 ES8 的领航辅助（Navigate on Pilot，NOP）为开启状态。

谷歌母公司旗下自动驾驶公司 Waymo 于 2020 年 11 月在官网发表了一份在凤凰城地区的无人驾驶汽车测试报告，该公司表示，自 2019 年以来，在无人驾驶的测试和实际乘坐的 981 万 km 中，发生了 18 起事故。数据显示，Waymo 在凤凰城的车辆大约每行驶 55km 发生一起小事故，另外有 29 次事故是在驾驶人的干预下避免的，相当于每 33.8 万 km 发生一次事故。

按照加州的法律规定，所有获得加州自动驾驶汽车测试许可的公司都需要将车辆发生事故以及自动驾驶模式被动切出的事件细节报告给加州机动车辆管理局（California Department of Motor Vehicles，DMV）。在这里，自动驾驶模式被动切出事件指的是自动驾驶车辆因故障、环境过于复杂等原因要求驾驶人接管控制权并将控制权转移给驾驶人，或者驾驶人发现自动驾驶车辆故障、失效、有碰撞危险等时主动介入接管车辆控制。

即使是发展较为成熟的驾驶辅助系统，也存在因为技术缺陷导致事故的风险。斯巴鲁在 2015 年由于汽车驾驶辅助系统存在缺陷在美国召回 7.2 万辆车，涉及 2015 年以及 2016 年款搭载 Eyesight 驾驶辅助系统的车型。该系统中的自动预碰撞制动部件可能存在故障，加大了碰撞风险。美国国家公路交通安全管理局发布的文件显示，如果警示灯开关失灵，则自动防撞制动部件将无法正常运转，使得汽车无法对路面障碍进行反应。

2015 年三菱汽车和东南汽车召回了部分车辆，问题主要在于行车安全智能辅助系统，影响自适应巡航系统（Adaptive Cruise Control，ACC）及前方碰撞预警系统（Forward Collision Mitigation system，FCM）。被召回车辆的 ACC/FCM ECU 程序设置不完善。试验 ACC 行驶时，可能将隧道和隔音墙等误识别为前方车辆，自动制动并使车辆减速；启动 ACC 行驶后，ACC/FCM ECU 程序处理发生错误，致使 ACC/FCM 功能可能被关闭。另外一部分车辆则是由于发动机 ECU 对节气门阀门开度的学习值设定有问题，存在安全隐患。

另外，智能网联汽车还存在信息安全风险。360 公司发布的《2019 智能网联汽车信息安全年度报告》中总结了 2019 年智能网联汽车发生了"十大安全事件"，包括基于通信模组的远程控制劫持攻击、基于生成式对抗网络（Generative Adversarial Networks，GAN）的自动驾驶算法攻击、特斯拉 PKES 系统存在中继攻击威胁、特斯拉 Model S/X WiFi 协议存在缓存区溢出漏洞、共享汽车 APP 存在漏洞、基于激光雷达的自动驾驶系统安全性存疑、Uber 爆出存在账号劫持漏洞、后装汽车防盗系统存在漏洞、丰田汽车服务器遭到入侵、宝马遭受 APT 攻击。

其中基于通信模组的远程控制劫持攻击能够影响大部分车企。通信模组作为车辆与外界网络连接的第一道防线，如果遭到黑客的破解，将会实现远程开闭车门车窗、起动/关闭发动机等控车操作，威胁到用户的生命财产安全。经过大量研究发现，此类漏洞广泛存在于车企的车联网系统中，亟须引起广大车企的关注。2019年，欧洲和美国相继爆出通过中继攻击的方式对高端品牌车辆实施盗窃的事件。尤其是在英国地区，仅2019年前10个月就有超过14000多起针对PKES系统的盗窃事件，相当于每38min就有一起此类盗窃案件发生。

在2015年，两名黑客在一辆切诺基行驶过程中，通过软件远程向克莱斯勒Uconnect车载系统发送指令并启动了车上的部分功能。他们可以操控的包括降低速度、关闭发动机、突然制动或者让制动失灵。此外，他们还可以控制车上的GPS设备，获取目标车辆的坐标及车速，进而在地图上对车辆的行进路径进行追踪。因此，克莱斯勒在全美召回140万辆存在软件漏洞的汽车。这是全球首例因黑客风险而召回汽车的事件。

在2015年举行的美国拉斯维加斯黑帽信息安全大会上，有两名研究人员公布了特斯拉Model S系统存在的6个重大安全漏洞，并通过其中一个漏洞实现对车辆的控制，以及在低速行驶状态下迫使其熄火。

据彭博社报道，德国权威汽车机构ADAC发布的一份报告显示，宝马汽车公司的"互联驾驶（Connected Drive）"系统存在安全漏洞，黑客利用这一漏洞可在几分钟内无线开启宝马、Mini和劳斯莱斯等品牌汽车的车门。ADAC表示，这一缺陷影响到大约220万辆安装了"互联驾驶"系统的汽车，包括劳斯莱斯幻影、Mini掀背车，而影响最多的是宝马车型，包括i3电动汽车。

通过对这些事件的分析，可总结出当前汽车安全的四大风险：
1）汽车攻击事件快速增长，攻击手段层出不穷。
2）智能网联汽车缺乏异常检测和主动防御机制。
3）数字钥匙成为广泛引起关注的新攻击面。
4）自动驾驶算法和V2X系统将成为新的热点攻击目标。

1.3.4　智能网联汽车测试的意义和必要性

1. 智能网联汽车测试的必要性

随着智能网联汽车的不断深入发展，汽车逐步从独立的机械单元向智能化、网联化的网络节点发展，特别是随着车载辅助系统、车内网、车际网和车云网的迅速发展，汽车系统安全面临新的、更严峻的挑战。据粗略估计，如今一辆典型现代汽车中的电子控制单元（ECU）大约有70个，包括超过1亿行的目标代码指令和近1GB的软件。机械缺陷逐渐减少的同时，电子系统造成的缺陷却正在迅速增加。传动、线控、导航、人机工程学和信息娱乐类技术的进步要求嵌入式系统方法中有严格的质量保证措施。另外，高等级自动驾驶和无人驾驶需要用自动驾驶系统替代驾驶人，这些车辆必须能够证明具备不低于人类驾驶人的驾驶水平和驾驶安全性，这是高等级自动驾驶和无人驾驶车辆进入实际应用的前提和基础。

智能网联汽车的系统特点主要包括以下几点。
1）车载信息终端集成多种通信与数据I/O硬件，并提供对多种通信协议、数据处理及应用服务的支持，系统非常复杂。
2）系统具有多设备组成性，涉及众多厂商，信息数据流转链路复杂、网络异构且涉及海量信息整合、数据挖掘、大规模数据计算。

3）实时性、可靠性要求：网络节点（车辆）具有高动态性，拓扑变化频繁，且受到的干扰因素较多，包括路边建筑物、天气状况、道路交通状况等。

根据上述特点分析，智能网联汽车在投入使用前必须经过严格的系统评测和质量认证后才可以正式投入使用。

2. 智能网联汽车测试的意义

随着消费者对车辆安全的理解和需求不断提升，智能网联汽车技术的开发与应用也成为汽车企业市场竞争力的重要筹码，能够让更多汽车搭载更加有效减少伤亡、提高效率的智能系统，也更具有现实意义。此时，除了研究智能网联汽车的新功能和算法外，保证智能网联汽车在行驶环境中的可靠与安全已成为其开发最大的难点。只有通过完善的智能网联汽车测试与评价技术，才能够尽早在研发阶段发现问题，挖掘隐藏的功能缺陷及不合理之处，才能够保证智能网联汽车应用的功能完备性及有效性，从而确保产品在炙手可热的市场中的核心竞争力。

（1）保证车辆行驶的安全

智能网联汽车是汽车产业的发展方向，通常来说，智能网联汽车是从驾驶辅助逐步提高自动化到实现自动驾驶的过程。目前驾驶辅助技术的渗透率正在逐渐上升，部分自动驾驶、有限自动驾驶技术也发展迅速，推动汽车向完全自动驾驶乃至无人驾驶方向前进。但是，汽车的首要功能是能够将人或者货物从一个地点运送到另一个地点，车辆的智能化和网联化是为了更好、更有效地实现上述功能，而安全是首要保证的。通过对智能网联汽车的功能和性能进行测试与评价，可以确保智能网联汽车既能够完成设定好的任务，又能够安全、高效地完成任务，不出现差错，也不会出现由于传统车辆的智能化和网联化而发生额外的危险或事故。确保安全且不会干扰正常的交通环境，是智能网联汽车进入公共道路测试和商业化应用的前提和基础。

智能网联汽车作为一种全新的汽车概念和汽车产品，将会成为汽车生产和汽车市场的主流产品。为了规范智能网联汽车的研究、设计、开发、生产和销售，避免将来可能发生的混乱局面和减少不必要的损失，应该在智能网联汽车出现之初，就抓紧相关标准及评测技术的研究制定工作，通过测试与评价推动智能网联汽车的标准化研究工作。智能网联汽车的标准化研究，应包括如下工作内容：系统功能标准；系统结构标准；质量与可靠性要求技术指标；信息与控制系统数据库技术指标；信息采集、处理与传输标准；导航与定位技术规范；通信技术规范；智能网联汽车应用软件技术规范；安全、舒适性、环保、能耗技术规范；人机界面技术规范；与现行汽车技术规范体系衔接问题等。

（2）推动汽车行业的发展

标准和评测本身对于整个产业来说是一个推动和促进。完善的测评工作首先能够对智能网联汽车进行基本的判断和分类，根据智能网联汽车的定义，确定厂商提供的车辆是否属于智能网联汽车，并根据车辆的智能化和网联化的程度对车辆进行分类。同时，通过测评形成标准，能够促成一些参考架构，使得所有的参与机构能够基于车联网和自动驾驶的标准参考架构来促进和实现生态系统的发展。另外，搭建开放共享的测试评价平台，既能保证各个参与方保持自己独特的自动驾驶和车联网的功能，同时能够满足标准，实现互联互通。

从国家层面来看，智能网联汽车作为一项决定未来经济的创新技术，只有具备成熟的智能网联汽车测试技术与丰富的测试经验，才能保证智能网联汽车系统应用中的安全、稳定和可靠，才能够抓住这新的市场机遇。完善智能网联汽车的评测工作是我国加快工业化与信息化融合和汽车产业转型升级的基础,能够为智能网联汽车的大规模产业化和应用创造条件,促进和实现汽车产业向生态系统的发展,同时推动开放共享的公共平台建设,推动车辆智能化和网联化的开发和研究。

 **知识链接**

虚拟仿真测试介绍

虚拟仿真测试拥有测试场景搭建方便、测试过程无安全隐患、可重复、成本低和效率高的特点。但场景的真实性受模型精度的限制,一般用于算法开发迭代的早期测试。

虚拟仿真测试需要构建动态车市场景,搭建仿真测试平台。测试平台需要通过采集海量的道路数据,才能对算法进行有效的训练和测试验证。采集的测试场景包括典型场景和危险场景,在采集过程中会逐渐显现长尾效应。测试工况类型覆盖有效性和数据格式统一性,将成为技术研究的难点。

百度公司创建了自动驾驶仿真系统(AADS),包括由数据驱动的交通流仿真框架和基于图片渲染的场景图片合成框架,可通过增强现实技术减轻甚至消除仿真场景与真实场景间的差距。另外,该系统还可通过扫描得到的街景图和轨迹数据扩展产生新的驾驶场景。依据该系统,百度公司公布了 ApolloCar3D 和 TrafficPredict 两大数据集。

51VR 创建的 51Sim-One 自动驾驶仿真测试产品提供两种动态场景构建方式:①基于其自研的仿真系统,通过自定义宏观参数构建动态场景;②基于其不断扩充的案例库(包括真实案例和根据真实泛化形成的案例),以及空间、时间触发器,实现主车附近的案例重现和各类危险工况的测试。

Google 的 Waymo 构建了仿真世界 Carcraft,包括 2 万个以上动态场景,例如居民区街道、高速公路、死胡同、停车场等。Waymo 通过场景泛化技术构建了更多测试场景,并于 2019 年 8 月公布了全场景的无人驾驶汽车路测数据。该数据在多样化的交通环境下采集,包含激光雷达和 360° 多个摄像头的数据(含标签),实现了激光雷达和摄像头的同步。

仿真测试平台需要通过数学建模的方式将真实世界进行数字化还原和泛化,建立正确、可靠、有效的仿真模型。传感器的仿真有三种类型:①对物理型号进行仿真,即仿真传感器接收到的信号,如摄像头的光学信号、雷达的声波电磁波信号;②对原始信号进行仿真,即仿真数字处理芯片的输入单元;③传感器目标仿真,即传感器检测到的理想目标。现有仿真测试平台的特点多为动力学仿真、ADAS 测试、场景仿真和交通流仿真。

 **小贴士**

智能网联汽车发生事故了如何进行责任认定

智能网联汽车发生事故后,责任应该由谁来承担?在现有的汽车社会运作模式下,交通事故的责任认定很简单,驾驶人作为车辆的唯一控制人必须承担交通法规运行下的责任。但是,一旦迈入自动驾驶的智能汽车社会,交通事故认定就成了大问题,因为在这样的模式下,驾驶人对车辆的控制被弱化,车辆操控的主体从人变成了电脑。交通法规不至于去追究电脑的责任,那么交通法规该如何去进行适应性的修改来应对智能汽车的出现,这是自动驾驶汽车所要面临的第一重法律难题。

自动驾驶汽车的法律问题相当复杂，不仅涉及设计、制造、用户、相对方之间的多重法律关系，而且法律关系本身的种类也很复杂，包括合同责任、侵权责任、产品责任等。

（1）合同责任

合同即契约。汽车制造商对自动驾驶汽车用户有质量、安全等承诺，其中形成的关系就是合同关系。如果自动驾驶汽车未能实现制造商对用户的承诺，那么法律后果就是违约责任。

（2）侵权责任

侵权责任的特点在于不需要证明与制造商之间有任何承诺，用户或利害相关的第三人都可以依照侵权责任法要求自动驾驶汽车制造商承担侵权损害的法律责任。侵权责任分析有两级阶梯：首先是对是否构成侵权责任的分析，即侵权责任的构成；其次是侵权责任的承担。

一般侵权责任的构成要素有4个：侵权行为、主观过错、损害事实和因果关系。假设其中损害事实与因果关系都成立，如系自动驾驶车故障直接引起交通事故并造成人身和财产损害，那么需要重点分析的就是行为和过错两项要素。

一个有意思的事实是，真正的无人驾驶汽车应该是没有驾驶人因而也不存在人类驾驶行为的。一辆无人驾驶汽车被人工操控所产生的责任并不是我们要讨论的无人驾驶法律责任而是普通车辆驾驶的法律责任，正如开车谋杀造成目标死亡的交通事故并不成立交通肇事而是成立故意杀人一样。和没有人为驾驶行为对应的事实是用户并不存在主观过错，主观无过错+无驾驶行为决定了用户的乘坐行为不构成侵权，也不用承担侵权责任。

再来拆解无人驾驶汽车的制造行为，至少包括设计、生产制造、维护服务3项独立的具体行为，涉及产品的机械（包括动力系统）和智能控制两个系统。尽管有这些独立行为，但无人驾驶汽车法律责任的承担可以统一归为一类，即产品质量责任。

（3）产品质量责任法律依据

我国多部法律对因产品质量引起的法律责任做了系统的规定。例如，作为民法中最基本的法律，《中华人民共和国民法典》第七篇第四章第一千二百零二条【产品生产者责任】，因产品存在缺陷造成他人损害的，生产者应当承担侵权责任。第一千二百零三条【被侵权人请求损害赔偿的途径和先行赔偿人追偿权】，因产品存在缺陷造成他人损害的，被侵权人可以向产品的生产者请求赔偿，也可以向产品的销售者请求赔偿。产品缺陷由生产者造成的，销售者赔偿后，有权向生产者追偿。因销售者的过错使产品存在缺陷的，生产者赔偿后，有权向销售者追偿。第一千二百零四条【生产者和销售者对有过错第三人的追偿权】，因运输者、仓储者等第三人的过错使产品存在缺陷，造成他人损害的，产品的生产者、销售者赔偿后，有权向第三人追偿。第一千二百零五条【危及他人人身、财产安全的责任承担方式】，因产品缺陷危及他人人身、财产安全的，被侵权人有权请求生产者、销售者承担停止侵害、排除妨碍、消除危险等侵权责任。与此同时，在《侵权责任法》《产品质量法》《消费者权益保护法》等法律中也同样对产品质量引起的法律责任做了系统的规定。

1.4 智能网联汽车测试场地

当前，智能网联汽车及其关键技术的研究开发方兴未艾，越来越多的国内外汽车制造厂家、IT 企业以及高校、科研院所等都在投入大量的人力和物力积极推动先进智能网联汽车的研发及其商业进程。在此背景下，智能网联汽车应用示范区、智能网联汽车专用测试场如雨后春笋般涌现，下面就给大家详细介绍一下国内外智能网联汽车测试场地现状。

1.4.1 智能网联汽车测试基地

智能网联汽车以及智慧交通不同于传统汽车及其交通系统，其技术、产品的研究开发、测试评价及试验示范需要在更多可控的"开放"和"真实"道路环境、通信环境以及智能网联汽车等众多的混合交通车辆场景下进行。近几年，国内已初步形成"5+2"智能网联示范基地格局，相关的关键技术已逐步得到验证。随着智能网联汽车测试评价体系逐渐完善和标准化，急需规划专用的试车场地和研究科学的测试方法。

1. 智能网联汽车测试基地概述

智能网联汽车测试场以汽车测试为核心，主要用于车联网、智能驾驶等技术的研发测试，并为其测试、验证与展示提供基本环境。测试场工作的开展不仅为智能汽车的产业化打下坚实的基础，也为未来全环境自动驾驶的目标提供了测试场地。

智能汽车测试场包括道路基础设施和测试设施两个部分。道路基础设施通过各种道路和环境的建设模拟日常行车中遇到的路况和环境问题。道路和交通指示设施、背景行人车辆及道路两侧"建筑"共同形成完整的"模拟城镇"；汽车功能测试设施为"模拟城镇"的路侧设施，包括 DSRC、WiFi、LTE-V 等多种网络基站及监控、导航设备，在测试区内实现多种 V2X 通信场景及视频监控、GPS 的全方位覆盖。

测试场的软件建设包括测试场交通指挥、照明控制系统、车辆行人跟踪监控系统及具有线上预约、评估等功能的网站系统。

2. 测试场地建设

先进驾驶辅助系统技术和 V2X 技术是汽车智能化发展实现的两条基本路径，从作为辅助驾驶系统到成为全自动驾驶系统的组成部分，这两种技术的应用功能测试将贯穿整个汽车智能化和交通智慧化发展进程。因关键技术不同，对测试场地的需求也不同。为涵盖不同的发展阶段，将测试场地规划分为三类，分别针对 ADAS 测试、V2X 测试和自动驾驶测试。

（1）ADAS 测试场地

ADAS 测试在欧美日等国家起步较早，现已有欧标、美标、日标等典型功能相关的测试标准，部分功能已有国家标准。各标准对测试环境的要求都是尽量涵盖较多的测试工况，测试场地建设的关键之处有以下几点：

1）车道。ADAS 测试大多涵盖直道测试和弯道测试，为支持不同的测试车速，直道长度不能低于 1000m，弯道长度不能低于 350m，以自适应巡航系统为例说明估算方法，具体如下：

ACC 测试工况中，以 120km/h 为最大测试车速，理想情况下，测试车和背景车以 $3m/s^2$ 的加速度从静止达到测试车速，则所需行驶的距离 $s≈182m$。两车均达到测试速度、相对距离达到 100m 左右且稳定行驶 3~5s 后测试开始，测试过程中进行切入、切出等操作。为保障试验的成功率，预计测试过程至少需要 10s，行驶距离约 330m，测试结束减速过程需行驶约 182m，共需约950m。考虑实际测试情况中背景车和测试车辆配合问题，故直道长度至少规划1000m。

因系统类型不同，标准中弯道曲率半径常见的有三类，分别为125m、250m和500m，为提高场地使用频率，一般考虑直道连接弯道，在直道上完成测试速度和测试距离调整，弯道上主要进行测试过程，测试结束后的减速过程不考虑道路类型，因此，弯道长度约350m。

同向车道数不能少于3条，车道宽度3.5～3.75m，车道线应支持虚实线、黄白线测试需求，路面附着系数不小于0.9，一般为干燥的沥青或混凝土路面。

2）其他设施。在ADAS测试中，还需考虑传感器误识别测试，以前向碰撞预警系统为例，需在上空4.5m处和凸出地面5cm处设置障碍物，而自动紧急制动（Autonomous Emergency Braking，AEB）测试要求测试环境空旷，需综合考虑障碍物设置位置，可使用可拆除或可移动的设施进行部署。测试过程中，大多数情况会使用高精度定位系统，为保证接收塔位置精度，应设置固定的接收塔位置。

（2）V2X测试场地

与ADAS功能不同，V2X更强调环境的适应性，尤其是高速和城市街道环境中的应用。V2X是一个涉及车与周围交通元素、网络等协同和交互的复杂应用系统，也是智慧交通重要组成部分，其测试场地应涵盖由人、车、路和环境组成的完整闭环系统。然而现阶段，国内相关的技术标准尚未统一，当前的测试只能支持功能实现、功能完备性、响应时延、互通性等，测试场地规划应尽量满足多种应用的研发性测试和应用试验示范需求，以推进技术迭代和提高社会接受度。

在T/CASE 53—2017《合作式智能运输系统　车用通信系统　应用层及应用数据交互标准》中定义了17个典型应用场景，以V2V（Vehicle to Vehicle）和V2I（Vehicle to Infrastructure）为主，其中V2V只涉及车车间的通信和交互，高速环境下的测试可与ADAS测试场地复用，部分V2I应用可在测试场地路侧安装相应的路侧通信设备以满足测试需求，而城市街道环境需尽量还原城市交通要素，配备路侧通信单元信号灯至少3组，间隔至少160m以上供测试车辆进行加减速等操作，道路类型至少应包含典型的交叉路口，且需有建筑物或树木等形成天然的视线和信号遮挡，弱势交通参与者或道路障碍物识别，可依靠路侧视频抓拍或传感器识别实现，可在部分路段安装相应检测器。整个可控测试环境中，除与交通设施设备的结合外，还需涵盖多种通信方式、远程管控和资源调度平台，形成车、网、路协同和互联环境。在此基础上，完成V2X的相关技术验证，探索评价和测试标准。

（3）自动驾驶测试场地

根据SAE International定义的自动驾驶等级来看，目前尚处于L2（半自动驾驶）向L3（高度自动驾驶）过渡阶段，其技术是多种技术的复杂组合，包含但不限于ADAS和V2X。技术验证性的测试将会是未来几年的主要测试需求。测试场地应在可控范围内尽可能多地还原真实交通环境。

可控测试场地关键要素应涵盖环境要素——气候控制（雾、雨、风等）、地面湿滑控制、灯光控制、建筑控制等；交通要素——行人、动物、自行车、摩托车、轿车、公交车、货车等；设施要素——交通信号灯、交通标识牌、路面标线、护栏、充电桩、车站、建筑、树木等；通信要素——LTE-V2X、DSRC、4G、5G、蓝牙、WiFi、RFID以及其他短程通信；控制要素——通信、远程控制、数据采集等；功能要素——车路协同、车车协同、人车交互、车网交互等。测试环境应包括高速道路（限速120km/h）、城市区域（限速40～60km/h）和乡村道路（限速

20~30km/h）。除限速要求外，各类测试环境还应具备相应的特点，如乡村道路，应具备多弯道、凹凸路面、碎石路面、坡道等，城市区域应具备视线遮挡（建筑物、植被等）环境、多交叉路口、环岛、多交通设施设备等。高速道路应具备隔离带、护栏、应急车道、无信号灯等；同向车道不少于2条。

3. 智能网联汽车测试"四步走"规划

自2015年6月，工业和信息化部批准上海国际汽车城（集团）有限公司承担国内第一个智能网联汽车试点示范区的建设，时至今日中国汽车技术中心"智能网联汽车标准规范测试与研究基地"建成后，未来智能汽车和无人驾驶将完成"四步走"规划：

第一阶段是封闭测试阶段。模拟智能网联汽车在高速+城市+乡村试跑状况；完善通信网络、交通道路等基础设施，演示场景增至50种以上，为智能网联以及无人驾驶等技术应用最终进入城市综合示范区打下基础。

第二阶段是开放道路测试阶段。车辆上路实测，搭建功能完备的智能网联汽车测试示范公共服务平台。

第三阶段开始典型城市综合示范区试验。基于智慧城市理念与要求下的智能网联汽车区域性测试示范公共服务平台，打造智能网联汽车产业集群，建设全国区域性智能网联汽车标准化产业基地。

第四阶段示范城市及交通走廊。建设两条共享走廊将两个区域连接起来形成闭环，最终建成区域性、相对独立、功能齐全的智能网联汽车测试示范公共服务平台，形成初具规模的智能网联汽车产业集群。

4. 智能网联汽车测试道路等级划分

封闭测试道路可分为公路测试区、多功能测试区、城市街区、环道测试区和高速测试区等，包括多种类型道路、隔离设施、减速设施、车道线、临时障碍物、交通信号、交通标志等组成的实际道路测试案例。测试基地可对功能符合性、性能可靠性和稳定性等关键性能进行测试评估。例如，位于无锡市滨湖区的国家智能交通综合测试基地，占地总面积208亩，封闭测试道路总长3.53km，包括150多个由多种类型道路、隔离设施、减速设施、车道线、临时障碍物、交通信号、交通标志等组成的实际道路测试案例，同时为自动驾驶技术提供第三方权威测试和认证。测试基地将与无锡市政府合作打造"智能车特色小镇"，建设基于测试基地内封闭式和测试基地外半开放式的实际公共道路测试环境，构建实际道路测试场景和管理平台，包括由多种类型道路、障碍物、交通信号、交通标志、特殊气象条件环境等构建形成的综合实际道路测试场景。

封闭测试场的级别可分为T1~T5级。

（1）T1级能力评估道路

1）直道，单向两车道以上。

2）含有信号灯控交叉路口、人行横道等。

（2）T2级能力评估道路

1）含符合T1级能力评估道路。

2）双向4车道及以上，含软硬隔离设施。

3）含公共电汽车站台或公交港湾等。

（3）T3级能力评估道路

1）含符合T2级能力评估道路。

2）含机非混行道路、主辅路、起伏路、桥下道路、林荫路、坡道。

3）含公交专用车道、非机动车道、人行专用道。

4）含4出入口以上双车道环岛，主辅路出入口，及含有信号灯的双向4车道及以上道路与双向2车道及以上道路交叉口或无信号灯控交叉口等。

5）含苜蓿叶立交。

（4）T4级能力评估道路

1）含符合T3级能力评估道路。

2）含转弯匝道、急转弯道、连续弯道、限宽、限高设施道路。

3）含隧道、潮汐车道等。

4）含水篦子、铁板、铁轨等路面。

5）含水泥、砂石等路面。

6）含有信号灯的5方向以上异形交叉路口。

7）含待转区的路口、渠化路口、铁路道口等。

8）含路侧与场地停车位等。

（5）T5级能力评估道路

1）含符合T4级能力评估道路。

2）含高速公路、城市快速路等。

3）含服务区、收费站、充电站等。

4）含湿滑、积水、遗撒等路面。

T3为常见的城市场景（有城市平面立交桥），T4为复杂的城市场景（有隧道、林荫道等设置），T5则为特殊城市场景，可实现模拟雨雾、湿滑路面等复杂的交通、天气环境。相比T3级别而言，T5级别测试场的模拟交通场景更加复杂。T5级测试场建设内容主要包含十大场景测试区，以模拟各种不同的行车环境，测试车辆的反应和性能。比如在极端环境测试区内，车辆会在下雨、刮风、雷电、冰雪等天气条件下行驶；在城市交通场景测试区，车辆会遭遇车流量大、交通堵塞，以及应对突发状况等问题；而在自动泊车测试区，驾驶人下车后，车辆会自己寻找车位自动泊车。

例如，北京市首个T5级别自动驾驶封闭测试场开放运营，测试场是T1~T5级别测试场，可供测试车辆在更复杂的交通场景中进行测试评估，进而申请更高级别的自动驾驶道路测试试验牌照。测试场内建有一个100m长的隧道，车辆进入隧道内，相关设备可模拟下雨、雾天、强光、弱光等天气环境，从而测试自动驾驶车辆的应对能力。测试场可模拟近50种测试区域。亦庄基地占地面积约650亩，分为城市场景、乡村场景和高速场景三大区域。封闭测试区内可模拟城市主干道、有信号灯路口、环岛、公交专用道、潮汐车道、涉水区、雨雾模拟隧道、高速公路、街区道路、砂石路等近50种测试区域，同时还设置专门满足服务型电动自动行驶轮式车测试的测试区。这些场景的选取主要是参考京津冀地区的道路特点，已覆盖京津冀地区85%的城市交通场景。由于封闭测试场在车辆测试期间不能对外开放，在有信号灯路口场景中，为了模拟车辆通过路口时的复杂交通环境，测试场设置了充当道具的模拟行人、模拟非机动车，以及人为操控的机动车等，营造出路口通行场景。因为真实的路况会非常复杂，所以测试背景机动车会模拟突然并线、强行拐弯等情况，以评估自动驾驶车辆的安全性。为了保证测试安全，北京市要求每辆自动驾驶车辆内配备一位安全员，如遇到测试车辆无法应对的情况，会由安全员及时接管车辆进行操作，充分保证测试过程的安全。经过至少 5000km 的安全测试以及专家评审，最终从测试场中成功走出的自动驾驶车辆将获发路测牌照，可以进入开放道路的测试。拿到 T5 级别的牌照，意味着车辆可以到最高级别的 R5 级开放道路上试跑。

按照交通密度、车道类型、交叉路口形态等交通场景复杂程度，将开放测试路段道路分为 R1~R5 五个级别。

其中，等级最低的 R1 类道路有四项要求：直道，双向 4 车道及以上；低密度交通流量，中低居住密度，机非分离，视野开阔；可含多种硬质隔离设施等；可含有交叉路口（但不允许转弯测试）、信号灯路口、无信号灯路口、人行横道等。R2、R3、R4、R5 四个等级的道路中对复杂路况的内容进行了增加，并引入了可软硬隔离设施、隧道、急转弯道、连续弯道、潮汐车道、公共电汽车站台、砂石路面、下坡路、雾区道路、湿滑路面等实际路况。其中，等级最高的 R5 类道路还可包含中高密度交通流，中高居住密度，可含无交通标志、标线道路，也允许自动驾驶车辆在夜间、雪天或高峰时段行驶。

我国"北京路测"数据则由平台实时监控采集，企业通过科目考试申领测试牌照。测试车辆须在封闭测试场完成 5000km 训练和能力评估考试，确保进入开放道路的测试车辆达到相应要求；而且，道路测试监管平台实时监管测试车辆位置、车况、自动驾驶状态、安全驾驶人行为等。

在美国，高科技企业和专业车企均在"加州路测"取得较大进展。值得注意的是，特斯拉没有参与"加州路测"，但其已在实际道路完成 16 亿 km "影子模式"测试。

1.4.2 智能网联汽车应用示范区

国家智能交通综合测试无锡基地是由工业和信息化部批复的国家级智能网联汽车测试示范基地之一。由工业和信息化部批复的国家级智能网联汽车测试示范基地有：国家智能交通综合测试基地（无锡）、国家智能网联汽车上海试点示范区、国家智能网联汽车与智慧交通重庆示范区、国家智能网联汽车与智慧交通浙江示范区、国家智能网联汽车与智慧交通吉林（长春）示范区、国家智能汽车与智慧交通（京冀）示范区、中德智能网联汽车试验基地（成都）、国家智能网联汽车与智慧交通湖北（武汉）示范区等。

1. 国家智能交通综合测试基地（无锡）

无锡基地是唯一一家以车辆运行安全为出发点的测试场，内置 6 个测试区：公路测试区、城市道路测试区、高速公路测试区、环道测试区、多功能测试区、室内测试区，主要测试无人驾驶车辆的通行能力、避险避障、信号识别等。无锡基地拥有的双向 170km 智能网联汽车开放测试道路群，在无锡市多区同步启用，实现公共测试道路与权威封闭测试区（国家智能交通综合测试基地）的无缝衔接。

2. 国家智能网联汽车上海试点示范区

上海测试区是工业和信息化部批准的国内首个国家智能网联汽车试点示范。2021 年 8 月，临港新片区环湖一路智慧公交项目获得上海颁发的首张智能网联商用车载人示范应用牌照，这标志着该项目实现从"道路测试"到"示范运营"的突破。

3. 国家智能网联汽车与智慧交通重庆示范区

重庆市经信委发布的《打造全国一流新能源和智能网联汽车应用场景三年行动计划（2021—2023 年）》中规划：在智能网联汽车领域，全市新建车路协同道路长度超过 1000km、改造路口数量超过1200个;渝蓉高速等智慧高速开工建设,累计启动超过500km智慧高速建设。

4. 国家智能网联汽车与智慧交通浙江示范区

浙江示范区以桐乡市乌镇和杭州市云栖小镇为核心区域,桐乡测试场可提供20余种网联式场景测试;杭州云栖小镇测试场主要结合云栖大会开展智能网联汽车测试展示活动。

5. 国家智能网联汽车与智慧交通吉林(长春)示范区

长春示范区是中国第一个全国寒区智能汽车与智慧交通示范区,可以提供辅助驾驶、自动驾驶和V2X网联汽车的主要测试场景和1200个子测试场景。

6. 国家智能汽车与智慧交通(京冀)示范区

工业和信息化部、北京市和河北省签订"基于宽带移动互联网的智能汽车与智慧交通应用示范省合作协议",规划在示范区内模拟多种道路和场景,为智能网联汽车提供实际的运行环境,可测试V2X、无人驾驶汽车、智慧交通等技术,是促进产业快速发展的国际级示范区。

7. 国家智能网联汽车与智慧交通湖北(武汉)示范区

武汉测试区可支撑公交车、网约车、末端无人物流车、公园景区接驳车等自动驾驶应用,是全国规模最大、场景最多、首个全5G接入的开放道路自动驾驶示范区。

8. 中德智能网联汽车试验基地(成都)

中德智能网联汽车试验基地是中德两国在智能网联汽车领域合作的国内首个落地项目,主要落实加强中德两国在智能网联汽车领域的政府、行业、企业多层次合作交流,具有建设起点高、支撑力度大等优势,也是工业和信息化部批复的第8个国家级智能网联汽车测试示范基地。

 知识链接

开放道路测试和开放测试道路介绍

开放道路测试是智能网联汽车在地方政府允许开展测试的路段区域内进行车辆自动驾驶能力验证的一种测试方法,是自动驾驶车辆可量产、向市场大规模推广应用的标志性测试,是目前最容易得到市场和用户认可的测试、最能体现车辆真实能力的测试。

开放测试道路是进行开放道路测试的前提,可以配套相应系统平台为开放道路测试提供场地、通信信号、路况信息、信号灯信息、实时事件信息、交通数据信息、气候信息等。

目前国内外对开放测试道路的规划和开放多以高度智能网联化示范路段、高里程道路、丰富场景为方向,推动开放道路测试的发展。

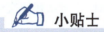 小贴士

开放道路测试管理规范

开放道路测试方面,国家部委、各省市均纷纷出台相关道路测试管理规范。据不完全统计,全国有30多个省市区出台了智能网联汽车测试管理规范或实施细则,其中北京、上海、天津、重庆、江苏、浙江、湖南、河南、广东、海南等出台了省(直辖市)级法规。上海、江苏、浙江、安徽出台了跨省市的《长江三角洲区域智能网联汽车道路测试互认合作协议》,见表1-4。

表1-4 部分智能网联汽车测试管理规范或实施细则

发布组织	级别	管理规范或实施细则	时间
工业和信息化部、公安部、交通运输部	国家级	《智能网联汽车道路测试管理规范（试行）》	2018年4月
工业和信息化部、公安部、交通运输部	国家级	《智能网联汽车道路测试与示范应用管理规范（试行）》	2021年7月
中国汽车工业协会	行业级	《智能网联汽车自动驾驶功能测试技术规范》	2019年10月
中国汽车工程学会	行业级	《智能网联汽车测试场设计技术要求》	2020年4月
中国智能网联汽车产业创新联盟等	行业级	《智能网联汽车自动驾驶功能测试规程（试行）》	2018年8月
上海、江苏、浙江、安徽	区域级	《长江三角洲区域智能网联汽车道路测试互认合作协议》	2019年9月

思考题

1. 什么是智能网联汽车？它有哪些特点？
2. 智能网联汽车与智能汽车、车联网、智能交通系统之间是什么关系？
3. 简述智能网联汽车的发展趋势。
4. 为什么要开展智能网联汽车测试？
5. 你所知道的智能网联汽车的测试场地有哪些？请举例。

第 2 章 智能网联汽车测试场景技术与标准

本章主要介绍智能网联汽车测试场景的研究现状以及智能网联汽车测试场景的相关标准与法规。最后结合这些现状、标准和法规,阐述智能网联汽车测试场景技术标准化面临的问题和挑战。

 学习目标

1. 了解国内外智能网联汽车测试场景的现状。
2. 理解国内外智能网联汽车测试场景的相关标准和法规。

2.1 智能网联汽车测试场景研究

2021 年 12 月 3 日,德国莱茵 TÜV 大中华区与国汽(北京)智能网联汽车研究院有限公司签署战略合作协议,双方将利用各自在智能网联汽车领域的测试能力,共同打造智能网联汽车综合测试基地,深度开发车路协同关键技术和相关产品的安全评价体系,以及测试场景评估方法,推动汽车智能网联标准体系的建立,为中国汽车产业高质量发展提供坚实的支撑。

2.1.1 国外智能网联汽车测试场景研究现状

智能汽车外部的行驶环境具有高度的不确定性、不可重复、不可预测和不可穷尽等特征,对自动驾驶系统是一个巨大的挑战。近年来 Uber、Tesla 发生了多起自动驾驶事故。这些事故暴露了自动驾驶系统面对复杂行驶环境及测试场景时应对能力不足的问题。主要原因还是在系统开发测试过程中缺乏对复杂场景的测试。因此智能网联汽车测试场景研究对自动驾驶非常重要。

1. 欧洲

(1) KITTI

KITTI 由德国卡尔斯鲁厄理工学院和丰田美国技术研究院联合创办,是目前国际上最大的自动驾驶场景下的计算机视觉算法评测数据集。数据可用于评测目标(机动车、非机动车、行人等)检测、目标跟踪、路面分割等计算机视觉技术在车载环境下的性能。KITTI 的数据集中,目标检测类包括车辆检测、行人检测和自行车三个单项;目标跟踪类包括车辆追踪、行人追踪两个单项;路面分割类包括城市未标注、城市标注和城市多重标注三个场景及前三个场景的平均值城市道路。

(2) Cityscapes

Cityscapes 数据集由奔驰主推,提供无人驾驶环境下的图像分割数据集。数据可用于评估视觉算法在城区场景语义理解方面的性能。Cityscapes 是用 PASCAL VOC（Pattern Analysis, Statistical Modeling and Computational Learning Visual Object Classes Challenge）标准的 IoU（Intersection over Union）得分来对算法性能进行评价。Cityscapes 包含 50 个不同场景、不同背景、不同季节的城市街景，提供超过 5000 张精细标注的图像、20000 张粗略标注的图像、30 类标注物体。

（3）PEGASUS

PEGASUS 项目是由德国联邦经济事务和能源部发起的，旨在建立为自动驾驶汽车进行安全评估和测试的技术规范。德国汽车行业普遍认为应当有一套标准化的场地测试和试验流程来保障其上路前的安全。因此，PEGASUS 联合德国本土汽车行业近 17 家大小企业和研究机构共同来定义保障高度自动驾驶上路前的安全的一系列测试标准。PEGASUS 项目由四个部分构成：场景分析和评价标准研究，应用过程分析，测试，可扩展性分析。PEGASUS 项目主要聚焦于 SAE L3 级别的高速公路场景的研究和分析，并将场景按照抽象级别划分为三个层次：功能场景、逻辑场景和具体场景。功能场景是通过语言场景符号来描述域内的实体以及实体间的关系。逻辑场景通过定义状态空间内变量的参数范围，可以表达实体特征和实体间的关系。具体场景则通过确定状态空间中每个参数的具体值来明确描述实体和实体间的关系。

2. 美国

美国在智能汽车和基于 V2X 的网联汽车相关的研究领域一直走在世界的前列。近几年，分别开展了 VII、CVHAS 和 IntelliDrive 等项目，强调采用人—车—路一体化方法来解决现代交通所存在的严重问题。

（1）NHTSA

美国国家公路交通安全管理局（NHTSA）于 2018 年组织了一个名为"自动驾驶系统测试用例和场景框架"研究项目，旨在提供自动驾驶系统概念开发的测试场景框架。场景框架的开发基于行业目前公认的模拟仿真、场地测试和道路测试相组合的基本思想。此测试场景框架的开发和基于场景的样本测试方法用可视化示例的方式，确定和识别了针对 SAE L3 高速公路自动巡航及 SAE L4 代客泊车等功能下的七大通用类别的 24 类场景，同时也识别了与场景相关的风险概念，后续可有助于立法机构确定适当的测试规程。

（2）SAE

"自动驾驶汽车可变性能测试"（Variable Performance Testing for AVs）是由美国 SAE International 发起的基于场景的测试方法研究项目。项目参与单位由 17 个单位组成，包括整车企业、一级供应商、地图供应商和科技公司。其测试方法的开发同样包括模拟及虚拟测试、封闭道路测试、开放道路测试三个类别。考虑要素包括了 SAE 标准里定义的操作行为为设计运行范围、目标和事件探测与响应、失效模式、网络安全。自动驾驶汽车可变性能测试项目所研究的测试场景涵盖了城市、住宅区、道路、校园和行人五大区域，同时包含了结构化道路和部分非结构化道路作为测试的基础。

（3）MCity

为了推动智能网联汽车技术的研发和产业化，美国已经建设了数个智能网联汽车专用试验场。密歇根大学交通变革移动中心（MTC）主导建设的 MCity 是其中的典型代表。

MCity 从 2014 年开始建设，并于 2015 年 7 月正式宣布对外开放。如图 2-1 所示，MCity 占地 32 英亩（12.9 万 m^2），是世界上第一座专为测试无人驾驶汽车、V2X 等智能网联汽车技术而打造的，经过环境变量控制设计的模拟小镇。MCity 位于密歇根大学的北校区，街区内建造了模拟城市交通的主要环节。其中包括数英里长的两车道、三车道和四车道公路，高速公路及其出入口，有信号灯的十字路口，桥梁，铁路交叉口，环形路口，自行车道，上下坡道，甚至地下通道等。整座城市包括两个基本区域：用于模拟高速公路环境的高速试验区域；用于模拟市区和近郊的低速试验区域。

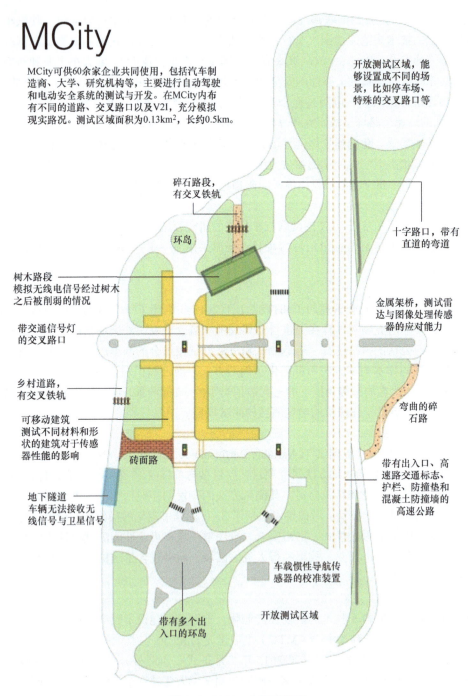

图 2-1　MCity 功能示意图

MCity 的最大特点是柔性设计，MCity 中包含丰富的道路环境要素，如不同的车道线、人行道、行人斑马线、自行车道、街灯、无障碍坡道，不同形式的停车位、公共汽车站，还有不同形式的郊区街道、郊区干线、农村道路、高速公路、坡道、环状交叉路口、圆形交叉路口和复杂的斜式交叉路口等道路形态。这些元素经过组合能够复现多种真实的交通场景，最大限度地支撑智能网联汽车测试对场景完备性的需求。

3. 日本

日本于 2013 年启动了名为 SIP（战略性创新创造方案）的项目 SIP-ADUS，其中，自动驾驶是它的核心之一。其子项目场地操作测试（FOT）参与者包括：OEM 厂商、供应商、大学、研究机构和政府机关等。试验场地规划为高速公路、干线道路及测试场地。场地操作测试包含了对动态地图数据的验证、HMI 及网络安全。SIP 在自动驾驶测试场景方面，无论是高精地图绘制、技术测试，还是实验项目的推动，都有国家、企业和民间机构的共同参与。2018 年日本就已完成 30 万 km 公路的 3D 高精地图绘制，进行了基于自动驾驶测试场景的动态地图实验和人机交互实验，并进行驾驶人集中度、接管所需时长的验证。

日本是很早就开展了车联网相关技术研究。20 世纪 80 年代早期，日本 JSK 就开始了车—车间无线通信的研究。之后开展的多个智能交通项目亦将车—车通信技术的应用作为研究重点之一，具有代表性的项目是 VICS 项目、ASV 计划、SmartWay 计划、AHS 和 CHAUFFEUR 项目。目前，日本在基于车—车通信的车队车辆控制和协作驾驶应用方面，已基本完成了基础技术和实用技术的研发。在智能网联汽车测试方面，日本的研究基本上是由车企推动的，比较有代表性的是丰田东富士研究所 ITS 试验场。

丰田一直致力于 ITS 技术的推广和研究，力求通过 ITS 技术减少交通事故。丰田于 2014 年 2 月在东富士研究所设立 ITS 试验场，试验场占地 3.5 万 m^2，可以利用 700MHz 的无线频段进行通信实验。实验场内布置了车辆探测装置、行人探测装置、信号灯、通信装置等各种设备，同时车辆自身也搭载了数据采集装置和通信装置，可以满足各种 ITS 相关测试的要求。丰田在试验场主要对右转弯防碰撞辅助等 4 种安全驾驶辅助功能进行了测试，并取得了比较理想的研究数据。

2.1.2 国内智能网联汽车测试场景研究现状

我国气候、地形、道路、交通环境复杂多样。基于此，相关研究机构和测试场地运营部门应对典型道路交通场景、传统交通事故场景进行系统分析，开发包含我国典型道路状况、环境状况、交通状况的场景数据库，并基于场景数据库进行测试场景、测试道路的设计和构建。

为把握汽车新四化这一产业变革带来的技术和社会生态系统升级，结合我国信息化与经济高速增长阶段转向高质量发展阶段历史时期，工业和信息化部近年推进的重庆、北京、浙江、武汉、长春、上海、无锡、天津等城市的智能网联或自动驾驶示范区，打造基于自动驾驶技术和产业需求的智能网联汽车测试场景。以智能驾驶、智慧路网、车路协同、新能源汽车、联网汽车等关键技术为牵引，以构建"安全、绿色、高效、便捷"为最终目标的智能汽车与智慧交通产业创新示范应用区，促进我国智能汽车、智慧交通和宽带移动互联网协同发展。

2018 年 4 月，工业和信息化部、公安部和交通运输部联合发布了《智能网联汽车道路测试管理规范（试行）》，对智能网联汽车道路测试申请、审核、管理以及测试主体、测试驾驶人和测试车辆要求等进行规范。截至 2018 年 12 月底，全国已有 14 个城市发布了与管理规范相配套的实施细则，全国已颁发了共 101 张路测牌照，分别由互联网公司、主机厂、共享出行平台共 32 家自动驾驶相关企业从 14 座城市获得。

中国汽车技术研究中心有限公司数据资源中心自 2015 年开展驾驶场景数据采集及分析研究工作以来，不断积累自然驾驶场景资源，目前已采集超过 32 万 km 自然驾驶里程数据，地域覆盖北京、天津、上海等重点城市，工况覆盖高速、城市、乡村、停车场等重点领域，环境覆盖晴天、雨天、雪天、雾霾等多种天气，范围覆盖典型场景、边角场景、事故场景等多种类型，已建设成为首屈一指的中国特色驾驶场景数据库。经过多年的经验积累，数据资源中心逐步形成了完善的数据采集规范、数据处理流程、特征提取方法、场景数据库结构规范、测试用例数据格式、驾驶场景虚拟仿真测试方法等理论体系。

中国交通事故深入研究项目 China In-Depth Accident Study（CIDAS）启动于 2011 年 7 月，由中国汽车技术研究中心车辆安全与鉴定技术研究所联合国内外多家知名汽车企业发起，旨在通过对中国道路交通事故的深入调查、分析和研究，为中国乃至国际汽车行业提供基础数据支持和技术服务。从 2011 年启动至今，CIDAS 项目已经采集了 3000 多起中国道路交通事故，数据库的丰富内容已经得到了广泛的认可。CIDAS 项目阶段性成果已在相关汽车安全标准的制修订、车辆主被动安全技术研究及 C-NCAP 测试评价等多个方面得到了应用。该项目对于中国典型的交通事故进行了广泛的收集，对自动驾驶的场景库仿真与研究具有重要意义。

公安部交通管理科学研究所综合了国内交通情况及国外测试基地管理模式，初步设计了我国自动驾驶能力测试场景，包含封闭、半开放、开放、高速和虚拟五种测试环境，测试场景库和评价规则库两个测试评价库，以及 1 个自动驾驶能力测试评价平台。目前，测试环境已形成以封闭场地为点、以半开放道路为线、以全开放道路为面的测试布局。其中，封闭场地占地 200 亩，拥有公路、城市道路、高速公路、环道、多功能、室内六大测试区；半开放道路环境拥有 10km 测试道路、146 个视频全程监控点和 9 个信控路口。

百度的 Apollo 开放平台于 2018 年发布 ApolloScape，不仅开放了比 Cityscapes 等同类数据集大 10 倍以上的数据量，而且包括感知、仿真场景、路网数据等数十万帧逐像素语义分割标注的高分辨率图像数据，进一步涵盖更复杂的环境、天气和交通状况等。从数据难度上来看，ApolloScape 数据集涵盖了更复杂的道路状况（例如，单张图像中多达 162 辆交通工具或 80 名行人），同时开放数据集采用了逐像素语义分割标注的方式，是目前环境最复杂、标注最精准、数据量最大的自动驾驶数据集。ApolloScape 发布的整个数据集包含数十万帧逐像素语义分割标注的高分辨率图像数据，为便于研究人员更好地利用数据集的价值，在数据集中定义了共 26 个不同语义项的数据实例（例如汽车、自行车、行人、建筑和路灯等），并将进一步涵盖更复杂的环境、天气和交通状况等。

清华大学苏州汽车研究院从 2016 年开始就致力于对交通视频的分析与挖掘工作，运用图像分析与机器学习等方法对日常潜在的交通隐患场景进行分析与识别。目前已经搜集了数万条潜在交通隐患的场景数据，运用这些数据可以仿真再现道路上的真实场景。该数据对于分析日常交通流量与潜在交通隐患具有重要意义。另外，还对各种场景进行了安全等级划分与分类，在场景挖掘和场景重构上做了大量工作。

无锡车联网（LTE-V2X）城市级示范应用项目于 2018 年 5 月正式签约揭牌，标志着全球第一个城市级的车路协同商用平台——车联网（LTE-V2X）城市级示范应用重大项目已经进入全面实施阶段。该项目由无锡市人民政府督导，由中国移动、公安部交通管理科学研究所、华为、中国信息通信研究院、无锡市公安局、安智联科技作为核心成员单位落实推进。规划建成覆盖无锡老城区、太湖新城、高铁站、机场、雪浪测试场等 211 个路口和 5 条高架桥，服务 10 万辆社会车辆的车联网平台。远期将实现城市级规模示范应用。

国汽智联公司于 2018 年组织中汽中心、中国汽研、中国联通、宇通客车、北汽福田、北汽股份、北京航空航天大学、清华大学、同济大学、吉林大学、北科天绘和亮道智能 13 家单位成立了联合项目组进行"中国标准 ICV 场景库理论架构体系"的研究，共同完成了基于中国道路特色的 ICV 场景库理论架构体系研究报告（草案），为下一阶段规模化的场景数据采集提供理论指导和作业过程方法。

中国汽车工程研究院于 2018 年发布"中国典型驾驶场景库 V1.0"，同时也在数据采集方面发布了数据采集规范、设备方案、数据标定与融合算法、道路测试平台，在场景库构建工具方面，发布了场景数据的提取、标注、聚类、虚拟转换的软件工具。在中国典型驾驶场景库 V1.0 中，于国内首次发布了 11 类中国类型危险场景、5 类中国典型泊车场景和中国典型跟车场景，实现了用于智能网联汽车虚拟仿真的场景库从无到有的突破。截至 2018 年年底，中国汽研拥有 16 台自有数据采集车，已采集 30 多万 km 自然驾驶数据，覆盖北京、上海、重庆等 23 个省市，为后续联合研究中心的中国典型驾驶场景库 V2.0 版、标准制定、智能网联汽车测试评价方法及软硬件开发提供支撑。

国家智能网联汽车（上海）试点示范区于 2017 年 6 月启动"昆仑计划：中国智能驾驶全息场景库建设"项目。中国典型道路环境全息驾驶场景库是国家智能网联汽车（上海）试点示范区"昆仑计划"测试工具链建设的核心和源头。上海淞泓智能汽车科技有限公司（上海市智能网联汽车创新中心）以示范区建设为依托，全力推进场景库建设各项工作开展，作为国内最早提出并启动场景库建设的第三方机构，目前已积累了包含自然驾驶数据、场地测试数据、交通事故数据、路侧视频数据和网联通信数据等多源数据组成的综合性场景数据库。基于仍在不断扩大的数据采集投入，所形成场景库已全面涵盖不同等级道路交通运行环境和车辆动态驾驶任务，结合场景构建工具链开发及数据分析能力建设，目前该场景库已初步具备服务能力和评价功能：一方面为整车及零部件企业面向中国市场的智能汽车产品定义与研发提供数据支持；另一方面为示范区作为监管机构进行智能汽车的评价与测试提供数据依据，助力智能网联汽车技术及产业发展。

国家智能网联汽车（上海）试点示范区封闭测试区位于上海 F1 赛车场以南，占地约 2km²，是示范区第一期建设的重要组成部分之一。试验场包含长直道、弯道、十字路口（信控/非信控）、T字路口等多种道路形态并配合有模拟隧道、林荫道、模拟街景、模拟停车场、模拟加油站、智能信号灯等多种交通要素，满足交通场景复现的需求。同时整个园区覆盖了 DSRC 和 LTE-V 网络，并实现了 WiFi 的全覆盖，为网联汽车的测试和数据上传提供了信息环境。该封闭区于 2016 年 6 月正式对外开放，第一期除满足自动驾驶/无人驾驶的测试要求外，还具备了前碰撞预警、路口通行辅助等 29 个网联类应用场景的测试能力。

2018 年 3 月 1 日，上海率先发布了智能网联汽车开放测试道路，并向上汽、宝马等车企发放了首批智能网联汽车开放道路测试牌照，随后在 2018 世界智能网联汽车大会上将开放道路测试范围增至 11.1km。

2015 年 8 月，常熟市人民政府联合西安交通大学、中国科学院自动化研究所、长安大学和青岛智能产业技术研究院，在江苏省常熟市高新技术产业开发区，联合成立中国智能车综合技术研发与测试中心。

中心将规划建设静态检测实验室、数据中心等室内场地和机动车测试外场。其中，室内场地主要通过模拟驾驶场景，结合测评设备，在仿真环境中完成智能车辆测试。中心将提供智能车测试环境和测试服务，车辆标准制定和设计参考，为公共技术服务、技术交易和项目合作给予平台支撑。测试外场将模拟构建典型的现实交通场景，并对道路基础设施和交通信号灯进行智能车专用改造。场地内除了设置常规的直道、弯道、交叉路口、隧道、林荫道等交通场景外，还包括交通出行中难以驾驶的特殊场景，如障碍物避让、停车场、桥梁、环岛、铁路、小学等。此外，中心还研发无人驾驶车辆在物流、出租车等方面的综合性应用，包括测试无人驾驶运输车辆，提供基于位置的物流服务，测试无人驾驶出租车，灵活运载乘客。该中心计划通过前3年建设满足车联网研发与测试的需求，后5年逐步开启有关智能交通项目的测试。

国家智能网联汽车质量监督检验中心（湖北）作为典型测试区，是国内首批获准筹建的国家智能网联汽车质量监督检验中心，2018年11月，国家认监委正式批准其验收通过，成为国内首批国家级智能网联汽车质量监督检验中心。2019年9月，交通运输部、工业和信息化部联合认定为"智能网联汽车自动驾驶封闭场地测试基地"，成为国内首批两部委联合认定的自动驾驶测试基地之一。测试场景是支撑智能网联汽车测试评价的关键要素，该测试区通过测试场景的构建，将其部署至虚拟仿真环境和真实的测试场地中，对测试对象进行测试和验证。三期有典型测试场景56个，其中安全类50个、效率类5个、通信能力测试1个；四期规划测试场景83个，其中安全类60个、效率类10个、信息服务类5个、新能源汽车应用3个、通信能力测试5个，未来将增至140个，见表2-1。

表2-1 国家智能网联汽车质量监督检验中心（湖北）试验场测试场景

	场景类型	场景描述
三期	安全类	非机动车横穿预警、视距影响下交叉口车辆冲突避免、前向碰撞预警、闯红灯预警、无信号十字路口通行、信号灯十字路口通行、道路异常警示、跟车距离提醒、行人横穿预警、交通标志识别等
	效率类	协作式车队、自动泊车、高速队列行驶、环岛通行、加油站加油
	通信能力测试	林荫道通行
四期	安全类	非机动车横穿预警、湿滑冰雪道路预警、紧急制动预警、闯红灯预警、无信号十字路口通行、前方事故提醒、行人横穿预警、异常车辆预警、高速超车、主动避障、高速合流、车道保持、互通式立交通行、连续弯道行驶等
	效率类	绿波带通行、前方拥堵提醒、协作式车队、自动泊车、高速队列行驶、自动支付、环岛通行、动态车道管理、加油站加油、收费站通行
	信息服务类	智能停车引导、靠站出站提醒、加油引导、铁道路口通行、目的地定位引导
	新能源汽车应用	充电地图引导、充电桩使用信息提示、无线充电
	通信能力测试	隧道通行、林荫道通行、斜坡路通行、地下车库停车、互通式立交通行

 **知识链接**

中国智能网联汽车行业相关政策见表2-2。

表2-2 中国智能网联汽车行业相关政策

发布时间	发布单位	政策名称	主要内容
2020年2月	国家发展改革委、工业和信息化部、交通运输部等11部门联合	《智能汽车创新发展战略》	到2025年，中国标准智能汽车的技术创新、产业生态、基础设施、法规标准、产品监管和网络安全体系基本形成。实现有条件自动驾驶的智能汽车达到规模化生产，实现高度自动驾驶的智能汽车在特定环境下市场化应用。智能交通系统和智慧城市相关设施建设取得积极进展，车用无线通信网络（LTE-V2X等）实现区域覆盖，新一代车用无线通信网络（5G-V2X）在部分城市、高速公路逐步开展应用，高精度时空基准服务网络实现全覆盖
2020年11月	国务院	《新能源汽车产业发展规划（2021—2035年）》	到2025年，我国新能源汽车市场竞争力明显增强，动力电池、驱动电机、车用操作系统等关键技术取得重大突破，安全水平全面提升。纯电动乘用车新车平均电耗降至12.0kW·h/100km，新能源汽车新车销售量达到汽车新车销售总量的20%左右，高度自动驾驶汽车实现限定区域和特定场景商业化应用，充换电服务便利性显著提高
2021年2月	中共中央、国务院	《国家综合立体交通网规划纲要》	提出建设融合感知平台，推动智能网联汽车与现代数字城市协同发展
2021年4月	工业和信息化部	《智能网联汽车生产企业及产品准入管理指南（试行）》（征求意见稿）	智能网联汽车生产企业应满足企业安全保障能力要求，针对车辆的软件升级、网络安全、数据安全等建立管理制度和保障机制，建立健全企业安全监测服务平台，保证产品质量和生产一致性。智能网联汽车生产企业应遵守网络安全法律法规规定，建立覆盖车辆全生命周期的网络安全防护体系，采取必要的技术措施和其他必要措施，有效应对网络安全事件，保护车辆及其联网设施免受攻击、侵入、干扰和破坏
2021年7月	工业和信息化部、公安部、交通运输部	《智能网联汽车道路测试与示范应用管理规范（试行）》	从道路测试与示范应用主体、驾驶人及车辆，道路测试申请，示范应用申请，道路测试与示范应用管理等7个方面进行规范。该规范自2021年9月1日起施行

资料来源：中商产业研究院整理。

> 小贴士
>
> **自动驾驶汽车车辆碰撞事故反思，安全性仍是关键**
>
> 2022 年 6 月 16 日，美国国家公路交通安全管理局（NHTSA）公布了一项统计数据，各大汽车制造商上报了近一年内约 400 起配备部分自动驾驶辅助系统的车辆碰撞事故，其中，在 2021 年 7 月—2022 年 5 月 15 日期间，12 家汽车公司向其报告了 367 起此类撞车事故。在 98 起严重碰撞事故中，有 11 起导致重伤或死亡。这些事故是对整个自动驾驶行业和政府的一个警示，应该更加注重技术的安全性。
>
> 总体说来，目前自动驾驶技术的确还未完全成熟。作为汽车智能化的落地形态，自动驾驶车辆如何安全上路一直是业界以及消费者所关注的重点话题，其安全性也间接决定了汽车智能化产业能否真正走向商业化、开启全面自动驾驶模式的关键因素。

2.2 智能网联汽车测试场景标准法规现状

2021 年 11 月 7 日，上海市交通委在拓展智能网联汽车开放测试道路及示范应用场景等方面发布了一系列的创新推进举措，提出开放嘉定新城全域、临港新片区 386 区块全域共 372 条 722.60km 道路用于智能网联汽车测试，新增 7000 余个可测交通场景。在这 372 条道路中，165 条在嘉定区，总里程约为 301.40km，197 条在临港新片区，涉及道路里程为 421.20km。其中临港新片区新四平公路至老港种源基地路口 28.4km 路段的开放，标志着上海准许智能网联汽车可在城市快速路开展道路测试活动。

2.2.1 国外智能网联汽车测试场景标准法规现状

联合国世界车辆法规协调论坛（WP29）于 2018 年完成智能网联汽车工作组（GRVA 工作组）的改组，并建立了自动驾驶评价与管理办法非正式工作组（VMAD），VMAD 是在 WP.29 后形成的专门研究自动驾驶管理办法的非正式工作组，工作组职责范畴主要包括了在自动驾驶测试面临新问题和新挑战的背景下，在联合国层面开展自动驾驶汽车型式认证及相应流程等管理方法。其中，自动驾驶测试场景技术标准和法规是工作组重要的基础研究内容。

国际标准化组织道路车辆委员会车辆动力学分委会（ISO/TC22/SC33）于 2018 年 4 月全体会议通过决议，指定中国担任新组建自动驾驶测试场景工作组（WG9）召集人，统筹开展自动驾驶测试场景相关标准研究与制定工作。工作组开展国际标准制定的工作范畴，拟围绕 L3 及以上级别自动驾驶测试场景、以安全相关场景为重点开展标准研究与制定。2019 年年初，工作组已提出了各标准项目全周期时间计划，并对各项工作涉及的起草与撰写周期、意见建议征集等相关时间节点等进行了安排与部署，并以中国专家提出的技术逻辑方案为基础形成了测试场景相关核心术语的统一技术逻辑和起草方案。ISO 自动驾驶测试场景工作组将有效推动自动驾驶测试场景国际标准制定进程，促进自动驾驶测试场景相关技术和试验的快速推进。

欧盟积极推动自动驾驶汽车相关测试标准和法规的出台，于 2014 年推出"Adaptive"项目，旨在开发针对城市道路场景和高速公路场景的自动驾驶汽车功能的开发，参与该项目的整车制造商有大众、宝马、标致雪铁龙、雷诺、沃尔沃、福特、菲亚特、欧宝、戴姆勒等，零配件供应商有博世、大陆、德尔福等，其他项目参与方还包括研究中心、大学和一些欧洲的中小企业。除进行技术研发和场景研究以外,"Adaptive"项目还将研究与无人驾驶汽车匹配的标准和道路交通法律法规。

德国汽车行业普遍认为应当有一套标准化的场地测试和试验流程来保障高度自动驾驶汽车上路前的安全。由此德国联邦经济事务和能源部发起了 PEGASUS 项目,旨在建立自动驾驶行业的标准。该项目从 2016 年开始,于 2019 年中旬结束,历时 42 个月,参与成员覆盖范围广,PEGASUS 的研究成果有可能最终会在整个欧盟范围内被参考。PEGASUS 联合德国本土汽车行业近 17 家大小企业和研究机构共同来定义保障高度自动驾驶汽车上路前的安全的一系列测试标准。PEGASUS 项目共由四个部分构成:场景分析和评价标准研究、应用过程分析、测试以及可扩展性分析。

在场景分析和评价标准研究部分,主要目的是找出合适并有效的方法工具来证明自动驾驶系统的安全性在上路前得到充分的验证,而且验证过程能够被行业内甚至社会大众认可。PEGASUS 以高速公路场景为例,基于事故以及自然驾驶数据建立场景数据库,以场景数据库为基础对系统进行验证。应用过程分析部分旨在建立符合自动驾驶的开发和测试流程。

美国国家公路交通安全管理局(NHTSA)发起的"自动驾驶系统测试用例和场景框架"研究项目,和 SAE International 发起的"自动驾驶汽车可变性能测试",其基本的思路类似,都是在初期对自动驾驶测试场景进行研究和建设,在此基础上再进行基于场景的测试方法的研究。NHTSA 的"自动驾驶系统测试用例和场景框架"研究项目旨在提供自动驾驶系统概念开发的测试场景框架,确定和识别了针对 SAE L3 高速公路自动巡航及 SAE L4 代客泊车等功能下的七大通用类别的 24 类场景,同时也识别了与场景相关的风险概念,后续可有助于立法机构确定适当的测试规程。SAE International 的"自动驾驶汽车可变性能测试"考虑要素包括了 SAE 标准中定义的操作行为设计运行范围、目标和事件探测与响应、失效模式、网络安全。自动驾驶汽车可变性能测试项目所研究的测试场景涵盖了城市、住宅区、道路、校园和行人五大区域,其中的测试场景也进行了一系列的标准化工作,包含了道路和部分非结构化道路标准化标注,这些都用以作为测试的基础。

日本政府为鼓励和规范公共道路测试自动驾驶技术,宣布从 2017 年 9 月到 2019 年 3 月在国内部分高速公路、专用测试道路上进行自动驾驶汽车测试。日本警察厅作为《道路交通安全法》的执法主体单位,于 2015 年 10 月组织开展了自动驾驶技术相关政策课题的研究。2016 年 5 月,日本警察厅颁布了《自动驾驶汽车道路测试指南》,明确驾驶人应当坐在驾驶位上,测试车辆和驾驶人均应符合并遵守现行法律法规。2017 年 6 月,日本警察厅发布了《远程自动驾驶系统道路测试许可处理基准》,允许汽车在驾驶位无人的状态下进行上路测试。在自动驾驶汽车国际标准出台之前,为了促进自动驾驶汽车的安全开发与应用,并使其早日走向市场。2018 年 9 月,日本国土交通省正式对外发布了《自动驾驶汽车安全技术指南》,明确规定了 L3、L4 级自动驾驶汽车所必须满足的一系列安全条件。日本国土交通省希望借此促进汽车厂商对自动驾驶汽车的进一步开发,继续探讨自动驾驶相关国际标准的制订。2018 年日本已完成 30 万 km 公路的 3D 高精地图绘制,进行了自动驾驶测试场景动态地图实验和人机交互实验,并进行驾驶人集中度、接管所需时长的验证,这些也用以作为国际标准化工作的支撑。

2.2.2 国内智能网联汽车测试场景标准法规现状

自动驾驶测试场景是支撑汽车自动驾驶及其测试评价技术的核心要素与关键技术。工业和信息化部、国家标准化管理委员会联合发布的《国家车联网产业标准体系建设指南（智能网联汽车）》（图2-2）规划了汽车智能化、网联化测试评价场景与工况的标准制定任务；工业和信息化部发布的《2018年智能网联汽车标准化工作要点》也要求启动自动驾驶测试场景标准研究，承担相应的国际标准法规研究制定任务，提出国际标准提案并牵头相关制定工作。

图2-2 国家车联网产业标准体系建设指南（智能网联汽车）

2021年7月，工业和信息化部、公安部和交通运输部联合发布《智能网联汽车道路测试与示范应用管理规范（试行）》（以下简称《管理规范》），对智能网联汽车道路测试申请、审核、管理以及测试主体、测试驾驶人和测试车辆要求进行规范。道路测试、示范应用主体、驾驶人均应遵守我国道路交通安全法律法规，严格依据道路测试或示范应用安全性自我声明载明的时间、路段、区域和项目开展工作，并随车携带相关材料备查。不得在道路测试或示范应用过程中在道路上开展制动性能试验。目前，国内已有十余个省市级地方政府依据《管理规范》制定实施了相关实施细则，部分城市开始发放测试牌照，见表2-3。伴随开放道路类型和长度的不断增加，通过测试所收集的场景类型和数量也在快速增长。根据《管理规范》要求，测试车辆应在封闭测试区中以复现典型的道路交通环境为主，依托封闭场地开展自动驾驶测试理论及方法研究，模拟尽可能多的交通场景，不断积累测试数据，为自动驾驶车辆开放道路测试提供有力支撑。

为配合和支撑《管理规范》所列自动驾驶功能检测项目的规范开展，中国智能网联汽车产业创新联盟、全国汽车标准化技术委员会智能网联汽车分技术委员会，组织中国汽车技术研究中心有限公司、中国汽车工程研究院、中国汽车工程学会、中国汽车工业协会、中国信息通信研究院等相关行业组织、机构和骨干企业，积极加强与公安、交通等行业研究机构的沟通交流，共同编制了《智能网联汽车自动驾驶功能测试规程》，提出各检测项目对应的测试场景、测试规程及通过条件，包括障碍物识别及响应、跟车行驶等9个必测项目和交通信号灯识别、网联通信等5个选测项目。依据各项目特点，拟定其细分及对应必测场景20个和选测场景14个，部分见表2-4。按照《管理规范》，测试车辆应在封闭道路、场地等特定区域进行充分的实车测试，由国家或省市认可的从事汽车相关业务的第三方检测机构对其14项自动驾驶功能进行检测验证、确认其具备进行道路测试的条件，方可申请进行自动驾驶道路测试。

表 2-3 全国各地智能网联测试场及管理办法（部分）

城市	管理规范	管理规范出台时间	封闭测试场地	开放测试道路	测试牌照发放情况
北京	《北京市自动驾驶车辆道路测试管理实施细则（试行）》	2017.12.08	国家智能汽车与智慧交通（京冀）示范区海淀基地	33条 共105km	百度、蔚来、北汽、小马智行、戴姆勒等
上海	《上海市智能网联汽车道路测试管理办法（试行）》	2018.02.28	国家智能网联汽车（上海）试点示范区	37.2m	上汽、蔚来、宝马等
重庆	《重庆市自动驾驶道路测试管理实施细则（试行）》	2018.03.14	智能汽车集成系统试验区（i-VISTA）	9.6km，覆盖12个典型路口	长安、百度、一汽、东风、广汽、吉利、福田
长春	《长春市智能网联汽车道路测试管理办法（试行）》	2018.04.16	暂无	总长约8km	一汽
长沙	《长沙市智能网联汽车道路测试管理实施细则（试行）》	2018.04.17	湖南湘江新区智能系统测试区	总长约7.8km	百度、湖南中车电动车、熊猫智能公交车、赢彻科技（上海）有限公司的智能驾驶重型货车等
广州	《广州市关于智能网联汽车道路测试有关工作的指导意见》	2018.06.04	暂无	南沙约45.6km	广汽集团、文远知行、小马智行等
福建平潭	《平潭综合实验区无人驾驶汽车道路测试管理办法（试行）》	2018.05.09	暂无	平潭	金龙客车、云度等
深圳	《深圳市智能网联汽车道路测试开放道路技术要求（试行）》	2018.05.22	暂无	124km	腾讯
天津	《天津市智能网联汽车道路测试管理办法（试行）》	2018.05.22	暂无	124km	腾讯
济南	《济南市智能网联汽车道路测试管理办法（试行）》	2018.07.25	暂无	4.8km	中国重汽、北京主线科技
杭州	《杭州市智能网联车辆道路测试管理实施细则（试行）》	2018.07.27	暂无	未知	阿里巴巴
柳州	《柳州市智能网联汽车道路测试与示范应用管理实施细则（试行）》	2021.09.02	未知	未知	未知

表 2-4　智能网联汽车自动驾驶功能检测项目及测试场景（部分）

序号	测试项目	测试场景
1	交通标志和标线的识别及响应	限速标志识别及响应
		停车让行标志和标线识别及响应
		车道线识别及响应
		人行横道线识别及响应
2	交通信号灯识别及响应*	机动车信号灯识别及响应
		方向指示信号灯识别及响应
3	前方车辆行驶状态识别及响应	车辆驶入识别及响应
		对向车辆借道行驶识别及响应
4	障碍物识别及响应	障碍物测试
		误作用测试
5	行人和非机动车识别及避让*	行人横穿马路
		行人沿道路行走
		两轮车横穿马路
		两轮车沿道路骑行
6	跟车行驶	稳定跟车行驶
		停 - 走功能
7	靠路边停车	靠路边应急停车
		最右车道内靠边停车
8	超车	超车
9	并道	邻近车道无车并道
		邻近车道有车并道
		前方车道减少
10	交叉路口通行*	直行车辆冲突通行
		右转车辆冲突通行
		左转车辆冲突通行
11	环岛通行*	环岛通行
12	自动紧急制动	前车静止
		前车制动
		行人贯穿
13	人工操作接管	人工操作接管
14	联网通信*	长直路段车车通信
		长直路段车路通信
		十字交叉口车车通信
		编队行驶

注：根据《智能网联汽车道路测试规范（试行）》要求，*为选测项目。

针对各地推出的测试场地无相关的标准技术支撑的问题，2018年7月，交通运输部出台《自动驾驶封闭场地建设技术指南（暂行）》，旨在规范自动驾驶封闭测试场地建设要求，指导各地各单位开展自动驾驶封闭场地建设，更好地服务封闭场地测试工作及自动驾驶技术发展，有力支撑智能交通建设和自动驾驶技术发展。

另外，基于《北京市关于加快推进自动驾驶车辆道路测试有关工作的指导意见（试行）》和《北京市自动驾驶车辆道路测试管理实施细则（试行）》的要求，北京市于 2018 年联合发布了 T/CMAX（16—01—2018）《自动驾驶车辆道路测试能力评估内容与方法》和《北京市自动驾驶车辆封闭测试场地技术要求（试行）》两份试行文件。文件的核心思想是要求被测试的自动驾驶车辆在特定的封闭道路内经历模拟现实交通环境的多种交通场景，进而以相应指标和评分体系来评估被测试车辆的自动驾驶能力。在评估体系的设计上，其包括认知与交通法规遵守能力评估、执行能力评估、应急处置与人工介入能力评估、综合驾驶能力评估、网联驾驶能力评估 5 方面，共 40 个小项，包含了雨天、雾天、夜晚等场景，通过相关科目有具体的时间要求，比如坡道起步不得超过 30s 等。

作为我国智能网联汽车标准化归口管理技术委员会，汽标委智能网联汽车分委会自动驾驶工作组着手进行了自动驾驶测试场景的研究。在驾驶场景数据研究上提出了一整套研究框架，包含技术规范的研究、数据技术、数据采集及分析、驾驶场景数据库、数据标注及模型训练、虚拟仿真测试及实车场地测试，覆盖了测试场景所涉及的各个方面，包括技术规范、数据的采集及处理以及场景的生成及使用。同时，汽标委智能网联汽车分委会已启动一系列基于不同场景条件下自动驾驶功能测试方法标准制定和研究工作。

除了国内标准工作外，2018 年 4 月，汽标委智能网联汽车分委会秘书处代表中国参加国际标准化组织道路车辆委员会车辆动力学分委会（ISO/TC22/SC33）全体会议，正式提出开展自动驾驶测试场景国际标准制定的提案，获得 SC33 全体会议认可。会议通过决议（TC22 SC33/RESOLUTIONS IN 2018-Resolution 67），指定中国担任新组建工作组（WG9）召集人，统筹开展自动驾驶测试场景相关标准研究与制定工作。

综合国内各标准制定机构目前的情况，我国国内对自动驾驶测试场景的标准需求较为紧迫，已有部分组织及单位制定或正在制定与之相关的标准，但仍未形成满足产业发展需求的标准体系。同时，国家标准仍在制定过程中，导致各机构之间制定的标准可能存在不兼容的情况。开发和验证自动驾驶所必需的测试场景相关的标准的制定，将有助于形成行业合力，加快智能网联汽车的发展。

目前，我国没有形成完善的测试评价体系和标准规范，在场地建设方面一定程度上还属于经验式的总结。因此，应以《国家车联网产业标准体系建设指南（智能网联汽车）》为指导，下一步应在尽快制定我国自动驾驶等级的基础上，组织研制系统化的智能网联汽车测试评价体系和标准规范。同时，应以基本免测项和特殊增测项相结合的方式，促进各测试场测试结果互认，实现测试数据协同和共享。

 知识链接

METIS 计划 5G 七大关键性能指标

（1）移动性。移动性是历代移动通信系统重要的性能指标，指在满足一定系统性能的前提下，通信双方的最大相对移动速度。5G 移动通信系统需要支持飞机、高速公路、城市地铁等超高速移动场景，同时也需要支持数据采集、工业控制低速移动或非移动场景。因此，5G 移动通信系统的设计需要支持更广泛的移动性。

（2）时延。时延采用 OTT 或 RTT 来衡量，前者是指从发送端发送数据到接收端接收数据之间的间隔，后者是指从发送端发送数据到发送端收到来自接收端的确认的时间间隔。在 4G 时代，网络架构扁平化设计大大提升了系统时延性能。在 5G 时代，车辆通信、工业控制、增强现实等业务应用场景，对时延提出了更高的要求，最低空口时延要求达到了 1ms。在网络架构设计中，时延与网络拓扑结构、网络负荷、业务模型、传输资源等因素密切相关。

（3）用户感知速率。5G 时代将构建以用户为中心的移动生态信息系统，首次将用户感知速率作为网络性能指标。用户感知速率是指单位时间内用户获得的 MAC 层用户面数据传送量。在实际网络应用中，用户感知速率受到众多因素的影响，包括网络覆盖环境、网络负荷、用户规模和分布范围、用户位置、业务应用等因素，一般采用期望平均值和统计方法进行评估分析。

（4）峰值速率。峰值速率是指用户可以获得的最大业务速率，相比 4G 网络，5G 移动通信系统将进一步提升峰值速率，每秒可以达到数十千兆比特。

（5）连接数密度。在 5G 时代存在大量物联网应用需求，网络要求具备超千亿设备连接能力。连接数密度是指单位面积内可以支持的在线设备总和，是衡量 5G 移动网络对海量规模终端设备的支持能力的重要指标，一般不低于 10 万 $/km^2$。

（6）流量密度。流量密度是单位面积内的总流量数，是衡量移动网络在一定区域范围内的数据传输能力。在 5G 时代需要支持一定局部区域的超高数据传输，网络架构应该支持每秒每平方公里能提供数十兆比特的流量。

（7）能源效率。能源效率是指每消耗单位能量可以传送的数据量。在移动通信系统中，能源消耗主要指基站和移动终端的发送功率，以及整个移动通信系统设备所消耗的功率。在 5G 移动通信系统架构设计中，为了降低功率消耗，采取了一系列新型接入技术，如低功率基站、D2D 技术、流量均衡技术、移动中继等。

小贴士

5G 技术

2016 年 11 月 19 日，第三代合作伙伴计划（3GPP）确定了华为主导的 Polar 码作为控制信道的编码方案，高通主导的 LDPC 码作为数据信道的编码方案。3GPP 定义了 5G 的三大场景：增强型移动宽带（eMBB）、大连接物联网（mMTC）和超可靠低时延通信（uRLLC），Polar 码暂时对应的是 eMBB 场景。不过根据华为的实际测试，Polar 码可以同时满足超高速率、低时延、大连接的场景需求，使现有蜂窝网络的频谱效率提升 10%，与毫米波结合达到 27Gbit/s 的速率，这一速率创下了中国标准。

华为作为中国 IMT-2020（5G）推进组的成员，参与了 Polar 码的研究与创新，后续也将和推进组全体成员持续加大 5G 的研究投入，同时与全球产业伙伴开放合作，通过充分整合全球优秀的创新资源共同推动标准化工作的协同，为形成全球统一的 5G 标准、提升 5G 标准竞争力做出重要贡献。

2.3 智能网联汽车测试场景技术标准化面临的问题和挑战

智能网联汽车测试场景是支撑汽车自动驾驶及其测试评价技术的核心要素与关键技术，基于场景的测试方法则是自动驾驶功能测试的重要手段。当前，虽然自动驾驶的发展引发广泛关注，但与其相关的技术、试验、政策、法规等尚处于发展过程中，针对自动驾驶的评价技术也在不断完善。自动驾驶测试场景技术研究在技术、标准化等方面也存在诸多问题和挑战。

1. 测试场景的构建面临复杂程度高、实时变化、充满不确定性的问题

1）自动驾驶环境的复杂程度高，测试场景构成要素包括车、路、行驶环境等，多种要素进行组合，存在场景无限丰富、极其复杂、充满不确定性的困难。

2）实际场景的多样性、复杂性，例如道路标识标志可能不规范，面临如何有效建模、如何有效测试自动驾驶的功能和性能等问题。

3）面对海量的测试场景，是否有合适的自动化技术，从而能够减少工作量提升效率，这也是行业面临的共性问题。

2. 测试场景的广泛覆盖性和分类的多样性，造成了业内共识不足和扩展的连续性问题

1）针对场景的定义、架构等，目前有多种分类方法，怎样更好地基于应用或基于来源等形成统一共识是亟待讨论的课题。

2）如何通过有限的测试场景有效表征真实世界的无限场景，充分支撑测试评价工作开展也是课题之一。

3）自动驾驶的技术持续演进，如何实现测试场景的可扩展性，从而支撑不断发展的新技术测试的开展，也是其中一个课题。

3. 测试场景技术的标准化在场景数据采集、接口定义等方面也面临一些挑战

1）自动驾驶面临交通场景复杂、拓扑结构快速变化等因素，对于场景构成要素，车、路、行驶环境的表征，如何更好地进行数据采集和提取特征是面临的问题之一。

2）传感器类型的多样性造成的场景数据格式多样化，以及应用软件多样性造成的接口定义多样化，给标准化工作带来挑战。

3）自动驾驶测试场景的一致性、可复现性、可用性问题，也是场景的标准化应用和快速推进自动驾驶技术落地的关键问题和挑战。

知识链接

汽车激光雷达有什么用？激光雷达和毫米波雷达的区别

激光雷达是以发射光束探测目标的位置、速度等特征量的雷达系统。激光雷达相当于我们的眼睛，具有很强大复杂的信息感知和处理能力。激光雷达在很多年前就被广泛应用于飞机避障、侦查成像、导弹制导等领域，应用场景极为丰富。

汽车激光雷达主要作用于自动驾驶上，也就是未来的无人驾驶。不过目前仅为自动驾驶辅助所应用。激光雷达在汽车上主要以多线束为主，可以起到帮助汽车感知道路环境、自行规划行车路线并控制车辆达到预定目标的作用。比如根据激光遇到障碍物后的折返时间，计算目标与自己的相对距离，从而帮助车辆识别路口与方向。

激光雷达和毫米波雷达的区别在于，激光雷达是以激光作为探测手段，而毫米波雷达是以毫米波作为探测手段；毫米波的波长在毫米级，激光本质上也是电磁波，但是波长要小得多，在几百个纳米左右，大约是毫米波的千分之一到万分之一之间。

毫米波雷达的探测精度较低，只能判定障碍物的大体形状和距离，无法用于获得比较精确的轮廓和三维形状信息。毫米波雷达在L1、L2级别的自动驾驶辅助系统中已经广泛装车了，比如自动跟车的功能，很多都用到毫米波雷达。

 小贴士

中国中车大功率IGBT⊖研发

进入20世纪90年代，受到轨道交通发展的需求牵引，IGBT技术飞速发展。但当时IGBT产品主要依靠进口，其价格十分昂贵，严重制约了我国轨道交通工业的发展。

针对该问题，中国中车通过并购整合、自主研发创新，逐步建立了自主产权的功率半导体芯片-器件-装置-系统的完整产业链，获得了"高压大电流IGBT芯片关键技术及应用"与"特大功率电力电子器件技术研发及推广应用"两项国家科技进步奖二等奖。打破国外公司垄断，使我国拥有了完全自主知识产权的世界最高电压等级的IGBT模块设计和制造技术。

思考题

1. 论述智能网联汽车测试场景技术所面临的问题，针对这些问题提出自己的建议。
2. 论述智能网联汽车测试场景技术标准化面临的问题和挑战，并针对这些问题提出自己的建议。

⊖ IGBT是Insulated Gate Bipolar Transistor的缩写，全称为绝缘栅双极型晶体管，是能源变换与传输的核心器件，俗称电力电子装置的"CPU"。

第 3 章　智能网联汽车测试基地场景管理

随着智能网联汽车的不断发展，汽车逐步从独立的机械单元向智能化、网联化发展，汽车系统安全面临新的、更严峻的挑战。为了保障智能网联汽车的安全性、舒适性、敏捷性和智能性，必须在投入使用之前对其功能和性能进行严格的系统评测，基于场景的测试方法得到了企业的一致认可。

 学习目标

1. 了解测试场景的概念。
2. 了解测试场景库的概念。
3. 掌握智能网联汽车测试场景分类标准与方法。
4. 掌握智能网联汽车测试场景要素组成。
5. 掌握智能网联车汽车测试场景应用。
6. 了解智能网联汽车测试场景未来发展趋势。
7. 培养学生严谨的逻辑思维能力。

3.1　智能网联汽车测试场景分类与要素

2016 年 5 月 7 日，美国一辆特斯拉 Model S 在自动驾驶时发生车祸导致驾驶人死亡，这是目前自动驾驶技术应用以来第一起已知的导致死亡的车祸。如何避免此类事故的发生？你从智能网联车汽车场地测试场景的构建中得到哪些启示？

智能网联汽车测试场景要素

3.1.1　智能网联汽车测试场景的概念

1. 测试场景的概念

测试场景是真实驾驶场景的凝练与升华。"场景（Scenario）"一词来自于拉丁语，最初的意思为舞台剧；现多指戏剧和电影中的场面，或泛指生活中的特定情景。针对特定的研究领域，"场景"一词的含义存在一定差异。例如，在经济学领域，场景通常被定义为"对未来的描述"；在交互设计领域，场景被定义为"关于人们进行活动的简单故事"。

在驾驶领域，场景被认为是一定时间和空间范围内行驶环境与驾驶行为的综合反映，它描述了外部场地、道路、气象和交通设施以及车辆自身的驾驶任务和状态等信息，而服务于特定测试目的的场景则被称为测试场景。测试场景可以帮助人们把特定的测试对象放置在具体的情况下进行研究和测试，用于评价并推动完善车辆的有关功能性能。

智能网联汽车测试场景以汽车测试场为核心，主要用于车联网、智能驾驶等技术的研发测试，并为其测试、验证与展示提供基本环境。测试场工作的开展不仅为智能汽车的产业化打下坚实的基础，也为未来全环境自动驾驶的目标提供了测试场地。

对于智能网联汽车的测试场景，往往描述的是某类或某个行驶环境，以及被测车辆在上述行驶环境中的任务。具体来讲，行驶环境描述了基本的交通环境情况和交通参与者状态及其行动，能够呈现或反映真实世界中交通情景的发生环境以及发生过程；被测车辆的目标及行为描述了被测车辆在上述行驶环境下，需要完成的任务或预期完成的任务。上述两部分共同组成了某个或某类特定测试场景。在测试场景中，可以对被测车辆的特定功能在行驶环境下的表现进行考查和分析。

一个完整的测试场景往往可以从时间与空间两种维度进行描述，包含一定时间和空间范围内的交通行驶环境以及被测车辆的测试任务。测试场景具有动态要素，其反映的是一个动态过程，有一定的时间跨度。同时，测试场景的所有要素被布置在一定空间尺度的环境下。需要说明的是，时间和空间尺度的大小主要是依据测试任务而确定的。对于时间尺度而言，紧急避障场景，一般持续数秒；而对于跟车行驶场景，则可能持续数分钟甚至数小时。对于空间尺度而言，测试场景可能包含一段道路或者数条道路组成的路网。

在对测试场景进行描述时，通过不同的视角观察将得到不同的数据信息。当前，测试场景视角可分为主观（第三方）、直接、间接三类。

1）主观（第三方）视角是研发人员或场景设计者的视角，该视角下能够获得最为完整的场景信息，主要用于测试人员构建测试场景以及测试结果的评价。

2）直接视角是被测车辆视角，该视角下的场景信息是不完整的，智能网联汽车主要通过车载传感器、通信设备等获取周围环境和交通参与者的信息，因此这些信息的范围有限，且存在一定误差。该视角是车辆在实际行驶过程中的视角，是分析行驶环境和驾驶任务的重要视角。

3）间接视角是其他交通参与者视角，与被测车辆视角类似，该视角下的场景信息也是不完整的，从该视角出发可以对被测车辆的交通协调性等行为进行评价。

总体来说，通过测试场景可对智能网联汽车的性能进行测试、验证或评价。由于开发人员需要通过测试评价得到预期的反馈结论，所以应用测试场景必须有明确的测试目的，可包含预期的行为、性能要求等。测试人员可通过被测车辆在测试场景中的表现对车辆进行验证和评价，从而将预期的指标或结论反馈至开发人员。需要说明的是，对于智能网联汽车的测试场景，其来源应该是全方位的交通场景，涵盖高速公路、城市道路、国省道路、乡村道路等各种交通环境。为形成测试场景，可以通过分析和筛选已有的各类交通场景数据获得测试场景；或者根据测试需求，通过相关理论知识和经验，构建能够反映真实交通场景的测试场景。

2. 测试场景库的概念

测试场景库是测试场景的数字化集合。对智能网联汽车测试而言，测试场景库是支撑智能网联汽车测试评价的核心要素与关键技术，大量应用于仿真测试。由于智能化水平不断提高，智能网联汽车要应对的场景呈现出数量几何增长和复杂程度提升这两方面的特点：

1）场景数量增长方面，从高级驾驶辅助系统（ADAS）只需满足特定场景下的功能要求，扩展到有条件的自动驾驶（L3）或高度自动驾驶（L4）、完全自动驾驶（L5）系统等需要满足各类场景的功能需求，致使用于智能网联汽车的测试与验证的场景数量以几何级数增加。

2）场景复杂程度提升方面，随着智能网联汽车的自动驾驶功能水平的提升，从较为封闭的高速公路辅助驾驶向开放的城市交通环境自动驾驶发展，致使测试场景包含的要素种类和数量增加。此外，基于里程测试的方法带来的高成本和低效率等问题也必须利用测试场景库进行针对性的测试和验证，降低里程测试的测试量。综上，不难看出对于智能网联汽车的测试，测试场景库是至关重要的基石。

为了满足智能网联汽车测试和评价充分性和有效性的要求，必须有合适的验证方法。智能网联汽车验证最有效的方法就是道路测试，让汽车在实际驾驶的复杂场景、工况下进行实车测试。德国达姆施塔特工业大学的 Winner 教授提出要充分验证智能网联汽车的有效性，至少需要 1 亿 km 的实际道路行驶里程才能保证自动驾驶汽车具备人驾驶车辆的安全性。考虑整车厂一种平台的车型会有多种型号，且这些车辆的配置、软件版本相当复杂，全部以实际道路测试来验证显然不符合产品开发周期的要求。为了在规定的时间内完成智能网联汽车的测试和评价，需要对驾驶场景组成的三大要素"人、车、环境"进行研究，考虑是否可将其中的部分或全部要素进行模拟或虚拟，以便进行模拟测试和仿真测试，从而大大缩短测试和评价的周期，如图 3-1 所示。

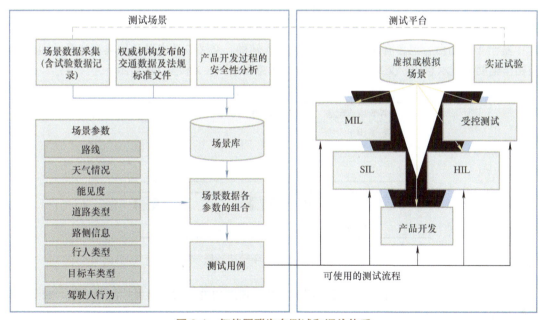

图 3-1 智能网联汽车测试和评价体系

测试评价体系由仿真测试、驾驶模拟、受控场地测试、实证试验四种方法构成。这四种方法中其组成的场景三大要素"人、车、环境"的真实度逐渐提升，在仿真测试方法中人、车和环境均为虚拟模型，在驾驶模拟方法中车和环境是虚拟的，受控试验是指在受控的场地通过模拟的驾驶场景进行的测试活动，实证试验是指在公共道路实际驾驶场景下进行的测试活动。在受控试验中人、车是真实的，环境则是通过实物模拟重建的形式实现，实证试验中所有要素都是真实的。根据这四种方法的特点，分别应用于系统和整车的测试评价。

1）仿真测试和模拟测试多用于零部件和系统的测试，根据需要可将所需测试的零部件或系统（如视觉感知系统，车辆控制系统等）放入测试环境中，灵活性较大。

2）受控测试和实证测试多用于整车测试，可用于车辆的标定及性能验收。

这四种方法的组合使用可极大缩短验证周期，提高测试评价的有效性，在产品开发过程中需要结合产品开发流程有针对性地使用。

场景库在这个体系中起到非常关键的作用，是智能网联汽车测试和评价的基础和出发点。为了确保其充分性，场景库应至少等同于证明自动驾驶比人为驾驶更为安全所需的驾驶里程中可能遇到的所有场景。场景库的数据经过分析，应用于不同阶段的测试，同时测试过程中特别是实证试验过程中采集或新产生的场景，经过提炼分析又会转变成新的场景数据。通过这种不断优化的闭环系统，场景库逐步丰富，用于仿真的场景会逐渐增多，而用于实证试验的场景需求会逐渐减少，这样测试和评价的周期会大大缩短，从而提升测试和评价的有效性。

3.1.2　智能网联汽车测试场景的分类

1. 按测试场景要素分类

基于互联网技术的智能网联汽车能够实现位置、速度等自身运行状态的信息传输共享，同时可以通过自身设备、路测设备、网络终端获取周边道路、车辆、环境等信息。根据智能网联汽车的实际运行状态，围绕"车 - 路 - 环境"三者之间的关系，构建车 - 车、车 - 路、车 - 环境三类测试场景集。

基于车车通信，包含有车辆超车辅助、汇入辅助、交叉口冲突避免等典型场景。同向/逆向超车辅助场景示意图、交叉口冲突避免场景示意图如图 3-2 和图 3-3 所示。

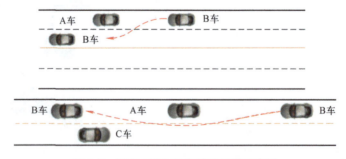

图 3-2　同向 / 逆向超车辅助场景示意图

基于车路通信，包含有交叉口通行辅助、弯道速度预警、动态车道控制等场景。交叉口信号配时优化场景示意图如图 3-4 所示。

基于车与环境的测试，主要集中在雨、雾、冰、雪等自然环境下车辆控制、行人等移动侵入物的识别与避让，以及隧道环境信号屏蔽响应等。隧道测试场景示意图如图 3-5 所示。

2. 按场景应用方式分类

目前智能网联汽车的测试方法主要包括模拟测试、封闭试验场测试和开放道路测试。根据这三种测试方法的测试需求及手段的差异，将场景按应用方式分为模拟测试场景、封闭试验场测试场景和开放道路测试场景。

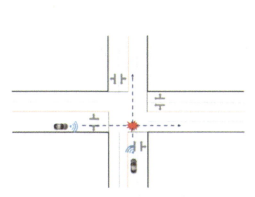
图 3-3　交叉口冲突避免场景示意图

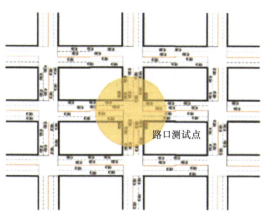
图 3-4　交叉口信号配时优化场景示意图

图 3-5　隧道测试场景示意图

（1）模拟测试场景

模拟测试场景主要用于软件在环测试、硬件在环测试和车辆在环测试。基于模拟仿真技术的数字化与虚拟化场景构建方法能够解决传统汽车技术研发测试所面临的行驶环境复杂难预测、难复制、试验危险等难题，基于数字虚拟的模拟场景主要包含车辆动力学模型、三维静态虚拟场景、动态交通虚拟场景和车载环境传感模型、智能驾驶系统五个部分。

数字虚拟场景仿真平台本着精确物理建模和高效数值仿真兼顾的原则，利用先进的虚拟现实技术逼真地建造及模拟汽车驾驶的各种环境和工况场景，包括对实时交通路况、道路纹理、车道线、交通标志与设施、气象等汽车行驶环境场景的建模与编辑。

（2）封闭试验场测试场景

封闭试验场测试场景是进行智能网联汽车实车实验的真实场景，在封闭的环境下进行，并使用假人假车代替真实环境中的行人和其他交通参与者。在封闭试验场测试场景下，自动驾驶汽车决策压力较小，很少遇到极端情况。一旦测试车辆出现自身问题，可以及时在路边停下，不会影响交通，可广泛用于智能驾驶技术的研发、测试与评价要求。其组成包括主要的场景类型、场景关键要素、通信定位设备、多样道路和遥控移动平台等。智能网联汽车封闭道路测试体系如图 3-6 所示。

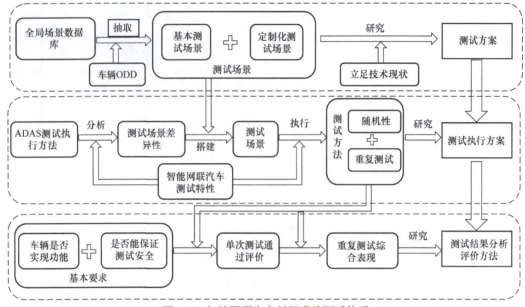

图 3-6　智能网联汽车封闭道路测试体系

目前可参考的智能汽车测试场,有瑞典的 AstaZero、英国的 Mira、西班牙的 IDIADA、密歇根大学的 MCity、加州旧金山湾区的 Gomentum,同时日本在建 JARI 智能车测试场,韩国在建 K-City 智能驾驶测试场。我国于 2015 年开始在上海、重庆等地建设面向智能驾驶和智能网联汽车的综合技术研发与测试场地。

（3）开放道路测试场景

开放道路测试场景是智能网联汽车进行安全测试的最终项目,是在开放道路上行驶的交通场景,受到较多其他因素的干扰,同时在开放道路中车辆不会预存储地区地图以及目的地信息。因此开放条件的场景行驶目的多样,行驶环境复杂,路径信息不足,极大考验着自动驾驶车辆的行驶能力。在开放道路测试时需要充分考虑对周围环境的影响,以免对周围其他交通参与者造成伤害。开放道路测试对智能网联汽车系统的数据更新、技术改进、安全评价等方面具有重要作用,其组成主要包括多样的测试区域、足够数量的测试车辆、充分的测试时间、必要的配套设备等。

谷歌的 Waymo 很早就进行了自动驾驶车辆的开放道路测试,截至 2022 年 3 月,已经累计进行了超过 2000 万 mile 的开放道路测试数据,对软件系统及硬件系统的测试更新具有重要意义。我国也在加速推进自动驾驶上路测试,例如我国先后发布的《北京市自动驾驶车辆道路测试管理实施细则（试行）》《上海市智能网联汽车道路测试管理办法（试行）》等,允许我国自动驾驶汽车在特定区域进行开放道路场景测试。

3. 按测试场景抽象程度分类

产品的开发过程需经历三个阶段:概念阶段、系统开发阶段和测试阶段。随着产品开发阶段的逐步进行,产品的定义逐渐明确,产品安全性指标的取值范围越来越小,测试场景的抽象程度不断降低。通过比较这三个阶段的不同场景的抽象程度,可将场景分类为功能场景、逻辑场景和具体场景。

（1）功能场景

功能场景是语义级别的操作场景，通过语言场景符号来描述实体和实体之间的关系，用于概念阶段的项目定义、危害分析和风险评估。功能场景的表达形式应该是一致的，用来描述场景的词汇应该是定义好的专用术语，其来源于现用的标准和法规，场景的细节内容取决于实际的开发阶段。例如，在高速公路行驶时的功能场景需要描述道路的几何结构和拓扑结构、与其他交通参与者的交互以及天气状况等，而在地下停车场行驶则只需描述建筑物的布局，而此时天气条件则不需要进行详细的描述。

（2）逻辑场景

逻辑场景通过状态空间描述两个实体之间的关系，对功能场景进一步描述，可以用于在项目开发阶段生成需求。逻辑场景通过状态空间来描述实体和实体之间的关系，因此需要对状态空间的参数范围进行确定。一般采用概率分布的方式，通过收集到的信息来确定状态空间的参数范围，不同参数之间的关系可以通过一定的公式或算法来确定。逻辑场景中包括解决问题的所有需求要素。

（3）具体场景

具体场景，通过在逻辑场景的状态空间中选择确定的参数值来表示实体和实体之间的关系。因为逻辑场景的状态空间中的参数是连续的，所以可以通过选择离散的具体参数值来生成任意数量的具体场景。但是，为保证生成具体场景的效率，应选择有代表性的离散值进行组合，此时生成的具体场景就可以作为测试用例的基础。

4. 按测试场景要素特征分类

一个完整的场景由多种要素组成，例如道路要素、车辆要素、环境要素和天气要素等。这些场景要素按照其是否随时间推移而发生改变可以分为动态要素和稳态要素。稳态要素与稳态要素组合可以形成稳态场景，稳态要素与动态要素组合则可以构成动态场景。

（1）稳态场景

稳态场景是指场景中场景要素的特性不会随着时间的推移而发生改变，例如障碍物的形状、位置、车辆的速度等呈现一种稳定的状态。该类场景内的场景要素属性一旦被智能网联汽车的传感器系统确定，该属性信息就可作为确定的状态信息用于智能网联汽车行驶策略的制定。相比于动态场景，稳态场景对智能网联汽车的计算要求更低，只需确定正确的行驶轨迹，通常就不会有危险的突发事件产生。

稳态场景中不同的场景要素，对于智能网联汽车的自动驾驶系统的意义和要求也会存在差异。稳定的道路信息便于智能网联汽车内部系统设置合适的行驶路线，节约能源，避免拥堵；交通标志对智能网联汽车行驶速度和加速度加以限制，同时告知智能网联汽车必要的交通信息，例如转弯、下坡等，以帮助其系统及早做出决定；稳定的速度信息可以帮助智能网联汽车确定安全状态，避免碰撞风险的发生。

（2）动态场景

动态场景是包括了智能网联汽车行驶过程中动态要素的行驶场景。此时测试场景不仅包含道路、路侧信息等不会随时间改变的稳态要素，还包括了随着时间的推移不断发生状态改变的动态要素，主要包括其他交通参与者的变速信息、可变交通标志的变化以及天气状态的变化等。对于动态场景的信息，智能网联汽车需要一直监测其运动状态，并基于这些动态要素的状态改变随时调整自身的运动状态，从而做出合理的行驶轨迹。

动态场景不仅包含正在移动的要素，还包含当前处于静止状态但下一时刻可能发生运动的场景要素，例如正在驻足的行人、路边未熄火的车辆、当前的信号等状态。这些场景要素虽然在当前时刻以及之前一段时间都处于相对静止的状态，但是很有可能下一刻就被打破并进行运动。如何根据上述要素特征、根据之前的运动状态去预估这些场景要素接下来的运动状态，对于智能网联汽车的决策非常重要。若不能及时预测这些场景下一刻的运动状态，则很有可能发生决策上的失误，进而产生事故。例如街边正在静止玩手机的行人，他在未注意周围交通环境的情况下，很有可能突然抬脚向前运动。若智能网联汽车在之前将其判断为静止的障碍物并认为其没有碰撞可能，则很有可能导致碰撞。若智能网联汽车可以及时判断出其可能的运动状态，并及早减速，则当该行人运动状态发生改变时也可以及时进行制动处理，从而避免危险的发生。

5. 按场景复杂度分类

（1）低速小范围场景

低速小范围场景主要是指智能网联汽车进入小范围区域并且进行重复轨迹的场景，速度阈值为30km/h。在某些应用驾驶功能下，驾驶速度在5km/h甚至更低的范围。低速小范围应用场景多与自动驾驶泊车功能相联系，此时驾驶人可以处于车辆之中，也可能位于智能网联汽车之外，需要同时对智能网联汽车的横向和纵向驾驶行为进行检测。低速小范围场景还包括拖车场景，此时自动驾驶汽车需要准确识别前方不同几何类型的拖拽车辆，并且需要识别不同类型的挂节点，此时车辆在前车的牵引下速度较低，并且需要驾驶人的检测。

低速小范围场景的典型特征是速度较低，并且运动方向可以进行很大的改变，周围存在行人和其他机动车，并且行人和机动车的驾驶行为不能进行很好的确认。低速小范围场景的另一个典型特征是自动驾驶汽车靠近其他物体（如墙壁、其他车辆等）行驶，传感器的感应距离接近它们的识别距离阈值，一般达到10~30cm。该场景主要测试的智能网联汽车的功能包括自动泊车辅助（Level2）、远距离泊车辅助（Level2）和全自动泊车（Level3及以上）。

低速小范围对于自动驾驶汽车的开发主要存在三方面的挑战：

1）低速范围内传感器的算法和感知问题：如何提高传感器的感知频率和灵敏度，在近距离范围内可靠地检测其他物体和自由空间。

2）路径轨迹的学习和训练：通过学习典型环境下的行驶要求，能够在类似的环境中安全驾驶。

3）汽车的速度控制：在车辆与周围环境距离很小的情况下，系统之间的时间延迟可能导致车辆与周围环境之间的碰撞。

（2）城市道路场景

城市道路场景是智能网联汽车在城市道路内行驶的场景，此时具有较清晰的车道线及明确的交通指示标志，并且周围存在行人和其他交通参与者的车辆干扰。城市交通场景的行驶速度范围一般在10~60km/h，并且存在智能网联汽车与传统汽车并行的状态。

相比于低速小范围场景，城市道路场景的复杂性和动态程度都更高，并且存在多种类型的道路使用者（两轮车、轮椅、动物等）或静态障碍物（垃圾、塑料袋、树枝等），驾驶任务也会包括在环岛、交叉口处的复杂交通行为。城市道路场景还可能与公共交通系统产生相互影响，例如公交汽车、有轨电车等。因此，城市道路场景要求更高，对智能网联汽车自动驾驶能力提出了新的挑战。

城市道路场景可以测试的自动驾驶功能包括巡航控制（Level1）、横向和纵向联合控制

（Level2）、自动驾驶（Level3及以上）。在进行巡航控制功能测试时，需要有明确的道路线；在进行横向和纵向联合控制功能的测试时，还需要有明确的道路指示标志，尤其是在交叉口和环岛的位置；在进行自动驾驶功能的测试时，还可能需要V2X系统的支持。

（3）高速公路场景

高速公路场景主要包括车道、道路标志、护栏、标记等基础设施，同时交通流量可以实现自由流动到交通拥堵的广泛变化。场景内的车辆最高时速可达130km/h，驾驶任务主要包括长途运输和快速运输。针对以上特征，测试的自动驾驶功能包括：跟随车道的巡航控制以及在拥堵条件下的跟车行驶、自动换道和超车能力、最小风险操作（将车辆停止在应急车道上）、使用车载传感器和数字地图在高速公路出入口处的自动驾驶能力。

6. 通过对数据来源进行分类

通过对数据来源进行分类，可将场景概括为四类：自然驾驶场景、危险工况场景、标准法规测试场景和参数重组测试场景。自然驾驶场景为测试场景构建中的充分测试场景，危险工况场景为场景构建中的必要测试场景，标准法规测试场景为场景构建中的基础测试场景，参数重组测试场景为场景构建中的补充测试场景。

（1）自然驾驶场景

自然驾驶场景是来源于汽车真实的自然驾驶状态的场景，是构建自动驾驶测试场景中最基础的数据来源，也是证明自动驾驶有效性的一种最充分的测试场景。

自然驾驶场景可以包含智能网联汽车所处的人 - 车 - 环境 - 任务等全方位信息，能够很好地体现测试的随机性、复杂性及典型性区域特点。可通过安装在车辆上的多种传感器，例如行车记录仪、摄像头、毫米波雷达、激光雷达、惯导本车CAN总线等，采集车辆数据、驾驶人行为、道路环境等多维度信息，分析真实的交通环境和驾驶行为特征，从而构建自然驾驶场景数据库。

中国汽车技术研究中心有限公司（天津）数据资源中心在2015年开始中国智能网联汽车驾驶场景数据库研究及应用工作，通过多辆搭载基于视觉和多传感器融合方案的采集平台车型，已采集超过32万km自然驾驶里程数据，并开发了完整的工具链，实现传感器的标定、数据同步采集和存储，深入挖掘了自然驾驶场景采集过程中的采集参数和精度要求。"昆仑计划：中国全自动驾驶场景库建设"通过安装在车辆上的数据采集系统，使用视频和录音设备全时监测和记录驾驶过程，一方面构建一条从场地道路到开发测试的仿真工具链，另一方面构建自动驾驶测试场景的测试场景库。百度Apollo打造的ADS库，完整覆盖了APC设计的三大场景，并且包含光照、季节、时间段、天气、全国各种区域和地形、障碍物类型、路面状况、隧道、分流合流等各种常见和极端的驾驶状况数据；在高速／城市快速路方面，已采集了上百种环境下的全国每公里的高速公路和环路场景；在停车场泊车方面，已经收集了室内外数万个停车场的环境和车位信息；在城市拥堵跟车方面，采集里程已经达上亿公里。

自然驾驶场景覆盖大量的安全驾驶场景。美国2013年的汽车总里程为2.99×10^{12}mile（4.8×10^{12}km），共发生大约570万起机动车碰撞事故和30057起致命车祸。这意味着自然行驶53万mile（85万km）才会遭遇一个碰撞事故，而记录一个致命车祸则需要平均行驶9900万mile。由于事故发生的概率极低，所以使用自然驾驶场景对自动驾驶进行测试需要大量的测试车辆、测试时间和测试预算，远远不能满足自动驾驶汽车的测试需求。危险工况驾驶是验证自动驾驶有效性的一种必要的测试场景，自动驾驶汽车在各种恶劣的环境（包括恶劣的天气情况和复杂的道路交通）下进行操作，避免交通事故的发生。

（2）危险工况场景

危险工况场景是智能网联汽车在测试过程中进行自动驾驶控制策略验证的关键部分，测试智能网联汽车在危险情况下的避撞能力是整个自动驾驶安全测试的核心，目前自动驾驶功能所进行的矩阵测试方法都是基于危险工况场景进行的。

（3）标准法规测试场景

标准法规测试场景是验证自动驾驶有效性的一种基础测试场景，其通过现有的标准、评价规程等构建测试场景。ISO、NHTSA、ENCAP、CNCAP等测试法规对现有的多种自动驾驶功能进行了测试规定，对场景中本车及他车的位置、速度、加速度、道路信息及周围环境信息等都提出了明确的要求，能有效地贯通标准场景的自动化测试流程。现有的标准法规测试场景中，针对的自动驾驶测试功能有自适应巡航（Adaptive Cruise Control，ACC）、前方碰撞预警（Forward Collision Warning，FCW）、盲区监测系统（Blind Spot Vehicle Discern System，BSD）、车道保持辅助（Lane Keeping Assistance，LKA）、车道偏离预警（Lane Departure Warning，LDW）、自动紧急制动（Autonomous Emergency Braking，AEB）。这些现有的针对低级自动驾驶功能的法规可以为自动驾驶法规测试场景提供一定的参考。以 AEB 功能为例，Euro-NCAP 将对 ABE 功能的测试分为 AEB City、AEB Inter Urban 和 AEB Pedestrian。

2018 年 4 月，我国工业和信息化部、公安部、交通运输部联合发布《智能网联汽车道路测试管理规范（试行）》，对智能网联汽车道路测试申请、审核、管理以及测试主体、测试驾驶人和测试车辆要求等进行了规范。该规程涉及 14 个方面、34 个测试场景的测试内容，包括交通标志和标线的识别及响应、交通信号灯的识别及响应、前方车辆行驶状态识别及响应、障碍物识别及响应、行人和非机动车识别及避让、跟车行驶、靠路边停车、超车、并道、交叉路口通行、自动紧急制动、人工操作接管及联网通信。

（4）参数重组测试场景

由于场景具有无限、复杂的特点，因此所收集的驾驶信息永远不能涵盖所有的驾驶情况，此时就需要采用参数重组的方式构建驾驶场景。参数重组场景具有无限性、扩展性、批量化、自动化的特点，通过对静态要素、动态要素以及驾驶人行为要素的不同排列组合及遍历取值，可以扩展参数重组场景的边界，使虚拟场景的个数呈比例式增长。

参数重组测试场景旨在将仿真场景中的各种要素进行参数化设置，完成仿真场景的随机生成或自动重组，进而补充大量未知工况的测试场景，有效覆盖自动驾驶功能测试盲区。参数重组的仿真场景可以是法规场景、自然场景和危险场景。通过不同交通要素的参数设置可以重组法规场景；使用参数随机生成算法可以重组自然场景；针对危险场景的重组，通过自动化测试寻找边缘场景，计算边缘场景的参数权重，扩大权重高的危险因子参数范围，可实现更多危险仿真测试场景的自动化生成。

7. 按驾驶任务过程场景分类

根据车辆在整个行驶过程中所需要完成的不同驾驶任务，同济大学基于任务粒度将整个驾驶过程分为行车过程、片段、簇和旅程。在这四种场景类型中，行车过程是驾驶任务的基本单位，通过行车过程的组合可以形成场景片段，并由场景片段进一步组合形成场景簇，最终组成整个行驶旅程。

（1）行车过程场景

行车过程是整个层次中的最小单位，只完成一个驾驶任务。行车过程可以分为停车过程、长途驾驶过程、中途驾驶过程和短途驾驶过程。

（2）场景片段

片段是一种层级高于行车过程的场景结构，它由两段长途驾驶过程和这两段长途驾驶过程中的一个短途驾驶过程或者中途驾驶过程组成。片段是为了明确驾驶过程所提出的一个基础场景。根据片段的定义，基于行驶任务的复杂性和自动驾驶的目的性，可以对两段长途驾驶过程中的那部分短途驾驶过程或者中途驾驶过程进行重点研究。

（3）场景簇

簇是由车辆在同一种道路上进行的一系列片段场景所组成的场景，根据道路情况的不同，可以分为封闭道路场景、开放道路场景和园区道路场景。封闭道路场景指高速公路等行人或者非机动车不能进入的道路路段；开放道路场景指行人、非机动车和车辆同时存在的场景，此时行人及非机动车辆可能会对车辆的行驶行为进行一定的干扰；园区道路场景指住宅区、制造区或其他具备一定范围的道路，例如校园内部、地下停车场、加油站等位置。

（4）旅程场景

旅程指车辆从初始起步位置到最终停车位置的整个过程，由一系列的场景簇组成，旅程可能因为交通事故或者车辆故障而提前结束。

8. 按路面类型分类

道路是组成场景的最基础的要素，进行自动驾驶测试时车辆一定是在道路上行驶的，因而根据道路的不同类型及特征，可以对测试场景进行相应的分类。道路可以分为结构化道路和非结构化道路，车辆在结构化道路上行驶的场景即构成结构化道路场景，在非结构化道路上行驶的场景即构成非结构化道路场景。

（1）结构化道路场景

结构化道路指的是边缘规则、路面平坦、有明显的车道线及其他人工标记的行车道路，包括高速公路、城市干道、行政等级较高的公路等。这类道路具有清晰的道路标志线，背景环境比较单一，道路的几何特征也比较明显。因此，在结构化道路行驶的场景，智能网联汽车针对场景的检测可以简化为车道线或道路边界的检测。

高速公路一般应符合下列 4 个条件：

1）只供汽车高速行驶。

2）设有多车道、中央分隔带，将往返交通完全隔开。

3）设有立体交叉口。

4）全线封闭，出入口控制，只准汽车在规定的一些立体交叉口进出公路。

高速公路在郊外大多为 4 个或 6 个车道，在城市和市郊大多为 6 个或 8 个车道甚至更多。路面线多采用磨光值高的坚质材料（如改良沥青），以减少路表液面漂滑和涉水现象。

城市道路是指在城市范围内具有一定技术条件和设施的道路。根据道路在城市道路系统中的地位、作用、交通功能以及对沿线建筑物的服务功能，我国目前将城市道路分为四类：快速路、主干路、次干路及支路。

1）快速路是为流畅地处理城市大量交通而建筑的道路，有平顺的线型，与一般道路分开，保障汽车交通安全、通畅和舒适，同时与交通量大的干路相交时采用立体交叉，与交通量小的支路相交时采用平面交叉，具备控制交通的措施。两侧有非机动车时，设完整的分隔带。横过车行道时，经由控制的交叉路口或地道、天桥。

2）主干路连接城市各主要部分的交通干路，是城市道路的骨架，主要功能是交通运输。主干路上的交通保证一定的行车速度，根据交通量的大小设置相应宽度的车行道，以供车辆通畅地行驶。线型顺畅，交叉口尽可能少，从而减少相交道路上车辆进出的干扰，平面交叉有控制交通的措施，同时机动车道与非机动车道用隔离带分开。在交通量大的主干路上，快速机动车如小客车等与速度较慢的货车、公共汽车等分道行驶。主干路两侧有适当宽度的人行道。严格控制行人横穿主干路。

3）次干路是一个区域内的主要道路，是兼有服务功能的一般交通道路，配合主干路共同组成干路网，起广泛联系城市各部分与集散交通的作用，一般情况下，快慢车混合行驶道路两侧设人行道，并可设置吸引人流的公共建筑物。

4）支路是次干路与居住区的联络线，为地区交通服务，也起到集散交通的作用，两旁有人行道，也可能有商业性建筑。

结构化道路场景还包括结构等级较高的公路，主要为国家公路和省公路。

1）国家公路是指具有全国性政治、经济意义的主要干线公路，包括重要的国际公路，国防公路，连接首都与各省、自治区、直辖市首府的公路，连接各大经济中心、港站枢纽、商品生产基地和战略要地的公路。

2）省公路是指具有全省（自治区、直辖市）政治、经济意义，并由省（自治区、直辖市）公路主管部门负责建设、养护和管理的公路干线。常见的结构化道路场景如图3-7所示。

图3-7 结构化道路场景

（2）非结构化道路场景

非结构化道路一般是指城市非主干道、乡村街道等结构化程度较低的道路。这类道路没有车道线和清晰的道路边界，同时可能受到阴影和水迹等的影响，道路区域和非道路区域难以区分。由于多变的道路类型，复杂的环境背景以及阴影、水迹和变化的天气等影响，自动驾驶车辆在行驶过程中对非结构化道路进行检测面临巨大的困难，在非结构化道路场景进行正确的路径规划也会面临巨大的挑战。常见的非结构化道路场景如图3-8所示。

图3-8 非结构化道路场景

与结构化道路相对应，非结构化道路场景主要包括厂矿道路场景、林区道路场景和乡村道路场景等。

1）厂矿道路主要指工厂、矿山运输车辆通行的道路，通常分为厂内道路、厂外道路和露天矿山道路。厂外道路是厂矿企业与国家公路、城市道路、车站、港口相衔接的道路或是连接厂矿企业分散的车间、居住区之间的道路。厂内道路是厂（场）区、库区、站区、港区等的内部道路。露天矿山道路是厂（场）区、库区、站区、港区等的内部道路。厂矿道路按1987年国家计委颁布、交通运输部修订的GBJ 22—1987（《厂矿道路设计规范》）规定设计。

2）林区道路指修建在林区的主要供各种林业运输工具通行的道路。由于林区道路的位置、交通性质及功能不同，林区道路的技术要求应按专门制订的林区道路工程技术标准执行。

3）乡村道路指修建在乡村、农场，主要供行人及各种农业运输工具通行的道路，由县统一规划。由于乡村道路主要为农业生产服务，一般不列入国家公路等级标准，但是也在其道路分类中。

9. 按测试场景应用层级分类

智能网联汽车的安全性可以被不同等级的汽车要素所影响。为了测试不同等级的汽车要素，可以将测试场景按汽车要素测试时的不同特性进行分类，这种基于汽车要素等级测试的场景分类方式称为测试场景的应用层级分类。从微观到宏观程度分别为：元件级、组件级、系统级、整车级、生态级。

1）元件级主要为自动驾驶汽车工作器件的基本组成元件，例如摄像头的镜头、感光元件等。

2）组件级主要为自动驾驶汽车的基本工作组件，例如雷达、摄像头、传感器融合算法等。

3）系统级为整个自动驾驶系统的子系统，主要包括感知系统、轨迹规划系统等。

4）整车级主要为整车级的状态属性，包括驾驶人、自动驾驶汽车以及环境。

5）生态级为基于道路的交通运输系统。

对于元件级的汽车要素来说，该等级主要为各个器件的供应商进行测试；而对于生态级来说，由于目前自动驾驶汽车并未大规模上路测试，不能使生态级产生明显的变化。同时，最为关注生态级要素的并不是车企，而是路政部门。因此，自动驾驶汽车的安全性重点在于组件级、系统级和整车级的场景测试。

（1）组件级测试场景

与智能网联汽车功能密切相关的组件主要有激光雷达、毫米波雷达、摄像头、V2X设备、传感器融合算法等。不同的组件，使用时的侧重点也不同，相对应的测试场景也存在差异。对于不同的汽车组件，需要针对其特点及功能，分别设置其对应的测试场景。

激光雷达是用发射激光束探测目标的位置、速度等特征量的雷达系统。它用于智能网联汽车时，主要任务是探测周围环境，检测周围物体形状及距离。激光雷达工作时受天气和大气影响大，在晴朗的天气里衰减较小，传播距离较远，而在大雨、浓烟、浓雾等恶劣天气里，衰减急剧加大，传播距离大受影响。同时激光雷达对于反射光线的物体的探测存在一定的问题，例如玻璃建筑。根据激光雷达的工作特点，可以设置如下情况的测试场景：快速地变换天气状态，在各种天气之间来回切换，检测激光雷达的可靠性；模拟玻璃建筑等障碍物，检测激光雷达能否正确地检测目标等。

毫米波雷达是工作在毫米波段探测的雷达，其在智能网联汽车上的作用是在一定的角度范围内检测前方障碍物及其速度。毫米波雷达穿透雾、烟、灰尘的能力强，具有全天候（大雨天除外）全天时的特点，同时其抗干扰能力也很强。相较于激光雷达受天气影响大的特点，毫米波雷达的测试场景的重点应该放在其对前方目标的检测上，例如：在毫米波雷达工作的极限角度周围设置车辆以判断其检测能力；在毫米波雷达前方设置不同数量的障碍物以判断其检测误差；不断改变前方障碍物的速度以判断其检测精度等。

用于智能网联汽车的摄像头有单目摄像头和双目摄像头，其主要作用是使用视觉识别的方式检测障碍物种类及距离。不同于前文所述的激光雷达和毫米波雷达，摄像头的测试场景重点放在其对目标的正确识别的能力上。具体测试场景可以设置为：测试场景中应在摄像头的工作范围内设置不同种类的目标物，检测其识别不同目标物的能力；道路颠簸情况下摄像头工作的稳定性；不同光线强度下摄像头的工作性能，例如识别目标的准确性和漏检率。

（2）系统级测试场景

自动驾驶系统主要包括传感感知系统、决策规划系统和控制执行系统。

1）传感感知系统主要可以分为环境传感系统、定位系统和通信系统。环境传感不包括自身状态的测量，主要分为雷达测距和相机视觉感知两类；定位系统主要依赖车载定位导航仪，能够准确定位当前位置和地理信息。根据影响因素的种类，相应改变测试场景内的要素参数，例如天气情况、电磁干扰、环境遮蔽情况等，检测指标主要包括错检率、漏检率、测量准确率、测量稳定性和可靠性。

2）决策规划系统主要包括信息融合、任务规划、轨迹规划和异常处理四部分工作。

① 信息融合部分主要依赖于处理器的计算，不直接受到外界环境信息的干扰和影响。

② 任务规划和轨迹规划作为智能驾驶的核心部分，接收到传感感知融合信息，通过智能算法学习外界场景信息。外界交通环境的复杂度和驾驶人需求间接影响了具体任务分解和目标轨迹设计的复杂度。因为不会直接和环境接触，所以在驾驶过程中，任何干扰因素（车辆、行人、道路、交通标志甚至气象）都是借助信息传递影响规划任务的复杂程度，进而决定车辆的驾驶动作的。

③ 异常处理作为预留的安全保障机制，通过检测信号异常进而报警和容错控制。

④ 基于决策规划系统的特点，其测试场景应针对任务规划和轨迹规划两部分，重点关注如何影响其接收信息的过程，以及如何修正其驾驶过程中的驾驶任务。

3）控制执行部分主要跟踪决策规划的轨迹目标，控制车辆自身的执行器件包括驱动、制动、转向、照明、仪表板部件的工作，具体调节车辆行驶速度和方向、车灯开闭、仪表板显示等操作。控制执行部分是最直接影响车辆运行状态的系统，该部分对自动驾驶车辆的安全运行非常重要。因此针对控制执行部分的测试场景应该根据其影响特点，选择合适的测试项目，例如改变路面的不平度、路面的附着系数和侧向风等。

（3）整车级测试场景

整车级的测试场景主要包括智能网联汽车本身的测试以及驾驶人与汽车之间的人机交互能力测试。

对于智能网联汽车本身的测试，主要包括传统的车辆测试（碰撞测试、油耗测试、舒适性测试等）和自动驾驶能力测试。传统的车辆测试已经十分规范，并不属于智能网联汽车所独有的项目，因此这些项目不是智能网联汽车所研究的测试重点。对于智能网联汽车来说，其整车的测试主要是针对自动驾驶能力的测试。

自动驾驶能力主要包括自动巡航、主动制动、车道保持、主动转向、自动泊车等功能，因此测试场景应针对这些自动驾驶能力展开。如何保证自动驾驶功能的可靠性是测试场景研究的重点。当前很多法规都对这些自动驾驶功能进行了明确的定义，整车级的测试场景可以参考这些测试规范，并进一步针对新的自动驾驶功能进行设置。

新工科·智能网联汽车卓越工程师培养系列教材

智能网联汽车运营与管理

实验指导+项目工单

张 鹏 孙玉凤 张 强 主 编

姓 名 _____

班 级 _____

机械工业出版社

目 录

项目一 智能网联汽车场地测试实验 ··· 1
　实验指导 ·· 1
　项目工单 ·· 3
项目二 智能网联汽车测试管理系统实验 ··· 5
　实验指导 ·· 5
　项目工单 ·· 7

项目一 智能网联汽车场地测试实验
实验指导

一、实验目的

1）了解什么是智能网联汽车测试场景。
2）掌握实验用的假人、假车的原理和构造。
3）掌握自动驾驶车辆的原理和构造。
4）会根据现有典型场景自己动手搭建模拟场景。
5）能够根据提供的模拟假人、假车、智能小车来做一些模拟的测试。

二、实验仪器设备

序号	测试设备	型号	主要技术参数
1	智能网联车	不限	具备自动驾驶功能
2	模拟智能车	不限	可以遥控
3	模拟假人	不限	符合标准要求
4	复合板	不限	面积为 $1m^2$ 左右

三、实验内容与注意事项

1. 内容

1）根据现有典型场景自己动手搭建模拟场景。
2）根据提供的模拟假人、假车、智能小车做模拟的测试。

2. 注意事项

1）严格遵守实验规则，服从指导教师的安排，实验前应认真预习实验教材及有关教材的内容，熟悉本实验的目的、原理、方法及操作规程。

2）按实验要求分组，明确分工，注意互相配合，并坚守岗位。在实验中，要集中精力，注意观察实验现象，根据规定认真记录实验数据。

3）实验中应注意安全，遵守安全操作规程，要爱护实验仪器及设备，不得随意驾驶实验车和乱动其他与本实验无关的仪器和设备。实验中如果出现异常情况，应冷静对待并及时报告指导教师。

4）认真、准确地填写实验报告。要求文字清晰、文理通顺、图表清洁整齐，格式统一。

四、操作规程

1. 搭建模拟测试场景

1）根据现有典型场景自己动手搭建模拟场景。选取模块化场景若干，每一个模块包含场景以及需要实验的模拟智能车,对学生进行分组,自己动手搭建模拟测试场景。

2)分发模块化场景载体——面积为 $1m^2$ 左右的复合板,复合板要既能拼凑成一个大的模块,也可以独立使用。

3)在模块化载体上布置道路、路口、信号灯、高速公路等场景;需要每一位学生根据自己的实际情况选定一个或若干个身边的交通场景,并用提供的模块化载体和相关的场景道具来搭建测试场景。

4)每一个模块化载体可以用来安装假人、假车和智能小车,并可以进行模拟测试。

2. 智能小车模拟的测试

1)做一个体型较小、脚和手可以动的假人,假人可以遥控或者自己行走。

2)做一辆可以动的假车,假车可以遥控或者自己行走。

3)在自己搭建的模拟测试场景中,用自己动手制作的假人、假车,以及提供的智能小车来做一些模拟的测试。

项目工单

姓名		班级		学号	
专业		学时		日期	
实验目的	1. 掌握试验假人、假车的原理和构造 2. 会根据现有典型场景自己动手模拟搭建场景 3. 能够根据提供的模拟假人、假车、智能小车来做一些模拟测试				
工作任务	智能网联汽车测试场景模拟搭建及测试				
任务准备					
制订计划					
计划实施					
实验总结					

（续）

	评分项目	知识能力	实验能力	素养	总评
质量评价	自我评分				
	小组评分				
	教师评分				
	合计				

教师反馈	

思考与练习	思考题目	1. 搭建智能网联汽车场地测试场景有哪些注意事项？ 2. 在利用模拟假人做模拟测试时对周围环境有哪些要求？
	答案记录	

项目二　智能网联汽车测试管理系统实验
实验指导

一、实验目的
1）掌握智能网联汽车测试相关的管理系统。
2）了解智能网联汽车监管相关的一些数据。
3）掌握智慧实验场管理模式。

二、实验仪器设备

序号	测试设备	型号	主要技术参数
1	数据平台独立安装包	不限	—
2	智能网联汽车测试管理系统	不限	—
3	河南凯瑞智能网联汽车数据平台	不限	—

三、实验内容与注意事项

1. 内容
1）数据平台独立安装包安装展示。
2）智能网联汽车数据平台演示。

2. 注意事项
1）严格遵守实验规则，服从指导教师的安排，实验前应认真预习教材相关的内容，熟悉本实验的目的、原理、方法及操作规程。
2）在实验中，要集中精力，注意数据平台独立安装包组成，识记数据平台操作步骤，仔细观察真实场景的管理情况，认真记录智能网联汽车监管相关数据。
3）实验中应注意安全，遵守安全操作规程，要爱护实验仪器及设备，不得随意操作数据平台及独立安装包，如果实验中出现异常情况，应冷静对待并及时报告指导教师。
4）认真、准确地填写实验报告。要求文字清晰、文理通顺、图表清洁整齐，格式统一。

四、操作规程

1. 数据平台独立安装包安装展示
1）复制数据平台独立安装包，在教室里进行数据平台独立安装包安装展示。
2）学生分组操作，按照标准流程，进行数据平台独立安装包安装。

2. 智能网联汽车数据平台演示
1）智能网联汽车数据平台演示。

2）在河南凯瑞智能网联汽车数据平台教学接口，观看现场数据演示。
3）远程观看真实场景的管理情况。
4）记录智能网联汽车监管相关的一些数据。
5）总结智慧实验场管理模式。

项目工单

姓名		班级		学号	
专业		学时		日期	
实验目的	1. 掌握智能网联汽车测试相关的管理系统 2. 了解智能网联汽车监管相关的一些数据 3. 掌握智慧试验场管理模式				
工作任务	智能网联汽车数据平台演示				
任务准备					
制订计划					
计划实施					
实验总结					

（续）

	评分项目	知识能力	实验能力	素养	总　评
质量评价	自我评分				
	小组评分				
	教师评分				
	合计				
教师反馈					
思考与练习	思考题目	1. 智能网联汽车测试管理系统有哪几部分组成？ 2. 智能网联汽车数据平台有哪些功能？			
	答案记录				

除了智能网联汽车自身的能力，驾驶人对智能网联汽车的影响也十分重要，驾驶人驾驶行为可分为加速行为、减速行为和转向行为。驾驶人在行驶过程中将面临复杂的环境，现实环境中的道路、行人、气象、光照等环境因素对驾驶行为的影响显著，因此不同的驾驶场景会影响或决定汽车与驾驶人之间的对话方式和人机交互过程的状态，从而对自动驾驶过程产生明显影响。此时的测试场景应针对驾驶人在不同场景下的反应，从而判断智能网联汽车的人机交互功能定义是否正确，例如驾驶人的生理心理状态、是否有外界干扰等。

3.1.3 智能网联汽车场地测试场景要素

在智能网联汽车测试场景描述中，不仅需要描述场景中存在的对象，还需要描述对象自身属性和对象间的联系。属性信息包括要素的形状、大小等几何信息，也包括速度、加速度等运动信息。对象之间的联系包括逻辑关系、附属关系等。场景要素及其属性和关系共同构成了驾驶场景，不同的要素种类、属性和关系可构成不同的驾驶场景。

影响智能网联汽车驾驶交通场景的因素包括测试车辆、静态环境、动态环境、交通参与者、气象，其相互之间具有较强的相关性，涵盖静态因子和动态因子，共同组成交通场景。路面、道路线等静态环境要素是动态要素的依托，也是所有场景构建的基础，场景的构建必先从构建道路开始。同时，各个场景要素之间存在较强的耦合关系，一个要素产生变化可能会对其他所有要素产生影响。以动态环境要素为例，交通信号灯的改变不但会对本车的轨迹产生影响，也会同时影响其他交通参与者的运动状态。在整个智能网联汽车测试场景构建中，各要素协调运作才能保证智能网联汽车测试时的真实性和可靠性，为智能网联汽车的量产上路提供安全保障。智能网联汽车场地测试场景可归纳分为五大类关键要素：

（1）道路设施要素（图3-9）

1）交叉口：十字路口、T形路口等。

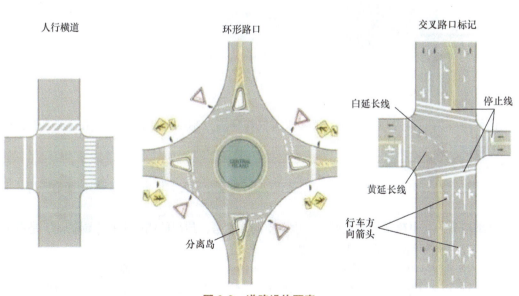

图3-9　道路设施要素

2）交通管制标识：智能交通灯、路面标志等。
3）试验监测设备设施：自动抓拍摄像机、激光雷达、毫米波雷达等。
4）道路：高架桥、隧道、林荫道等。
5）区域：有建筑园区、街区、施工区等。

（2）交通参与要素

包括隐蔽障碍物、气球车、行人（模拟）、自行车（模拟）、小动物（模拟）等，如图3-10所示。

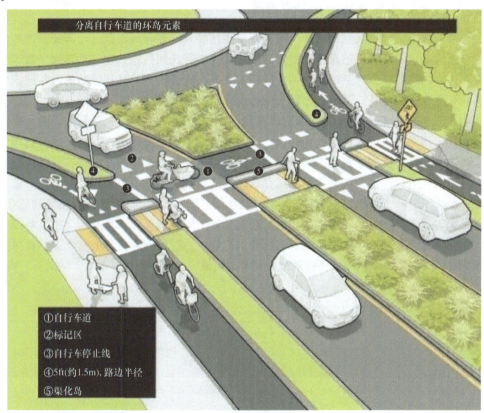

图3-10　交通参与要素

（3）气候要素

详细地分为：场内环境监测、落实雨雾气候环境控制基础建设、光、雨、雾、雪、扬尘（可控）。

（4）信息通信要素

详细地分为：DSRC、LTE-V、5G、WiFi、GPS差分定位、北斗定位、高精度地图等。

（5）电磁空间要素

详细地分为：电磁兼容及控制等。电磁空间要素是在传统的测试上独立创新的，是由智能网联汽车的特殊性能决定的，具体的原因为：

1）汽车雷达探头需要应对相互干扰，并且要提供信号分集和干扰抑制技术。

2）通信电磁干扰除了传统车上的高压点火系统，还有车上各种发电机、起动机及电磁线圈等产生的干扰。

3）各种传感器的大量使用，尤其是与电驱动系统的结合，使 EMC 显得尤为重要。

4）除车本身的电磁干扰外，汽车外部的无线通信、移动通信设备、微波通信设备都产生强大的电磁波辐射干扰，需要在智能驾驶技术发展过程中格外引起注意。

智能网联汽车所处的驾驶环境复杂，除了道路设施外，交通参与要素如车辆、行人也是需要重点考虑的内容，这其中有人驾驶的车辆还面临很多的不确定性，他们会根据智能驾驶车辆做出自己的判断改变行车的控制，如经过十字路口时，有的驾驶人可能会快速地制动，而有的驾驶人可能会缓慢制动，所以对于不同的驾驶行为也需要在测试和评价时充分考虑。

 知识链接

《智能网联汽车道路测试与示范应用管理规范（试行）》具体内容

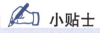 小贴士

特斯拉智能网联汽车发展启示

特斯拉的自动驾驶产业发展有 3 个重要的时间节点：2014 年通过 Autopilot1.0 实现 L2 级别的驾驶辅助，2016 年利用 Autopilot2.0 进行 L3 级别的自动驾驶研究，2019 年，搭载特斯拉自主研发的 Hardware3 实现了 L4 级别的自动驾驶。2020 年，特斯拉全自动驾驶 Beta 版更新发布。2021 年 10 月，特斯拉为海外部分车主推送了完全自动驾驶（Full Self-Driving，FSD）BETA 套件，使汽车的全自动驾驶功能逐步接近 L5 自动驾驶。

特斯拉的自动驾驶系统以"硬件先行，软件后更"的模式推广，即车辆搭载时下最为先进的硬件，然后通过空中下载技术（OTA）进行固件更新。2014 年 10 月特斯拉的 Autopilot 系统采用了 1.0 版本的硬件，一个前置摄像头、一个毫米波雷达、车身周围 12 个超声波雷达以及 NVIDIA Tegra 3 超级处理器，采用的是 Mobileye Q3 视觉识别模块。2015 年，特斯拉开始正式使用 AutoPilot 驾驶辅助系统：

1）2014 年 11 月，实现道路偏离警告和速度提示。

2）2014 年 12 月，实现自适应定速巡航系统以及前方碰撞预警。

3）2015 年 3 月，实现自动紧急制动和盲点预警。

4）2015 年 10 月，实现转向盘接管、侧方位碰撞躲避和一字位自动停车。

5）2016 年 1 月，实现十字位停车、弯道车速适应以及召唤进出车库。2016 年 10 月特斯拉发布的增强自动驾驶辅助系统（Enhanced Autopilot）开始使用 2.0 版硬件，Model 3 车型都可以搭载 Autopliot 2.0 硬件。Autopliot2.0 硬件包含 8 个摄像头、1 个毫米波雷达、12 个超声波雷达以及 NVIDIA Drive PX2 计算平台。摄像头可以覆盖 360 度可视范围，对周围环境的监控距离最远可达 250m。毫米波雷达可以提供更加丰富的场景数据，适应雨天、大

雾天气、雾霾天气,对前方车辆进行监测。12个超声波雷达完善了系统的视觉识别,探测和传感距离则是Autopilot1.0的2倍。NVIDIA Drive PX2计算平台大大提高了系统的运算处理能力,第二代处理器运算能力是第一代的40倍。

6)2017年8月,特斯拉为Model 3推出了Autopilot 2.5硬件版本。该系统最大的亮点在于采用新款二级GPU,它可以提供更为强大的计算能力和控制冗余。直到2018年3月,特斯拉首次完成了将部分ModelS、ModelX和Model3升级到最新的硬件系统Autopilot2.5,这一款硬件系统的真实内容才被曝光。

特斯拉独特的发展路径在于充分利用现有的成熟技术,加以改进创新、降低成本,让其商业化的实现成为可能。谷歌、百度等公司研发自动驾驶技术目前主要采用的是激光雷达方案,试图直接进入L5级别的自动驾驶研究,但激光雷达成本高昂,在商业化方面难以被普通大众接受。特斯拉大胆采用低成本的毫米波雷达+摄像头解决方案,既可量产且成本较低,符合消费者承受能力。特斯拉通过率先解决数据采集问题,利用影子模式采集功能数据,从而不断进行算法训练、方案优化、推陈出新,保证自动驾驶的可靠性和安全性。特斯拉这种循序渐进的发展模式既不同于传统车企的保守策略,也不同于科技巨头一步到位的激进策略。

> **实验** 项目一——智能网联汽车场地测试实验
> 详见"智能网联汽车场地测试实验"实验指导和项目工单。

3.2 智能网联汽车测试场景应用

德国达姆施塔特工业大学的Winner教授提出,要充分验证智能网联汽车的有效性,至少需要1亿km的实际道路行驶里程,这样才能保证自动驾驶汽车具备人驾驶车辆的安全性。

3.2.1 智能网联汽车场景与测试

测试验证是智能网联汽车自动驾驶功能开发和技术应用不可或缺的重要环节。近年来,智能网联汽车获得了空前的发展,国家在政策上给予了大力的支持,但到目前为止,智能网联汽车的发展还不成熟,特别是还没达到大量用户使用的阶段。为了尽快将智能网联汽车推向市场,构建测试场景、完善测试评价体系、应用测试场景是智能网联汽车及相关产品开发的必要支撑。

智能网联汽车与传统汽车相比有其自身的特点,需要根据智能网联汽车的特点有针对性地开展测试和评价,以不降低汽车行驶的安全性为前提,全面评价智能网联汽车的各项性能,确定智能网联汽车测试和评价的目标。

传统汽车是人、车、环境相互分离的系统,通过人对环境的感知和判断,利用车辆的转向盘、制动踏板、加速踏板等机构实现对车辆的运动控制,从而实现车辆的驾驶过程。智能网联汽车不同,它是由人、车、环境组成的闭环系统,人在其中的作用逐渐降低,车辆逐步具有人所具备的功能,从辅助驾驶、部分自动驾驶逐步进化,最终实现无人驾驶。根据智能网联汽车的无人化发展思路,其驾驶流程可以分为"感知—认知—决策—控制—执行"五部分;其中传感器发挥着类似于人体感官的感知作用，认知阶段则是依据感知信息完成处理融合的过程，形成全局整体的理解，据此自动驾驶系统通过算法得出决策结果，传递给控制系统生成执行指令，完成驾驶动作。在整个过程中，汽车会通过云端获得相关数据，如高精地图等，同时通过云端实现系统软件、决策算法的更新以及后台的监控等。智能网联汽车过程控制如图3-11所示。

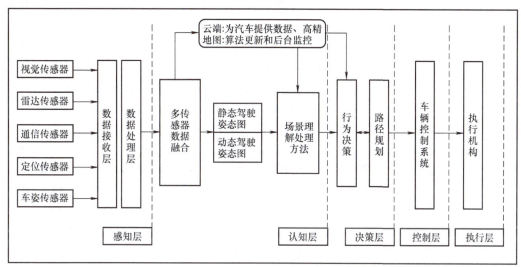

图3-11 智能网联汽车过程控制图

根据人、车、环境这个驾驶系统中人和车的作用，可以将智能网联汽车分成不同的发展阶段。按照SAEJ3016的划分标准，可以分成5个等级，从0级（无自动驾驶）~5级（完全自动驾驶）。在低等级0~2级，驾驶人是主要的执行者，负责驾驶过程中的环境感知、决策和执行；在高等级3~5级，系统将起到监控环境的作用，并逐步增强决策和执行的功能。智能网联汽车的不同发展阶段，其所实现的功能从单一到复杂，车辆的纵向和横向的自主控制由部分逐步发展到全部，所有这些执行过程都是在实际的交通驾驶环境中完成的，所以测试和评价首要考虑的是汽车作为一个交通工具是否能发挥其交通运输的基本功能，这其中安全性是首要考虑的因素。目前智能网联汽车之所以还没有投入量产也主要是因为其在实际道路行驶过程中的安全性无法满足，而且由于智能网联汽车最终实现的自动驾驶功能，人们在安全性上的使用预期会高于传统汽车，用户希望自动驾驶车辆能够有效避免实际驾驶环境中人为造成的各种交通事故，所以智能网联汽车道路测试和评价的首要需求就是确保车辆在实际道路行驶过程的绝对安全。要测试和评价车辆的安全性，就是要验证车辆的各种功能（包括ADAS和自动驾驶）是否能在实际驾驶场景中发挥其预期设定的要求。

场景要素的不确定性是我们在进行测试评价体系建设时必须充分考虑的因素，最终所要实现的目标就是充分和有效地验证车辆在纷繁复杂的驾驶场景下具备的功能是否满足客户的预期用途的要求。

1）充分性是指测试和评价体系能够充分体现用户的使用要求，能够充分反应实际驾驶环境的各种场景、工况。

2）有效性是指所测试的评价的方法确实有效：一是能够满足智能网联车辆开发周期的需求；二是所使用的方法能够有效地验证智能驾驶功能的好坏，能够有效评价车辆的系统的一致性和可靠性。

智能网联汽车测试评价的方法分析为了满足智能网联汽车测试和评价充分性和有效性的要求，必须有合适的验证方法。

1. 场景数据的获取及分析应用

将智能网联汽车测试评价方法与汽车整车的产品开发过程进一步融合，按照产品开发过程 V 模型，在产品开发的不同阶段使用合适的测评方法，我们可以得出指导产品开发设计的测试评价体系。这个体系包括场景数据的获取和使用，测试平台的搭建包括仿真测试（模型在环 MIL、软件在环 SIL、硬件在环 HIL）、受控测试、实证试验等。在这个测试评价体系中要充分考虑场景的重要性，确保各阶段测试所涵盖的场景有一定的代表性，能够反映实际驾驶环境的真实情况，要建立场景生成、使用、优化的闭环控制系统，以此不断推进场景的丰富程度。

智能网联汽车测试评价体系中场景数据库的建设是关键，是确定测试评价充分性的必要基础，为了保证场景的丰富程度，能够起到证明自动驾驶比人为驾驶更为安全的作用，可从以下三方面获取场景数据：实际驾驶环境下的场景数据采集，通过专业数采车辆，安装视觉感知、雷达传感器、环境数据采集设备、车辆行驶数据（车速、制动、加速踏板开度、转向信息等）采集设备，这些原始记录信息经过分析和检查，如果确定某一场景触发了关键安全事件，可将此场景纳入测试场景库中，同时实证试验过程中的数据也可以作为场景数据采集的有力补充。

权威机构（如交通部门、消费者杂志、NCAP 机构、标准委员会等）所发布的实际交通形态分析及测试法规标准文件，根据此类文件结合中国道路交通的特点，研究交通事故和事件的种类，分析交通事件的成因，通过模拟交通事故和事件的元素，再现场景并作为测试评价的依据。

ADAS 系统、自动驾驶系统各功能开发过程的安全性分析也可以作为测试的场景补充。特别对于第一种场景数据的来源，因为其来自于实际道路的驾驶环境，是一个可以不断迭代优化的闭环系统。通过这种方式，我们可以实现场景数据的持续不断更新，从而克服目前场景数据库不足的瓶颈，还可以将场景数据的采集扩散到实际的用户，从而大大加速场景数据的丰富过程。

依据获取到的场景数据，我们将其分解成各种场景参数：如路线、天气情况、能见度、道路类型、路侧信息、车辆型式、行人类型等。这些场景参数分别可以设置不同的数值，如雨（0~100%）、光照（0~100%）等。这些场景参数的不同组合结合车辆的运动控制可以生成我们所需要的测试用例，为后续的测试评价过程提供依据。

2. 仿真测试的过程及应用

将仿真测试用于产品开发早期，根据不同阶段可将仿真分为模型在环 MIL（Model in Loop）、软件在环 SIL（Software in Loop）、硬件在环 HIL（Hardware in Loop），结合受控场地测试（试车场、示范区等）、实证试验，可以应用于产品的概念设计、模型开发、软件开发、硬件开发、整车开发的各个阶段，从而大大缩短测试评价周期，提高测评的有效性。仿真测试、受控测试、实证测试，使车辆和环境的真实度逐渐增强。随着真实度的提高，其测试的有效性会相应提高，但测试的成本会增加，尤其是在产品开发的早期，仿真测试有其自己的优势：测试环境搭建方便，测试场景重复性好，无测试安全性问题，测试效率高；但因为其有效性会降低，所以一般不用于最终的性能验收，需要结合受控试验和实证试验一起使用。

仿真测试的场景来自场景数据库，根据仿真测试的目的生成各种虚拟试验环境，如车辆模拟、驾驶模拟、道路模拟等。智能网联汽车仿真测试的原理如图 3-12 所示。为了达到测试的目的，我们需要将模拟的数值转化成真实的物理量如超声波发射信号、力矩、GPS 卫星信号等。我们将这些虚拟环境到现实环境的连接器称为激励，它们需要根据虚拟环境中的数值转化成现实环境的物理量。在一个完整的测试过程中，我们需要各种激励，如转向激励、GPS 激励、视频激励、雷达激励、V2I/V2V 激励等。激励需要确保某一部件的模拟输出与真实部件所需要的物理输入一致，所以需要花大力气减少激励的控制误差。除此之外，由于在真实场景中这些传感器是同时收到信号并进行分析的，所以还需要考虑各种激励之间的时间同步性。

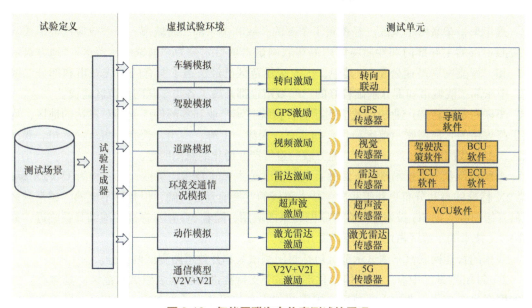

图 3-12　智能网联汽车仿真测试的原理

3. 道路测试的建设及应用

受控试验和实证试验统称为道路试验，作为智能网联汽车的最终验收步骤，道路测试的开展对整个测试评价体系建设具有重要意义，智能网联汽车能否推向市场，是否满足客户的使用需求，需要道路测试的验证。同时开展道路测试可以弥补虚拟测试（MIL/SIL/HIL）过程中的不足，验证和完善虚拟测试方法，可以进一步丰富场景库的建设，是测试评价体系建设的关键环节。

在智能网联汽车技术发展还不成熟的情况下，使用公共道路进行测试存在较大的安全风险，故道路测试的实施需要在特定的场地进行场景的建设。在推进道路测试的应用过程中应根据智能网联汽车的不同发展阶段，由简单向复杂分步骤实施。对于具备 Level2 及以下的先进辅助驾驶功能（ADAS）的测试，如车道变更辅助（LCA）、自动紧急制动（AEB）等功能，目前已进入批量装配阶段，同时相关的国际标准已经发布，我国标准也在制定中，迫切需要开展相关的道路测试，其测试的主要特点为独立或单一场景测试，实现起来相对容易，可充分利用现有封闭测试区域（如试车场等）的场地进行测试。对于 Level3 及以上的自动驾驶车辆，目前还没有批量装配，各大车企和科技公司有少量的样车在进行开发。其测试的主要特点为综合性场景测试，应逐步由封闭区域、半封闭区域向开放区域推进，关键在于测试场景的充分性和测试过程的有效性。因此，要积极推动实证试验和受控试验的相互结合、不断迭代，在场景的建设上应先确定优先级较高的场景,再逐步完善。

2021年以来,道路测试的应用获得了极大的发展,不少地区陆续推出了智能网联汽车示范区,确定了可进行道路测试的封闭区域和开放区域。交通运输部的数据显示,目前,全国已建设16个智能网联汽车测试示范区,开放3500多km测试道路,发放700余张测试牌照,道路测试总里程超过700万km。随着汽车与电子、通信、能源等领域深度融合发展,带有鲜明跨界融合特征的智能网联汽车应运而生,成为全球产业发展方向。

3.2.2 智能网联汽车典型物理测试中的场景应用

近年来,车联网示范区已经覆盖了全部的一线和中东部二线城市,辐射效应已经形成。我们按照项目的主导部门和性质将国内的车联网试点项目划分为"国家级示范区""地方级示范区"和"智能网联高速公路"。其中,国家级示范区已经覆盖了所有的一线城市和部分二线城市,中东部二线城市和部分基础较好的三线城市也都开展了各类车联网示范区建设。

车联网示范区的产业扶持效应明显。在传统整车产业和零部件产业相对发达的地区,均落地了高规格的智能网联示范区项目,如北京、天津、上海、广州、长春、南京、杭州、武汉等地区,都是我国的汽车产业重镇,地方政府进行产业孵化的意图明显。

车联网行业主流技术路径有两种:一种是欧美主导的DSRC标准;另一种为C-V2X标准。C-V2X标准的专利分布更利于我国,技术路线的发展前景更广阔,但相对不成熟。越来越多的项目开始前瞻规划5G技术落实在车联网场景的应用,随着5G R16标准的冻结日益临近,采用5G-V2X技术的示范区占比有望持续提升。

我国的智能网联汽车测试示范区包括封闭测试区和开放道路测试两部分。

1)封闭测试区中有工业和信息化部等部委支持推进的国家级测试示范区,具体有:国家智能网联汽车应用(北方)示范区、国家智能汽车与智慧交通(京冀)示范区、国家智能交通综合测试基地(无锡)、国家智能网联汽车(上海)试点示范区、浙江5G车联网应用示范区、武汉智能网联汽车示范区、国家智能网联汽车(长沙)测试区、广州智能网联汽车与智慧交通应用示范区、智能汽车集成系统试验区(i-VISTA)等。

2)在开放道路测试上,北京、上海、天津、重庆、广州、武汉、长春、深圳、杭州、无锡、长沙、保定、济南、平潭、肇庆等多座城市出台了道路测试管理规范,划定了具体道路开放区域。

1. 我国智能网联汽车测试示范区发展现状

智能网联汽车行业的终极目标是协同式自动驾驶。当前的自动驾驶方案主要基于单车智能展开,即通过视觉、雷达、高精度定位等传感器感知外界环境,通过神经网络、信号融合等算法进行识别和决策。量产自动驾驶主流配置价值量预测见表3-1。

现有方案存在的几类核心弊端:

1)感知难度大,传感器价格昂贵,这是制约自动驾驶规模化量产的核心因素。

2)以车辆为节点的感知模式存在视野盲区(遮挡、转弯等),目前的主流策略是保守策略,即通过降速保证安全性,该策略从宏观上会影响交通效率。

3)车辆间的驾驶意图无法交互,该问题在无保护左转等复杂场景下尤为严重,会影响驾驶安全和交通效率。

表 3-1 量产自动驾驶主流配置价值量预测

项目	价值量区间 / 美元	主要特点
激光雷达	1000~2000	预计以 MEMS 固态雷达为主
毫米波雷达	300~800	单车 4~5 枚
视觉系统	100~200	单车 6~8 枚摄像头
超声波雷达	50~100	单车 12 枚超声波雷达
计算平台	300~500	参考 Mobileye 和英伟达产品定位
高精度地图	200~400	自动驾驶决策的核心数据之一
GPS/IMU	800~1500	车道级精度、高可靠性
驾驶人监控系统	50	驾驶人行为监控
系统整体	2000~4000	

资料来源：申港证券研究所。

智能网联汽车的核心是传感器延伸和车辆交互两类功能，功能上可以形成与单车智能的有效互补，推动自动驾驶在我国更快落地。

1）传感器的延伸，即在路侧布设的大量传感器，将感知结果回传给车端，这将一方面降低车端的感知成本和感知难度，另一方面提升视野外的感知能力；目前雷达和视觉传感器的感知极限一般在 200m 左右，通过车联网可以轻松获取到千米级的感知数据，传统单车智能无法解决的视野盲区问题也将迎刃而解。

2）车辆交互，即通过直连通信的模式，在低时延、高可靠的要求下实现车辆数据的交互。实现汽车总线数据的信息交互在理论上并不存在障碍，在低时延环境下，自动驾驶时延的"3个 0.1 秒"将被大幅压缩，现有的典型主动安全功能 AEB 将更加灵敏可靠，过去在技术上并不可行的编队驾驶等业务也将出现，显著提升交通的安全性和效率。

伴随着车联网行业的终极目标的稳步推进，车联网示范区项目在 2019 年迎来大爆发。2019年新落地的车联网示范项目近 30 个，连续两年实现翻倍增长；国家级示范区一般为多期建设，我国部分示范区建设情况，见表 3-2。

表 3-2 我国部分示范区建设情况

项目	类型	开放 / 启动日期
广州智联汽车与智慧交通应用示范区	国家级示范区	2018 年 3 月 30 日
国家智能交通综合测试基地（无锡）	国家级示范区	2017 年 9 月 10 日
国家智能网联汽车（上海）试点示范区	国家级示范区	
一期		2015 年 6 月开工
二期		2016 年 9 月开工
三期		2018 年 1 月开工
四期		2020 年 1 月开工
国家智能汽车与智慧交通（京冀）示范区	国家级示范区	
亦庄基地		2019 年 6 月 1 日
北京市海淀基地		2018 年 2 月

（续）

项目	类型	开放/启动日期
北京市顺义北小营镇无人驾驶封闭测试场		2019年
河北省保定徐水长城智能网联测试示范区		2018年11月29日
雄安新区		2018年
北京市房山区5G自动驾驶示范区		2018年9月19日
国家智能网联汽车（长沙）测试区	国家级示范区	2018年
国家智能网联汽车应用（北方）示范区	国家级示范区	2018年7月18日
武汉智能网联汽车和智慧交通应用示范区	国家级示范区	2018年3月开工
一期		预计2020年建成
二期		预计2021—2023年内建成
三期		预计2013年底建成
浙江智能汽车智慧交通应用示范区	国家级示范区	
青岛智能网联示范区	地方级示范区	2019年9月27日
宁波杭州湾新区智能网联汽车试验平台	地方级示范区	2019年5月
南京秦淮区智能网联开放测试区	地方级示范区	—
南京溧水区智能网联开放测试区	地方级示范区	2017年9月
国家智能商用车质量监督检验中心（常州）	地方级示范区	2019年11月2日
沧州市智能网联汽车开放道路	地方级示范区	2019年11月
芜湖智能网联示范道路	地方级示范区	2019年
福田保税区智慧公交综合示范区	地方级示范区	2018年12月
国家智能网联汽车质量监督检验中心(襄阳)	地方级示范区	2019年4月
许昌芙蓉湖5G自动驾驶示范区	地方级示范区	2019年
郑州航空港实验区智能网联示范区	地方级示范区	—
福建平潭无人驾驶汽车测试基地	地方级示范区	2018年3月
厦门湾漳州开发区	地方级示范区	2018年
广州黄埔自动驾驶应用示范区项目	地方级示范区	2019年7月14日
北汽盘锦无人驾驶汽车运营项目	地方级示范区	2016年10月25日
博鳌智能网联汽车及5G应用试点项目	地方级示范区	2019年3月27日
嘉善产业新城网联汽车测试场	地方级示范区	2018年8月27日
山东省济南5G智能网联汽车测试道路项目	地方级示范区	2019年1月22日
湖州德清自动驾驶与智慧出行示范区	地方级示范区	2019年4月
杭州市萧山区5G智能网联车路协同系统项目	地方级示范区	2019年12月
杭州智能网联汽车开放测试道路（未来科技城）	地方级示范区	2019年5月
四川德阳Dicity智能网联汽车测试与示范运营基地	地方级示范区	2018年开放
惠州市博罗龙溪国际无人驾驶汽车小镇项目	地方级示范区	2018年
肇庆自动驾驶城市路测示范区	地方级示范区	2018年7月

（续）

项目	类型	开放/启动日期
延崇高速冬奥走廊智慧公路	高速公路	2016 年
杭绍甬智慧高速公路	高速公路	2019 年
湖北智慧高速公路项目	高速公路	2019 年 2 月
湖南长益智慧高速公路	高速公路	2019 年 7 月
齐鲁交通智能网联高速公路测试基地	高速公路	2019 年 8 月
江西昌九智慧高速	高速公路	2019 年
吉林省智慧高速	高速公路	2019 年
河南省机西智慧高速公路	高速公路	2019 年 7 月

资料来源：申港证券研究所。

2. 典型示范区典型物理测试中的场景应用案例分析

（1）国家智能网联汽车（长沙）测试区

国家智能网联汽车（长沙）测试区是由工业和信息化部授牌，基于 5G 和 C-V2X 环境的国家级智能系统测试区。测试区于 2018 年 6 月 12 日正式对外开放，运营方为湖南湘江智能科技创新中心有限公司。截至 2019 年，测试区已承接近 50 家企业 2200 余场智能网联汽车测试，总测试里程近 10 万 km，发放开放路测牌照 53 张。

示范区拥有完善的基础设施建设，提供封闭测试和开放测试服务。封闭测试项目用地面积为 1232 亩，分为管理与研发调试区、模拟城市道路测试区、模拟高速公路测试区、模拟乡村道路测试区和模拟越野道路测试区 5 个测试区，图 3-13 所示为模拟城市道路测试区、图 3-14 所示为长沙测试区规划图、图 3-15 所示为 100km 智慧高速示意图。应用于包括 AEB、LDW、ACC、超车预警辅助、行人避碰在内的 228 个智能网联汽车测试场景。

图 3-13　模拟城市道路测试区
（资料来源：湘江智能官网、申港证券研究所）

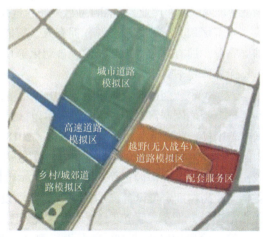

图 3-14　长沙测试区规划图
（资料来源：网易、申港证券研究所）

示范区的 5G-V2X 的应用水平位于国内前列。开放测试项目包括总长约 93km，总体定位为支持 L3 级及以上高级自动驾驶的开放式车-路协同高速公路，是国内首条基于 5G-V2X 的高速公路。

示范区总长 135km，采用 5G、北斗高精度定位、物联网、大数据、人工智能、智能驾驶、车路协同等新技术，全线支持 L3 级及以上自动驾驶车辆测试与示范的开放道路项目，构建包含车路协同、自动驾驶等测试类相关场景和车辆行驶安全、道路信息提示等应用类场景 90 余个。

图 3-15　100km 智慧高速示意图

（资料来源：湘江新区官网、申港证券研究所）

基于自身完备的基础设施，与头部企业展开深度合作。其中，百度 Apollo 与一汽红旗联合研发的"红旗 EV"Robotaxi 车队在长沙示范区进行中国第一个面向普通民众的 Robotaxi 试运营服务；湖南智能网联汽车产业云在湘江新区发布，这是华为自动驾驶云服务在全球的首次落地。

示范区聚集行业优势资源，拥有人工智能算法、芯片、大数据、传感器、电池新材料等基础层企业，拥有感知、识别技术、自动化等技术层企业，也拥有整车及汽车零部件、工程专用车、无人驾驶车辆等应用层企业。

（2）国家智能网联汽车应用（北方）示范区

国家智能网联汽车应用（北方）示范区是工业和信息化部授牌的国家 5+2 示范区之一，是国内首家具备寒区特色的国家级示范区。2018 年 7 月 17 日，由工业和信息化部、吉林省政府、中国一汽三方共同启动国家智能网联汽车应用（北方）示范区运营。运营单位为启明信息技术股份有限公司。目前园区面积 35 万 m^2。示范区分三期建设，基于 LTE-V 技术的 V2X 通信设备、北斗高精度定位设备、T-BOX 等设备共设计了 72 个大场景，1200 个小场景。国家智能网联汽车应用（北方）示范区长春测试区规划图如图 3-16 所示。

第一阶段同时支持 100 辆车进行测试服务，能够实现信息提示、安全预警等智能网联化应用。

第二阶段支持 500 辆示范车辆进行测试，能够实现信息提示、安全预警与控制、绿色节能等智能网联化应用，包含合资、自主品牌车辆参与示范运行，建设 20 个配有智慧交通信号灯的交叉路口。

第3章 智能网联汽车测试基地场景管理

图3-16 国家智能网联汽车应用（北方）示范区长春测试区规划图

面积：35万 m^2
道路里程：3km
场景：6大类99个基本场景，通过行驶场地和驾驶情景的组合可以扩展到300余个场景
设施：4大类100余个
测试能力：可同时容纳10辆测试车

第三阶段支持示范车辆达到10000辆，包括轿车、客车、货车、新能源等多种车型，在50个以上交叉路口安装智能网联交通信号灯，在40个以上交叉路口安装流量监控设备，有30个以上道路安装危险状态监控以及危险信息发布设备。

强强联合，示范区与多家单位在5G应用技术等方面展开合作。示范区与吉林大学汽车学院、畅加风行（苏州）智能科技有限公司、大唐高鸿数据网络技术股份有限公司、上海晶格科技股份有限公司等多家单位合作签约。

在智能网联测试技术及标准、高寒冰雪环境测试、5G应用技术、V2X组网方案及产品、区域协同测试认证、人才培养等领域展开全面合作，提高示范区智能网联汽车及相关产品的研发服务能力。

（3）国家智能网联汽车（上海）试点示范区

国家智能网联汽车（上海）试点示范区是由工业和信息化部授牌的、我国首个基于DSRC/LTE-V技术环境建立的智能网联汽车示范区。2016年6月7日，示范区第一期投入运营。

项目分四阶段建设（表3-3）：

第一阶段为封闭测试与体验区。包括在上赛场南侧的发展备用地建设的用于搭建V2X应用场景的封闭测试区（F-Zone），占地约 2 km²；在同济大学嘉定校区建设的用于探索基础性前瞻技术研究的研发科研区（T-Zone），占地约 170 亩；在汽车博览公园建设的用于 V2X 场景体验的科普体验区（E-Zone）。

第二阶段为开放道路测试区。2017 年底，示范区覆盖面积达到 27km²，涉及城市快速路、园区等道路特征，测试与示范车辆规模争取达到千辆级。成为国内首个功能完备的智能网联汽车测试示范公共服务平台。

第三阶段为典型城市综合示范区。到 2019 年底，示范区覆盖面积达到 100 km²，增加高速公路测试场景，测试与示范车辆规模达到 5000 辆左右。基本建成基于智慧城市理念与要求下的智能网联汽车区域性测试示范公共服务平台，初步打造智能网联汽车产业集群。

第四阶段为城际共享交通走廊。到 2020 年底，通过嘉闵高架和 G15 沈海高速的智能化改造，形成汽车城和虹桥商务区两个"独立城市"的共享交通闭环，覆盖面积达到 150km²，测试与示范车辆达到万辆级。建成区域性、相对独立、功能齐全的智能网联汽车测试示范公共服务平台，形成初具规模的智能网联汽车产业集群。

表 3-3　国家智能网联汽车（上海）试点示范区建设规划

阶段	阶段 1	阶段 2	阶段 3	阶段 4
时间	2015.9—2016.6	2016.9—2017.12	2018.1—2019.12	2020.1—2020.12
面积	5km²	27km²	100km²	150km²
车辆规模	200 辆	1000 辆	5000 辆	10000 辆
道路里程	15km	73km	366km	500km
道路类型	模拟高速＋城市＋乡村	快速＋城市＋乡村＋园区	高速/快速＋城市＋乡村	高速/高架＋城市＋乡村
路测单元	42 个	182 个	360 个	500+
应用场景	封闭模拟交通	区域共享交通	城市区域交通	城际综合交通
通信制式	DSRC/LTE-V/WiFi	DSRC/LTE-V	DSRC/LTE-V	DSRC/LTE-V

（4）杭绍甬智慧高速公路

杭绍甬高速公路是宁波市交通运输局与杭州、绍兴市交通运输局签订合作协议建设的一条基于 5G-V2X 环境、支持自动驾驶技术运用的"智慧高速"。

该高速公路途经杭州、绍兴、宁波三地，线位方案全长约 161km。采用双向六车道高速公路标准建设，以智能、快速、绿色、安全四大要素为建设目标，近期支持基于 5G-V2X 的车路协同式安全预警和出行信息服务，中远期应用低延时高效无线通信网络，全面支持 5G、自动驾驶、自由流收费、电动车持久续航等技术。该项目预计于 2022 年杭州亚运会之前完成建设。图 3-17 所示为杭绍甬智慧高速公路示意图。

杭绍甬高速公路是阿里巴巴将无人驾驶、车路协同技术应用到高速公路的首块试验田。阿里巴巴将通过构建智能感知基站、云控平台、协同计算系统实现车与路的"交流"。该车路协同智能系统由 AliOS 联合阿里云、达摩院、高德、支付宝、千寻位置、斑马网络等共同探索完成。目前，这套系统的可覆盖场景超过 50 个，包括碰撞预警、交通事故自动判定、自由流收费、编组驾驶、信号灯提醒等。

图 3-17　杭绍甬智慧高速公路示意图

（5）中国北方智能网联规划先导区

2018 年 9 月 27 日，天津市西青区人民政府与隶属于国资委的中国汽车技术研究中心签订战略合作协议。工业和信息化部明确指出天津（西青）国家级车联网先导区应当明确车联网终端安装方案，建立车联网安全管理等服务平台，以及规模部署车联网 C-V2X 网络。

2019 年 12 月，工业和信息化部复函天津市人民政府，天津西青有望升格为国家级先导区。天津西青测试区兼备封闭测试场、开放道路测试场与虚拟测试基地，实现多方面满足测试需求。中国北方智能网联先导示范区总体规划见表 3-4。

表 3-4　中国北方智能网联先导示范区总体规划

布局	规模	测试场景	技术路线
封闭测试场	规划建设 4000 亩，测试道路总长超过 10km	涵盖快速环路、城市环境道路、乡村环境道路、ADAS 区、全尺寸交叉口、直线区、高速场景区 7 个测试场景	LTE-V2X 与 5G-V2X
开放测试道路	在首条 24.5km 开放测试道路的基础上，申请开放道路环线围合区域内的全部道路，总长度达到 43.4km	双向四车道、双向八车道	LTE-V2X 与 5G-V2X

多种测试场景，满足测试需求。西青示范区提供 17 类网联化场景测试，提供多场景支撑，满足交通标志识别、信号灯识别、行人预警等 14 大类测试需求，实现车 - 路 - 人协同。在示范区测试场景中，LTE-V 的时延一般为 100ms，因此虽然天津西青示范区目前使用的是 LTE-V 标准，但未来有望向 5G-V2X 过渡，见表 3-5。

开放测试道路实现智能化。通过分析西青示范区的路侧设施的部署方案和建设方案，可以评估典型 V2X 建设的建设方案和硬件配置。方案选择了接入信号灯、雷达、摄像头，通过边缘设备计算后由 RSU 实现分发。图 3-18 所示为开放测试道路智能化建设方案。

表 3-5 中国北方智能网联先导区示范区测试场景

分类	应用	通信类型	频率/Hz	最大时延/ms	定位精度/m	通信范围/m	通信技术
低时延高频率	前向碰撞预警	V2V	10	100	1.5	300	LTE-V、DSRC、5G
	盲区预警/变道辅助	V2V	10	100	1.5	150	
	紧急制动预警	V2V	10	100	1.5	150	
	逆向超车碰撞预警	V2V	10	100	1.5	300	
	闯红灯预警	I2V	10	100	1.5	150	
	交叉口碰撞预警	V2V/I2V	10	100	5	150	
	左转辅助	V2V/I2V	10	100	5	150	
	高优先级车辆让行	V2V/V2I	10	100	5	300	
	弱势交通参与者预警	V2P/I2V	10	100	5	150	
	失控预警	V2V	10	100	5	300	
	异常车辆提醒	V2V	10	100	5	150	
	道路危险状况提示	I2V	10	100	5	300	
高时延低频率	基于信号灯的车速引导	I2V	2	200	5	150	4G、LTE-V、DSRC、5G
	限速预警	I2V	1	500	5	300	
	车内标牌	I2V	1	500	5	150	
	前方拥堵提醒	I2V	1	500	5	150	
	近场支付	V2I	1	500	5	150	

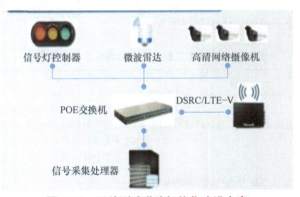

图 3-18 开放测试道路智能化建设方案

其中,测试道路以摄像头、毫米波雷达、RSU 及其配套设备获取信息,并将信息处理后由路侧单元(RSU)通过 LTE-V、5G 发送给车辆。天津西青示范区在路口各方向均配置 1 个摄像头,平均一个路口⊖3 个摄像头,并在摄像头中安装视频检测软件。微波雷达、智能信号灯、信号处理服务器每个路口均配置 1 个,见表 3-6。

⊖ "平均一个路口"中的路口包括十字路口、丁字路口和长直路端。

表 3-6　开放测试道路路侧设施部署

设备	十字路口(13个)	丁字路口(24个)	长直路端（6段）	总计（套）
高清摄像机	52	72	12	136
微波雷达	13	24	6	43
智能信号灯	13	24	0	37
信号处理服务器	13	24	6	43
视频检测软件	52	72	12	136
信号控制机	11	21	0	32

示范区要实现高精度定位功能，特别是车联网项目的建设必须配套高精度定位基准网，如，在测试区中心建设定位 Cors 站提供 RTK 定位，以实现高精度定位，以及推广电子导航地图实现高精度地图的应用。图 3-19 所示为定位基站安装装置。

图 3-19　定位基站安装装置

针对边缘计算服务及 5G 网络的建设，中国移动和中国联通参与部署边缘计算，改造 4G 现网站地址，并部署 6 个边缘云，见表 3-7。

另外，以 MEC 实现地图更新和提供网络切片服务。除此之外，同时配置计算服务器、存储服务器、GPU 服务器、以太网交换机，体现虚拟化配置。

表 3-7　5G 网络建设方案

资源	配置要求
计算服务器	运算存储 64GB、32 核心处理器，2T 硬盘存储，支持应用虚拟化部署，支持 KVM、QEMU 等虚拟化方式
存储服务器	运算存储 32GB、8 核心处理器，8T 硬盘存储，支持应用虚拟化部署，支持 KVM、QEMU 等虚拟化方式
GPU 服务器 +GPU 卡	2678v3 × 264G 内存，250G SSD，1600W 电源 ×4，1080Ti 11G 显卡 ×4，支持显卡虚拟化
以太网交换机	48 口，上下行端口速率千兆，机架式，支持管理 VLAN，支持 IPV4、IPV6 静态路由，支持 802.1x、Portal、MAC 等安全认证方式

（6）无锡市车联网先导性应用示范区

江苏无锡国家智能交通综合测试基地由工业和信息化部、公安部和江苏省牵头于 2017 年 9 月 10 日在无锡市揭牌。无锡市组织中国移动、公安部交通管理科学研究所、华为、中国信息通信研究院、江苏天安智联等多家核心单位实施。

示范区总面积为 178 亩，建设了 36.09km 的封闭式、半开放测试道路，并开通了全长 4.1 km 的封闭高速公路。封闭测试道路分为公路测试区、多功能测试区、城市街区、环道测试区和高速测试区等。

示范区以基础设施为支撑，实现跨行业信息共享。在总体技术框架上，示范区以 LTE-V2X 通信技术为技术路线，逐步向 5G-V2X 过渡，通过平台+应用+网络+终端模式实现，特别引入公安交管信息开放平台、交通路况诊断与信息发布平台等形成跨平台信息共享。图 3-20 所示为示范区总体结构。

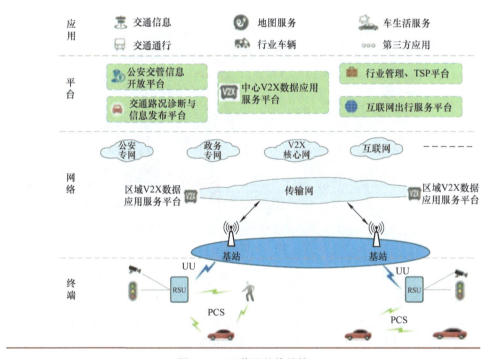

图 3-20　示范区总体结构

无锡示范区形成城市大数据平台，实现跨平台数据交互，从应用场景入手，通过 RSU、摄像头、信号机等路侧设施打造 V2X 数据平台。

信号机支持 C-V2X 交互与 RSU 通信（通过信号机处理单元和 RSU 设备），同时信号机也具有交通感知、数据交换等功能；摄像机将数据发送至信号机与车辆；视频检测器通过 V2X 平台将信号传输给信号机，同公安交管信息平台、车联网出行服务平台等平台实现信息交互。

示范区打造 V2X 平台，支撑多种功能实现。在技术路线上，采用 LTE 与 5G 通信。示范区的 V2X 平台支持 10 万台车载终端同时接入，每秒可并发处理高达 100 万条数据，延迟小于 50ms。无锡市 V2X 平台设置中心计算、区域计算、边缘计算三级架构，能够实现无线信息共享与高精度定位等需求,实现车-路-人协同。

通过边缘计算、RFID、摄像头、信号机、RSU 等设备实现智慧路口。部署具有 LTE-V2X 与 PC5 的 RSU 设备,可实现行人预警、事故预警、车速引导、绿波车速引导、盲区变道预警等多种功能。图 3-21 所示为智慧路口路侧基础设施。

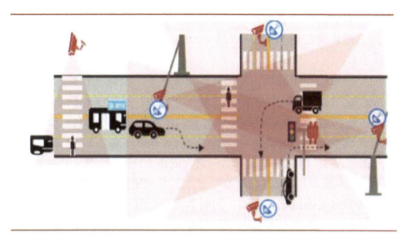

图 3-21　智慧路口路侧基础设施

(7)嘉善产业新城网联汽车测试场

智能网联汽车是嘉善产业新城打造"科创新经济"的四大主力产业集群之一,主要测试无人车研发、测试、系统开发及组装制造。

近年来,嘉善产业新城智能网联汽车产业生态日臻完善。2018 年 8 月,嘉善产业新城正式获批纳入工业和信息化部"国家智能网联汽车示范区"。2019 年 7 月,浙江首辆 5G 无人车在嘉善产业新城智能网联汽车测试场正式上线,并完成了封闭场地内共 7 个模块 31 种场景的测试。

嘉善产业新城域有 6.8km 开放测试开放路段,分别是宏业路全段、嘉善大道(科技大道—宏业路)和科技大道(嘉善大道—子胥路),涉及住宅、产业园、商务楼宇、社区中心、景区商业、公园等各类丰富场景。图 3-22 所示为智能网联汽车在嘉善产业新城开放道路测试。

图 3-22　智能网联汽车在嘉善产业新城开放道路测试

目前，嘉善产业新城已在域内建设完成第一期35亩封闭测试场，并投入使用。

未来，嘉善产业新城将继续完善"一中心、三基地"，吸引更多的行业优秀企业来嘉善的道路上开展测试、投资落户。在加快建设国家智能网联汽车示范区的同时，力争成为长三角智能网联汽车产业创新发展新高地。

（8）苏州相城区智能网联汽车公共测试道路

2019年10月18日，苏州市智能网联汽车推进工作小组印发《关于苏州市相城区智能网联汽车公共测试道路通过认定的通知》（苏智汽〔2019〕5号），相城区首条智能网联汽车公共测试道路正式通过认定。

作为相城区的首期示范应用区域，苏州高铁新城在算力资源、存储资源、数据标注、数据训练、仿真测试等行业共同需求的"生产力工具"上着手，建设了包括超算平台、数据训练平台、仿真测试平台、开放应用平台以及云控平台五大产业公共服务平台。

相城区智能网联汽车公共测试道路（一期）总长8.4km，共有13个交叉路口，范围包括水景路（北天成路—太东路）、相融路（太东路—北天成路）、西公田路（相融路—水景路），总体呈现一个"U"字形，实现5G全覆盖，具有半开放、开放道路等各类路况，还具备长直道、弯曲路、交通枢纽道路等真实测试车道环境，同时满足自动驾驶车辆27项子测试项目和65项测试场景的检测项目需求。图3-23所示为相城区智能网联汽车公共测试道路。

图3-23 相城区智能网联汽车公共测试道路

1）该路段是江苏唯一一个被IMT2020（5G）推进组认定的"MEC与C-V2X融合测试床"落地项目，MEC与C-V2X融合测试床如图3-24所示。

① 路侧设备先进：通过部署激光雷达、毫米波雷达、多融合感知摄像头等多达150套以上路侧感知设备，实现多个MEC全息感知交叉路口系统、智慧信号灯控制系统、融合交通流状态数据监测、路段级安全管控、V2X通信身份认证体系等智慧应用。路侧设备先进如图3-25所示。

图 3-24 MEC 与 C-V2X 融合测试床

5G基站

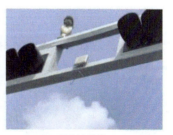

毫米波雷达

自动抓拍摄像机

高清网络枪型摄像机

图 3-25 路侧设备先进

② 规划部署超前:按照"国际一流、国内领先"的标准,构建"三张基础网、一个区域边缘中心、N 项智慧应用"的 5G 组网,全面满足车路协同及自动驾驶开发者的各类应用需求。

通过 NSA/SA 双模网络，全路段 13 个交叉路口覆盖 16 个 5G 基站，实现路口级强化，达到 150Mbit/s 上行速率，满足车联网超低延时需求。

③ 算力支撑显著：全路段部署 22 个 MEC 智能站，并建设一个区域级超级边缘计算中心，提供 100T/s（1 万亿次浮点指令每秒）CPU 算力、2880T/s GPU 算力以及 2PB 存储，另外提供 50 倍备用 GPU 算力。

2）该路段具备多项综合服务能力，能够满足企业、政府的多样化需求。

① 具备 5 项基础测试能力：对交通环境的认知能力、对交通规则的执行能力、环境感知与行为决策能力、非常规状态下的应急避险能力、故障情况下的应急处理能力。

② 面向 2 类企业评估需求：面向智能网联车辆研发及生产企业提供测试数据和过程视频，辅助进行测试结果的分析评估；面向车联网通信企业提供多模式（5G/DSRC/LTE-V/WiFi）通信的功能及性能测试。

③ 满足 6 项服务与监管需求：提供典型测试场景、提供设备设施、提供设备的管理方案、审核测试方案、调配测试场景、保障测试及通行安全。

（9）智能汽车集成系统试验区（i-VISTA）

智能汽车集成系统试验区（i-VISTA）分为三期建设，其中一期是城市模拟道路测试评价及试验示范区，运营主体是中国汽车工程研究院股份有限公司，目前已对外开放，主要以城市道路为主，目前包括弯道、隧道、坡道、桥梁、十字交叉口场景；二期工程为重庆西部汽车试验场智能汽车可靠性评价试验区，目前处于建设中，位于重庆西部汽车试验场内，包括各种特殊道路、乡村道路以及高速环道；三期工程为两江新区智能汽车与智能交通开放道路测试评价试验区，将着力打造开放交通场景。智能汽车集成系统试验区（i-VISTA）三期规划图如图 3-26 所示。

中国汽研园区
城市模拟道路测试评价及试验示范区

重庆西部汽车试验场
智能汽车可靠性测试评价试验区

两江新区
智能汽车开放道路测试评价试验区

图 3-26　智能汽车集成系统试验区（i-VISTA）三期规划图

在开放路试方面，重庆市礼嘉社区环线道路，全程约 12.5 km，九龙坡区 5.5km 道路。截至 2019 年 1 月，重庆市已累计发放牌照 11 张，共有 9 家企业拿到路测牌照。

（10）浙江 5G 车联网应用示范区

浙江 5G 车联网应用示范区包括两部分：以云栖小镇为核心的（杭州）西湖区和以乌镇为核心的（嘉兴）桐乡市。浙江 5G 车联网应用示范区封闭测试基地如图 3-27 所示。

云栖小镇方面已初步建设成了 5G 车联网应用示范项目，实现了基于 LTE-V 车联网标准的智能汽车的车 - 车、车 - 路信息交互场景。桐乡方面构建了以视频技术为核心的透明示范路，搭建了 4G+ 的宽带移动测试网络，完成多项辅助驾驶和自动驾驶的研究与测试，推出了智能化停车应用。

图 3-27 浙江 5G 车联网应用示范区封闭测试基地

3.2.3 智能网联汽车商用车园区驾驶验证场景

园区与公共道路特点类似,均为真实公开运行环境,不可以制造测试场景。本节主要介绍了自动驾驶在港口及矿区两种特定园区内应用的驾驶场景特点。因为其应用场景的特殊性,故需在场景采集、构建、仿真、实车测试等环节特殊关注。

1. 港口园区自动驾驶场景应用

港口园区的场景相对可控,自动驾驶技术落地更快,且其他配套设施已具备,可批量运营,主要用于港口内堆场装卸区与岸桥装卸区间集装箱的转运作业。

港口集运车的使用环境,针对道路条件、交通参与者、环境条件等对港口集运车使用场景进行系统的描述。

车速:港口集运车的车速主要集中在 5～30km/h 的低速区间。

路线:运输路线相对固定且可通过调度平台进行调度。

道路条件:路面信息多变,车道线信息多变。

交通参与者:包括静态障碍物、港口调度车、其他集运车。

环境条件:包括天气情况、光线情况,以及轮船、集装箱等遮挡卫星信号的设施。

位置精确度:港口集运车需精确停车于堆场及岸桥装卸区内,停车定位精准度需求高。

2. 矿区园区自动驾驶场景应用

矿区自卸车的工作循环由装载、回程、卸载、去程 4 个工作过程组成,在装载点和卸载点之间周而复始地进行这些过程。

自卸车的使用环境,针对道路条件、驾驶行为、天气条件、其他条件对自卸车使用场景进行系统的描述。

矿区道路为依山而建的土路,路面凸凹不平,多为双向单车道,少数道路较窄,最窄的地方只够一辆车通行。临近装/卸载点道路变宽,人员、车辆增多。道路上无车道线、交通标志、路灯等。定期有铲车进行道路维护。

矿区道路依山就势,除临近装/卸载点的道路,多为盘山路且坡度较大,经纬度相近的道路可能不在同一海拔。自卸车长期在坡路上行驶,去程和回程中都有上坡和下坡的交替道路。

矿区道路多为盘山弯路,道路曲率半径较大。矿区有多处 S 形弯路,锐角 V 形弯、U 形弯。

矿区道路两侧多为悬崖或山坡，悬崖边都垒有高 30～50cm 的石堆。

受矿区道路条件影响，会车行为较为复杂，部分路段不可以会车，相向行驶的自卸车应按照一定规律依次通行。

矿区车辆装载后，需行驶至称重仪进行称重。称重仪单侧或双侧有人工值守房，称重仪上单次仅限一辆自卸车通过。

3.2.4 智能网联汽车其他场地场景应用

智慧城市是运用物联网、云计算、大数据、空间地理信息集成等新一代信息集成技术，促进城市规划、建设、管理和服务智慧化的新理论和新模式。

2010 年，国际商业机器公司（IBM）正式提出了"智慧的城市"愿景，希望为世界和中国的城市发展贡献自己的力量。IBM 认为，城市由关系到城市主要功能的不同类型的网络、基础设施和环境六个核心系统组成：组织（人）、业务 / 政务、交通、通信、水和能源。这些系统不是零散的，而是以一种协作的方式相互衔接。而城市本身，则是由这些系统所组成的宏观系统。

从技术发展的视角，智慧城市建设要求通过以移动技术为代表的物联网、云计算等新一代信息技术应用实现全面感知、泛在互联、普适计算与融合应用。从社会发展的视角，智慧城市还要求通过社交网络、微观装配实验室、智能家居、综合集成法等工具和方法的应用，实现以用户创新、开放创新、大众创新、协同创新为特征的知识社会环境下的可持续创新，强调通过价值创造、以人为本，实现经济、社会、环境的全面可持续发展。

智慧城市建设的两大关键因素：一是以物联网、云计算、移动互联网为代表的新一代信息技术，是技术创新层面的技术因素；二是知识社会环境下逐步孕育的开放城市创新生态（创新2.0），是社会创新层面的社会经济因素。

在智慧城市，网联汽车技术将应用于私人汽车、货车、公交车辆和提供 MaaS 服务的车辆，如 Uber、Lyft、出租车和辅助公交系统车辆。智慧城市市民和游客将获得一系列服务。

 知识链接

智能网联汽车封闭测试场地测试项目

在自动驾驶场地测试中，需要根据场地能够模拟的真实交通运行环境，针对智能网联汽车需要完成各项行驶任务，建立相应的测试项目。智能网联汽车封闭测试场地测试项目见表 3-8。

表 3-8 智能网联汽车封闭测试场地测试项目

序号	测试项目	测试场景
1	交通标志和标线识别及响应	限速标志识别及响应 停车让行标志标线识别及响应 车道线识别及响应 人行横道线识别及响应
2	交通信号灯识别及响应	机动车信号灯识别及响应 方向指示信号灯识别及响应

（续）

序号	测试项目	测试场景
3	前方车辆行驶状态识别及响应	车辆驶入识别及响应 对向车辆借道本车车道行驶识别及响应
4	障碍物识别及响应	障碍物测试 误作用测试
5	行人和非机动车识别及避让	行人横穿马路 行人沿道路行走 两轮车横穿马路 两轮车沿道路骑行
6	跟车行驶	稳定跟车行驶 停-走功能
7	靠路边停车	靠路边应急停车 最右车道内靠边停车
8	超车	超车
9	并道	邻近车道无车并道
10	交叉路口通行	直行车辆冲突通行 右转车辆冲突通行 左转车辆冲突通行
11	环形路口通行	环形路口通行
12	自动紧急制动	前车静止 前车制动 行人横穿
13	人工操作接管	人工操作接管
14	联网通信	长直路段车车通信 长直路段车路通信 十字交叉口车车通信

知识拓展

在发展我国智能网联汽车的路上，北斗发挥着至关重要的作用。北斗定位和计算机视觉技术相结合，通过大范围应用5G+北斗高精度定位系统，可以实现毫秒级的时延和厘米级的定位。这标志着智能网联汽车从测试走向商业化运营开启了破冰之旅，将逐渐驶入市民的生活。

北斗卫星导航系统（BeiDou Navigation Satellite System）是我国自主建设、独立运行的卫星导航系统，是为全球用户提供全天候、全天时、高精度的定位、导航和授时服务的国家重要空间基础设施。

北斗一号：1985—1994年，我国进入自主卫星导航系统的演示论证期。1994—2002年，进入北斗卫星导航实验系统研制的建设期。1994年，启动北斗一号系统工程建设。北斗一号系统可提供定位、授时、广域差分和短报文通信的服务，实现有源定位。2003年，增加发射的卫星进一步增强系统的性能。

北斗二号：2004 年，启动北斗二号系统工程建设。该系统保留了北斗一号系统的双向位置报告等功能，与 GPS 系统在很多方面都有着相似之处，且增加了无源定位体系。

北斗三号：2009 年，启动北斗三号系统建设。2012 年，完成 14 颗卫星的组网，建成了覆盖亚太区域、形成区域无源服务能力的北斗区域卫星导航系统。2018 年底，完成 19 颗卫星的组网，实现中国北斗三号基本系统的组网建设，北斗三号系统由区域扩展为全球服务，北斗卫星导航系统正式迈入全球时代。2019 年 12 月 16 日，我国在西昌卫星发射中心用长征三号乙运载火箭（及配套远征一号上面级），以"一箭双星"方式成功发射第五十二、五十三颗北斗导航卫星。至此，所有中圆地球轨道卫星全部发射完毕，标志着北斗三号全球系统核心星座部署完成。2035 年，我国还将围绕北斗卫星导航系统这个核心内容，完成更加泛在、更加融合、更加智能的国家综合定位导航授时（PNT）体系。

北斗卫星导航系统的发展历程充满艰辛，我国科研工作者扬长避短，充分利用了后发优势，最终突破国外对我们的限制建成自己的导航系统。借助北斗系统，我们可以依靠自己的技术更好地推动智能网联汽车行业的发展，这也令我们感到无比骄傲和自豪，希望大家能够努力学习，不断开拓创新，摆脱对国外技术的依赖，为我们的智能网联汽车行业注入更多的活力！

3.3 智能网联汽车测试场景未来发展趋势与展望

3.3.1 智能网联汽车测试场景未来发展趋势

智能网联汽车测试场依托国内各大汽车相关科研院所及汽车厂商，致力于建设成为全国顶尖、世界知名的智能汽车测试中心，并努力主导智能汽车、无人驾驶技术测试规范的建立，引导智能网联汽车产业化方向。

目前，测评测试场的测试场为封闭环境，集成了实际道路测试、模拟环境测试、半实物仿真测试等手段，具有 50 余种道路演示场景和完善的通信网络，为广大客户提供智能汽车的测试、评估服务，并进行车联网及智能驾驶技术的研发测试工作。未来，测评测试场将逐步突破场地的限制，建设智能网联以及无人驾驶示范城镇和交通走廊。

智能汽车测试场不同于生产测试场，具备一定特殊性。测试场的运营管理要严格遵循以下 4 个基本原则。

（1）安全性

安全性是汽车研发测试的第一要务。安全性可以通过以下两个方面进行保障：

1）运营制度和保护措施的建立。

2）通过场地的软硬件条件实施保障。

例如，测试工作的开展需针对试验员建立安全培训及操作考核标准，并通过视频监控、测距仪、对讲机等设备对人员进行全程监测。

（2）保密性

保密性是测试场运营的必要前提。保密性主要通过建立保密制度、建设内部网络及权限管理来实施。

在保密制度和内网建立的基础上，尤其需要对人员和设备的权限进行管理。具体实施方案可以按等级开放人员进入试验场、数据中心及监控室等场所的权限，并根据客户的项目参与度开放设备使用权限。如可以根据人员等级和项目参与度划分监控设备和路侧控制系统等不同权限设备的使用权。

（3）可操作性

测试场运营制度的建立及申请、审批等操作流程需具备执行力。例如，运营制度中应明确规定不同级别、岗位员工的权限和职责，实验室、试验场地运营及设备仪器维护的责任人等。

（4）高效性

高效性是测试场工作应具备的职业素养。可以从多方面保障任务执行的高效性，例如：

1）IT系统的建设。工作实施进度、项目开发进展、场地及设备的检查维护均需录入流转系统，并由责任人监督实施。

2）测试结果和客户反馈信息等数据应及时与项目开发部门沟通，促进项目或产品开发流程的快速迭代。

1. 测试场测评功能的建设

1）错位建设。充分调研国外测试场的软硬件条件及其测评能力范围，并结合测评测试场自身定位确定规划方向和能力极限。在前期规划上应避免与国外成熟测试场的能力范围重叠，从而形成错位发展。其中，调研工作应事无巨细地充分挖掘国外测试场的运营经验。例如，国外测试场的前期建设普遍采用雷达传感器，车辆无法识别低于地面以下的隐患，而采用激光传感器则可以避免这一问题。

2）优势互补。深入挖掘测试场自身优势，如投资环境、政府支持力度等社会优势及天气、地形等自然优势，并与国外测试场形成优势互补。如上海夏季潮湿炎热的气候便于测试汽车极限能力，可与瑞典阿尔耶普卢格测试基地等具备极寒测试条件的测试场达成合作。

3）协同发展。积极争取与国外成熟测试场达成合作共建协议，请国外有丰富建设、运营经验的专家团队协助完成测试场规划建设。

2. 测评测试场的品牌推广

测评测试场的品牌推广对测试场的品牌知名度、品牌影响力、行业领导力及品牌权威性等都有至关重要的作用。品牌推广可以从以下几方面开展。

1）建立学术研讨会，增进学术交流。由科研院所牵头定期召开学术研讨会，组织学术交流活动，并通过组织发表论文扩大测评测试场在学术领域的影响力。

2）举办智能汽车相关赛事。举办的赛事既包括面向师生的科技类竞赛，也包括面向社会的商业赛事，如智能车挑战赛、竞速赛等。通过举办赛事可以迅速增大测试场对社会、学校的影响力。一方面围绕商业赛事展示测试场产品，提升智能汽车的品牌口碑和认同度；通过销售赛事门票、周边为测试场创造利润；另一方面，通过科技竞赛向高校学生推广测试场品牌，并吸引高校毕业生参与测试场工作，为测试场补充新鲜血液。

3）利用社会媒体进行品牌推广。一方面通过电视、社交网络及平面媒体的广告投放进行推广；另一方面邀请具有广泛社会影响力的客户进行品牌代言，利用客户自身品牌价值进行宣传。

3. 测评测试场的风险管控

为保证上述运营思路的顺利执行，测评测试场需就运营风险及与联盟单位的合作风险提供完善的评估及保障措施。

1）建立完善的评估体系。在测试场的规划建设阶段，应充分调研国外测试场在运营中出现的问题，结合国内环境有针对性地建立评估体系，并在运营中不断完善。

2）把控细节规避风险。在测试场运营中，一是针对不同客户订制个性化方案，如通过独立的测试场地、控制系统、通信频段保护客户隐私；二是具体问题具体分析，如不同品牌测试车之间的通信问题，可通过通信设备模块化方式解决。

3）分析应对同行业竞争。在测试场的品牌推广过程中，需明确品牌自身核心价值，分析与竞争对手的核心差异，并发挥自主品牌高性价比、联盟单位及客户高知名度等品牌优势。

4. 测试场运营引入互联网思维

互联网思维曾是针对互联网企业提出的一种思维方式，但在各行业广泛交流、合作的今天，传统行业更要借鉴和具备互联网思维。

3.3.2 智能网联汽车测试场景未来展望

智能网联汽车测试场景的构建，从国家层面，目前国家急需开展智能汽车测试评价及车联网技术标准认证等工作。测评测试场未来的发展目标也应明确为国家智能汽车标准化进程提供依据和建议，促进智能汽车的产业化进程这一职能。

智能网联汽车测试场景的构建，从行业角度，智能汽车测试场不仅是一个提供测试平台的服务窗口，更是汽车行业发展的领路人和破冰者。测试场在未来的运营管理上需要进一步集中国家和各联盟单位的优势资源，创造更加先进的研发测试条件，开展技术和市场需求的高效对接，促进整个汽车行业向安全、节能、高效的新型交通系统转型。

1. 从国家战略的高度规划车联网与网联自动驾驶和智能交通

车联网与网联自动驾驶和智能交通将不仅改变汽车产品的形态，也将改变交通运输和人们的出行模式。车联网与网联自动驾驶和智能交通创新研发是供给侧进行的改革，将推动我国汽车制造业、交通运输业等相关产业的转型升级，推动我国经济发展。

车联网与网联自动驾驶和智能交通是关系到国计民生和经济命脉的重大关键科技问题，其涉及众多的技术创新，如车载传感设备关于光、红外、激光、超声波和毫米波传感技术，芯片生产工艺、车辆高精度定位所用的惯导系统，北斗定位系统，驾驶决策的人工智能基础理论体系，车载计算平台集成电路设计及生产工艺，电子控制系统的软件与微控制器设计与生产工艺，车内网所采用的车载以太网，车载终端操作系统，连接车路人和平台的 LTE-V2X 和 5G 蜂窝移动通信技术，网联自动驾驶所需的高精度动态地图和云平台大数据技术等，都可以在其他行业如工业制造、医疗、国防和公用事业等找到巨大的市场应用空间，一旦突破，我国将全面加速产业升级，实现劳动密集经济向技术密集经济的跨越。

2. 加强跨行业跨领域的总体架构设计与标准工作

对于网联自动驾驶和智能交通，从知识体系角度看，无论汽车制造业、信息通信业还是交通运输和管理业，任何一个行业都已不能全部解决所遇到的复杂性问题与融合协同创新问题。

需要在汽车制造业、信息通信业、交通运输和交通管理业现有标准化组织的基础上建立更高一级的标准化协调机制，对车联网与网联自动驾驶和智能交通进行总体架构设计，准确理解行业之间的业务和技术接口关系，为行业标准化组织（或者面向行业的国家级标准化组织）规划并制定面向行业的相关标准奠定基础。

标准的制定有利于不同行业之间和不同企业之间的产品进行互通，但需要准确把握哪些领域应该标准化，哪些领域是技术创新先行然后标准化，哪些领域可以不必标准化而让企业保留产品与业务的差异化。

3. 加大车联网与网联自动驾驶和智能交通的研发投入

中国在网联自动驾驶和智能交通相关技术领域的研发起步晚、起点不高。我国研发自动驾驶技术的研究机构、大学和企业大都没有足够的研发资金，风险承受能力差，要求这些单位在此领域进行大量投入是不现实的，需要政府加大产业投入。一些关键技术涉及国家产业安全，如交通运输管理平台、车联网服务平台、道路基础设施和信息基础设施等，必须由国有企业或研究机构主导和控制。

4. 建立跨部门跨行业的政策协同和项目运作机制

车联网与网联自动驾驶和智能交通是一个横跨汽车制造、信息通信和交通运输等领域的综合性产业，需要政府在发展政策、研发投入、研发规划、研发管理和项目协调方面发挥市场与企业不可替代的作用。

网联自动驾驶和智能交通技术发展迅速，基于传统垂直行业的产业规划已不能完全适应网联自动驾驶和智能交通技术融合发展的需求，我国的集成电路、人工智能、汽车产业和交通运输产业发展政策需要和与网联自动驾驶、智能交通相关的产业发展政策关联和协同起来。

随着自动驾驶技术的逐渐成熟，需要在全国范围建设配套的道路基础设施，需要部署具有V2X协同通信能力的路侧终端，并与路侧传感设备、交通信号灯、交通标志等路侧呈现设备连接，需要在交通运输、交通管理、通信管理部门和网络运营商之间进行大量的协调与协同配合工作。

交通运输管理云平台和地图云平台与自动驾驶汽车之间进行有关交通运行数据、车辆出行、驾驶路径、车辆位置和车辆行驶的数据交换，交通运输管理云平台将交通管理数据和路径规划建议发送到每一辆车，地图云平台将交通运行数据发送到每一辆车，实现交通诱导、调度和控制。这些都需要汽车企业、地图运营商和交通运输管理部门进行协调和协同。

此外，人工智能软件与集成电路的协同，移动通信网络与车载终端的配合，传感器与车载计算平台的配合，车载计算平台与车载以太网的配合，自动驾驶软件系统与车辆控制系统的配合等，都需要大量的跨部门跨行业协调协同工作。

 知识链接

智能网联汽车封闭测试的仪器

1. 低速移动平台

低速移动平台是用于搭载假人及仿真非机动车的专用测试仪器。当前，该领域广泛应用的设备是 LaunchPad。

智能汽车自动紧急制动功能测试系统 LaunchPad 是一款用于搭载道路弱势使用者（VRU）目标物模型的紧凑型动力平台，适用于车辆 ADAS 开发与测试及高等级智能网联汽车测试。该平台具备完整的路径跟随能力，最高速度可达 9km/h，适用于行人、自行车和两轮摩托车目标物模型。兼容英国 ABD 公司同步系统和 ABD 步式，可实现与测试车辆或其他自动驾驶功能测试项目（如 GST HD）的同步测试。

2. 假人目标物

假人目标物与上述低速移动平台匹配。假人目标物由两个关节腿、两个静态手臂、躯干和一个从下侧或从上侧接入的接口管组成。

假人目标物穿着黑色长袖和蓝色牛仔裤,由防裂和防水材料组成,皮肤表面由不反光的彩色纹理完成,衣服和皮肤在850~910nm波长范围内的红外反射率在40%~60%之间,头发在850~910nm波长范围内的红外反射率在20%~60%之间,能够表示车辆传感器检测到的相关人类属性,有成年人目标物和儿童目标物。

假人目标物没有任何坚硬的冲击点,以避免损坏测试车辆,其能承受的最大碰撞速度为60km/h,成人目标物重量为7kg,儿童目标物重量为4kg。

3. 高速移动平台

与低速移动平台不同,高速移动平台主要搭载测试用假车,用于模拟测试场景中的高速运动车辆。GST是目前广泛应用的高速移动平台。智能汽车自动紧急制动功能测试系统(GSTHD)用作自动驾驶功能测试系统中的目标物,与其他型号的自动紧急制动功能测试系统相比,具有加速快、续驶里程长、重量轻、抗误操作能力强等优点,可以承受重型货车的碰撞与碾压。GSTHD由遥控底盘、数据传输模块、远程控制器(包括控制盒及遥控手柄)组成,用于搭载汽车目标物模型。

4. 汽车目标物

汽车目标物(VT)代表一辆普通的中型客车,能够显示与真实车辆相关的所有车辆属性。VT的尺寸和形状与真正中型客车尺寸相对应,它由目标结构和可选的目标载体组成,能够满足各类传感器特性信号模拟,并为GPS天线提供安全的安装位置,确保了VT的雷达反射(即金属)结构不会干扰平台的GPS卫星接收。

5. 测试感知系统

测试感知系统基于RT-RangeS测试设备开发。该系统分为车载单元、路侧单元和NSS模块。其中,车载单元集成惯性导航和GNSS模块,实现基于RTK的高精定位,支持GPS、GLONASS和北斗定位方案;车载单元搭载基于WiFi的数据传输模块,能够满足直线距离不小于200m的低延时数据传输,可以通过升级实现1000m的数据传输。

6. 定位系统

为满足待测车辆和测试设备需求,封闭测试场地应配备高精度定位仪器。连续运行参考站系统是重大地理空间基础设施。CORS系统是在一定区域(县级以上行政区)布设若干GAS5连续运行基站,对区域GNSS定位误差进行整体建模,通过无线数据通信网络向用户播发定位增强信息,将用户终端的定位精度从3~10m提高到2~3cm,且定位精度分布均匀、实时性好、可靠性高;同时,CORS系统是区域高相度、动态、三维坐标参考框架网建立和维护的一种新手段,为区域内的用户提供统一的定位基准。

目前的卫星导航定位系统已经由单一星座的GPS导航系统向多星座的GNSS导能系统发展。GNSS包含了美国的GPS、俄罗斯的GLONASS、中国的COMPASS(北斗)及欧盟的Galileo四大系统,GNSS可用的卫星数目达到100颗以上。

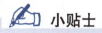 小贴士

中国在"计算机""通信"和"控制"技术三个领域内的智慧创造

中国在以微电子技术为基础的计算机通信和控制三个技术领域内的智慧创造如下:

一是神威·太湖之光超级计算机。这台由我国并行计算机工程技术研究中心研制、安装在国家超级计算无锡中心的超级计算机,是世界上首个峰值运算速度超过十亿亿次的超级计算机,峰值速度为12.5亿亿次/s,持续性能为9.3亿亿次/s,一分钟计算能力相当于全世界72亿人同时用计算机计算32年。神威·太湖之光共安装了40960个中国自主研发的"申威26010"众核处理器,该处理器采用64位自主申威指令系统。神威·太湖之光有三项成果入围超算界的诺贝尔奖——戈登贝尔奖,并凭借其中一项最终获奖。

二是光量子计算机。2017年5月3日,世界首台超越早期经典计算机的光量子计算机在我国诞生,为最终实现超越经典计算能力的量子计算(国际学术界称之为"量子称霸")的目标,奠定了坚实的基础。量子计算利用量子相干叠加原理,具有超快的并行计算和模拟能力。计算能力随可操纵的粒子数呈指数增长,可为经典计算机无法解决的大规模计算难题提供有效解决方案。

三是量子卫星"墨子"号。2017年8月10日,中国科学技术大学潘建伟团队宣布,全球首颗量子科学实验卫星"墨子号"圆满完成三大科学实验任务:量子纠缠分发、量子密钥分发、量子隐形传态。在量子保密通信"京沪干线"技术验证及应用示范活动现场,"京沪干线"项目首席科学家、中科院院士潘建伟表示,目前中国量子通信技术领先国际相关技术水平5年,并将在未来10~15年持续保持领先。

四是5G技术。这次3GPP确定了华为主导的Polar码作为控制信道的编码方案,高通主导的LDPC码作为数据信道的编码方案。3GPP定义了5G的三大场景:增强型移动宽带eMBB、大连接物联网mMTC和超可靠低时延通信uRLLC。Polar码暂时拿下的是eMBB场景。不过根据华为的实际测试,Polar码可以同时满足超高速率、低时延、大连接的场景需求,使现有蜂窝网络的频谱效率提升10%,与毫米波结合达到27Gbit/s的速率,这一速率创下了中国标准。

中国在信息技术行业取得了很大的进步,从"追赶者"变为"领先者"。我们坚信,努力将带着我们奔向美好的明天,只有不断努力,才能实现"平凡工作岗位"上的闪光,才能创造行业领域进一步发展的辉煌。

思考题

1. 什么是智能网联汽车测试场景?
2. 什么是场景库?
3. 智能网联汽车测试场景是如何分类的?
4. 智能网联汽车测试场景要素有些?

第4章 智能网联汽车试验场设计建设

本章首先介绍了基于现有传统汽车试验场升级改造的智能网联汽车试验场存在的问题,即标准不统一、场景差异大、建设协调性差、数据难共享、建设成本高、运营收益不佳以及缺乏创新商业模式的测试与验证;在此基础上介绍了智能网联汽车试验场的概念、意义和建设思路以及智能网联汽车测试场数据平台的设计要素,最后介绍了智能网联汽车测试场规划思考。

 学习目标

1. 了解传统智能网联汽车测试场存在的问题。
2. 掌握智能网联汽车试验场数据平台的体系架构。
3. 掌握智能网联汽车试验场的建设思路。

4.1 智能网联汽车测试场存在的问题

4.1.1 标准不统一,场景差异大

1. 智能网联汽车试验场相关的标准

智能网联汽车试验场建设的主要内容就是测试场景的建设,而相关国家标准暂时没有出台;目前能参考的只有团体标准和相关的一些国标意见稿等。具体包括 T/CECS G:V21-01—2020《自动驾驶汽车试验道路技术标准》T/CSAE 125—2020《智能网联汽车测试场设计技术要求》、《智能网联汽车自动驾驶功能测试规程(试行)》、T/CSAE 53—2020《合作式智能运输系统 车用通信系统应用层及应用数据交互标准(第一阶段)》和 T/CSAE 157—2020《合作式智能运输系统 车用通信系统应用层及应用数据交互标准(第二阶段)》等;此外,各地还有自己的一些地方标准。

智能网联汽车试验场介绍

2. 基于传统汽车试验场改造而成的智能网联汽车测试场各不相同

对于中国汽车行业来说,汽车试验场随着汽车的不断发展而出现,但是中国的汽车试验场大多是专业性认证试验场,很少有综合性的汽车性能测试试验场。据不完全统计,全国有43个大大小小的汽车试验场,在用的37个,在建的5个,筹建的1个,汽车试验场规模还有待加强。

无论是对于国外还是国内来说,智能网联汽车试验场都是很前沿的一个新兴领域,中国目

前的智能网联汽车试验场大多是由传统的试验场或者已有开放道路升级改造而来，如增加一些路侧单元、信号灯、标识标线、特殊场景等。虽然各试验场参考了统一的团体标准和国标意见稿，但是仍然存在场景的差异性。

3. 各地智能网联汽车测试场定位各不相同

截至 2021 年 4 月，已有 27 个省市划定测试用路段，发放道路测试牌照、载人载物及远程测试许可等，但测试路段交通场景相对单一，典型性、代表性不足，尤其是城市路段的典型性不够。例如，北京市依据《北京市自动驾驶车辆测试路段道路要求（试行）》，在经开、房山、顺义、海淀、通州等 5 个区域开放 226 条超过 750km 的城市道路，主要选择五环以外的不同复杂等级道路作为测试路段。上海已经在嘉定区、临港区、奉贤区、临港区开放了共计超过 530km 的城市道路，包括城市主干道、城市次干道和支路、高速公路、产业园区道路、城市商圈、高校、港口码头、交通枢纽等多类应用场景。长沙市选取人工智能科技城、梅溪湖、洋湖、大王山等 100km² 的 175km 道路作为开放道路，包含快速路、主干路、次干路和支路。此外，我国所有城市道路开放路段很少有环岛、机非混行等典型交通场景。

一般认为，智能网联汽车封闭测试场与传统汽车试验场一样，可以各具特色、各有千秋，但首先应包含当地规定的"考试"场景，还能模拟尽可能多的交通场景，连续场景搭建，为企业提供多元服务。但目前还没有统一的考试场景及相应的标准，此外场景搭建所用信号灯、标志标线等交通工程设施也各不相同。

截至 2021 年 4 月，上海、北京、长沙、重庆、长春、襄阳、西安等城市均已开放封闭测试场地，开展委托测试服务。但各封闭测试场的建设水平差异较大，部分场地基于原有场地升级改造，部分场地为新建；另外，在高速公路、城市道路、坡道、隧道、S 弯道等重点场景，由于受到场地及资金等多方面的限制，部分场地重点场景不够健全，真正融合到具体路段中的、可用于测试的坡道、隧道、S 弯道的封闭测试场不足。此外，组合场景测试受场地限制等因素影响测试不足。

4.1.2 建设协调性差，数据难共享

1. 全国范围内测试规程及管理办法不一致，检测认证结果暂未能互认

由于各地智能网联封闭测试场的测试标准不统一，具体测试场景也存在较大差异，因而暂未能达到全国范围内检测认证结果互认，使得自动驾驶厂家在不同行政区内的示范应用存在困难，具体表现在测试结果、路测牌照等方面。

我国智能网联汽车道路测试管理实行事前管理，在开展道路测试前须先在封闭场地"考试"并取得自动驾驶功能委托检验报告。按照各地的智能网联汽车道路测试实施细则及管理办法，测试主体申请在地方开展路试前，必须在当地路试管理第三方机构认可的封闭测试场开展测试并取得检测报告。

2018 年 8 月，中国智能网联汽车产业创新联盟、全国汽标委智能网联汽车分技术委员会联合发布《智能网联汽车自动驾驶功能测试规程（试行）》，该规程配合《智能网联汽车道路测试与示范应用管理规范（试行）》中 14 个测试项目，细化到 34 个具体测试场景。但是，该测试规程在测试场景、示范区协同方面的作用有限。

此外，我国各省市的道路测试管理办法或实施细则各不相同，各地"考试"标准及测试标准存在较大差异。例如，北京市要求申请的测试车辆应在封闭测试场内完成累计不少于 5000km

的自动驾驶测试，上海市要求申请车辆须在封闭测试区内按照测试规程进行相应测试项目的实车试验，每个项目有效试验次数不少于30次，测试通过率不低于90%。各个测试示范区在测试方法、数据采集、路侧设备规格、公路建设等诸多方面缺少统一的标准，缺乏宏观的整体架构设计，各测试示范区结合地理环境及气候搭建特色测试场景，如北方冰雪特色、重庆坡道、隧道、弯道及坡道和弯道组合测试场景特征明显等，地方主管政府机构对各地测试示范区的监管要求也不一样，各地测试示范区的协同存在壁垒，测试结果互认存在壁垒。

2. 测试数据难以共享

封闭试验场的测试数据收集工作也存在难度，具体表现为测试车所属的企业通常会要求对车辆各种性能数据进行保密，甚至要求封闭测试场运营方不得采集相关数据。即使能采集到申请路测牌照所需的相关车辆运营数据、驾驶状态数据等，也难以实现数据共享，更难以进行数据脱敏后的二次开发应用。

4.1.3 建设成本高，运营收益不佳

1. 测试场建设及运营成本高

新建智能网联汽车封闭测试场的建设成本极高，而潜在的运营收益情况不佳。大多数智能网联汽车封闭测试场处在非饱和工作状态。封闭测试场建设需要土地、硬件、软件、人员等多项投入，尤其是新建场地投入巨大，相关测试设备国产化率较低。从场地运营情况来看，测试场收益主要来自本地智能网联汽车企业研发测试费和上路前的"考试"费用，测试场收益无法满足大部分企业的运营管理支出。

2. 测试主体测试成本高昂

企业场地测试成本主要来自研发测试费用和"考试"费用。首先，企业需要在租赁的场地内不断验证其自动驾驶技术方案的可靠性，这是国内外企业在技术开发过程中都无法避免的研发成本。其次，《智能网联汽车道路测试与示范应用管理规范（试行）》规定，测试车辆需要事先在封闭道路、场地等特定区域进行充分的实车测试，并取得第三方检测机构出具的自动驾驶功能委托检验报告，因此企业需要租赁测试场地、设备及办公场所等，目前单车牌照的费用都在100万元左右，给企业道路测试造成的一定负担，但国外特别是美国大多采用申请制，企业可以自行检测且只需提供相关测试报告即可。此外，异地认证时，企业可能需要重新开展测试。

4.1.4 缺乏创新商业模式的测试与验证

1. 测试场主要还是做技术测试和验证

目前智能网联汽车封闭测试场主要还是做技术测试和验证，缺少对创新商业模式的探索。比如探索和智慧出行产业融合，测试验证依托于智能网联技术的停车场、加油站、新能源充电等场景；和金融产业融合，测试验证依托于智能网联技术的支付、保险等场景；和安全产业融合，测试验证依托于智能网联技术的汽车安全、信息安全等场景；和自动驾驶产业融合，测试验证依托于智能网联技术的出租、物流公交、自动接驳、市政车等各种自动驾驶场景。

2. 商业模式不健全，企业发展受阻碍

目前，随着企业智能网联汽车技术的不断发展以及地方政策、法规的不断探索，智能网联汽车的测试验证已经从常规的道路测试发展到载人、载物、远程无人驾驶测试阶段，并且已经

取得一定成果。但是，现阶段的政策法规环境还不能满足企业对 Robotaxi、干线物流、高速公路等的运营需求，因此智能网联汽车从测试验证到运营管理还有待发展。

 知识链接

开放道路测试里程及时间参考指标见表 4-1。

表 4-1 参考指标

道路种类	测试里程（至少）/km	测试时间 /h
高速公路	乘用车：1080 其他车辆：900	12
城市快速路	720	12
城市主干道	720	24
城市次干道	720	24
城市支路	720	24

 **小贴士**

"中国微波之父"林为干院士

林为干是我国著名的微波理论专家，被公认为是我国微波学的奠基人之一。新中国成立时，林为干在美国获得博士学位后，婉言谢绝了导师温纳里让其留校的邀请，毅然冲破阻力回到祖国。1956 年，林为干服从组织安排，举家西迁成都，参与组建成都电讯工程学院（今电子科技大学），并将一生奉献给了这所高校。1980 年，林为干当选为中国科学院院士，此后的七八年时间里，林为干发表了 130 余篇学术论文，并解开了电磁学界的"哥德巴赫猜想"，微波学界为此欢呼不已。鉴于林为干在微波理论研究的巨大成就，他被称为"中国微波之父"。中国电子科技大学设立"林为干"班，旨在传承林先生"做一辈子研究生"的学术精神和爱党爱国的崇高道德。

4.2 智能网联汽车测试场数据平台

4.2.1 数据平台人机交互设计

通过整合试验场所有系统资源，搭建高效、精准、统一的运营管理平台，解决试验场运营管理过程中存在的安全、效率、用户体验等问题，实现运营管理工作的标准化、可视化、动态化与精细化；针对一系列测试项目构成一个测试流程，测试车辆反复、多次通过该测试流程，测试数据自动采集、聚合，以及自动生成测试评价。智能网联汽车测试场景、测试结果的自动化试验场运营管理工作模式和工作平台分别如图 4-1 和图 4-2 所示。

图 4-1 试验场运营管理工作模式

图 4-2 试验场运营管理工作平台

4.2.2 数据平台功能模块设计

世界各国开发智慧交通体系 [ITS] 采用的方法主要有面向过程方法和面向对象方法两种。

1. 信息看板展示

信息看板展示如图 4-3 所示，可展示园区全景地图、场地静态信息、路侧设备状态、测试车辆列表、车位使用情况、时间、天气、时间报警信息、实时视频等。

2. 业务信息化管理

业务信息化管理平台如图 4-4 所示，可管理测试预约情况、测试审批情况、测试维护情况、来访人员统计、车辆测试计划、车辆测试情况、车辆轨迹回放、输出测试报告、第一视角视频、实时历史报警、基于事件回放等。

图 4-3　信息看板展示

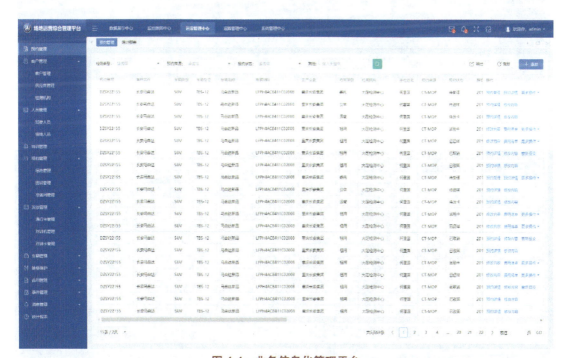

图 4-4　业务信息化管理平台

3. 智能交通系统管控

监控指挥中心如图 4-5 所示,可监控交通实时状态、交通诱导发布、交通信号控制、视频监视管理、车辆检索定位、数据采集适配、临时交通管制等。

4. 智能测试

自动驾驶封闭场地测试评价系统如图 4-6 所示,可测试评价 ADAS 测试部署及控制、V2X 测试部署及控制、自动驾驶测试、测试评价管理、高精地图更新下载、远程升级等。

图 4-5　监控指挥中心

图 4-6　自动驾驶封闭场地测试评价系统

5. 大数据分析

车路协同信息服务如图 4-7 所示，可基于大数据，可视化分析态势、热区标注等。

第4章 智能网联汽车试验场设计建设

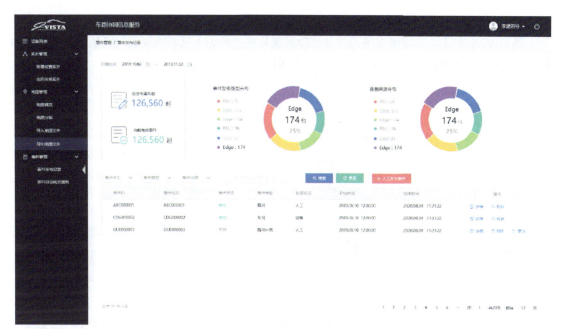

图4-7 车路协同信息服务

4.2.3 测试场系统结构

路端-总体测试场系统结构包括以下几部分。

（1）智能交通信号系统

智能交通信号系统由智能信号控制机、交通信号控制系统、信号灯及杆件灯部署而成，配合路侧单元（RSU）实现V2X应用。智能交通信号系统组成如图4-8所示。

（2）交通流量监控系统

交通流量监控系统主要用于V2X运营情况监控和视频录制，可以实现对各路口实时监控及测试环境的全面监视。交通流量监控系统如图4-9所示。

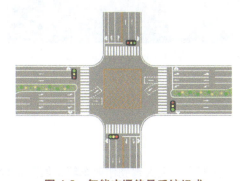

图4-8 智能交通信号系统组成

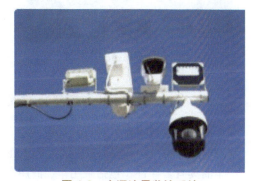

图4-9 交通流量监控系统

（3）盲区目标监测系统

盲区目标监测系统基于微波检测器和视频监测器的目标识别和跟踪能力，可以对路口及转角盲区位置的行人、车辆及非标准物体进行识别、交互。盲区目标监测系统如图4-10所示。

105

（4）智能停车场

通过 V2X 方式，智能停车场的综合管理系统与驶进的无人驾驶车辆进行通信，发送地图和车位信息，引导车辆完成自动泊车。智能停车场如图 4-11 所示。

图 4-10　盲区目标监测系统

图 4-11　智能停车场

（5）高精度定位

高精度定位（图 4-12）是智能驾驶车辆重要环境信息来源，基于差分定位技术，搭建了多维度的灵活的定位方式。

（6）智能路侧单元

智能路侧单元是 V2X 车辆协同的核心设备，实现多模通信，输入为路侧信息、定位信息等，输出为路侧发布信息、数据中心信息、V2I 信息。智能路侧单元如图 4-13 所示。

图 4-12　高精度定位

图 4-13　智能路侧单元

4.2.4　智能网联汽车测试场解决方案探究

1. 智能网联汽车测试场设计要点

（1）充分考虑测试多样性以提升测试能力

车辆具有多样性，包括乘用车、商用车、清扫车、接驳车、无人驾驶作业车等，如图 4-14 所示。测试场景也具有多样性，如模拟雨雾、模拟隧道、模拟公交站、模拟建筑等，如图 4-15 所示。测试通信技术具有多样性，包括 LTE-V2X、DSRC、4G、5G、蓝牙、WiFi、RFID 等，如图 4-16 所示。测试种类具有多样性，如 ADAS 测试、自动驾驶测试、遥控驾驶测试、V2X 测试等。

第4章 智能网联汽车试验场设计建设

图 4-14 车辆的多样性

图 4-15 场景多样性

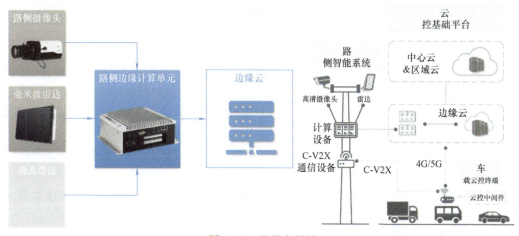

图 4-16 通信多样性

（2）充分考虑测试功能分区以优化测试场利用

对不同测试道路分区（图 4-17），以保障测试功能独立性、保密性；合理选取各分区出入口、连接路，以保障测试路线的便利性；合理设计路口方案，以保障路侧设备在场区范围内有效部署；因地制宜建设桥梁、高架、隧道等特殊道路。

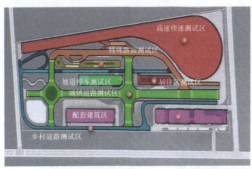 

图 4-17 某智能网联汽车测试场分区

（3）充分考虑测试道路与真实道路的一致性

智能网联汽车测试场不同于传统测试场，具有交通测试属性；应充分考虑与真实道路交通元素的一致性，如潮汐车道、非机动车道、特殊路段标志线等。测试道路如图 4-18 所示。

图 4-18 测试道路

（4）充分考虑配套设施完备性

场地应配备消防设施，有条件的场地可配备紧急救护药品、设备以及相应的安全监控设备；场地建设应有完整的给排水设计；场地应对配套办公及服务设施如场地内机房设置不间断备用电源；在建设施工过程中保障稳定电源及网络供应。

（5）其他需要考虑的细节

1）政府、设计院、概念设计方、业主、使用方、运营方等多主体之间要相互实时沟通、相互协作，遇到问题时应及时反馈。

2）设计智能网联测试场前要做好成本预算和可行性（需求）分析，这点看起来不重要，但是确是制约你想象力的最大因素。

3）要对施工地段做好考察，注意土方量、沉降、控规、环评等细节问题，还要考虑好将来客户的类别、宗教信仰等。

4）不要遗忘一些看起来不重要的细节，如排水涵路、管网、电网功率、接口预留等，设计智能网联测试场时都要事先做好规划。

2. 智能网联汽车测试场系统集成

对于自动驾驶汽车测试场景，需要强调的是其来源应该是一般的交通场景，涵盖城市、高速公路、乡村、越野等各种交通环境。为形成测试场景，可以通过分析和筛选已有的各类交通场景数据获得测试场景；或者可以根据测试需求，基于相关理论知识和经验，构建能够反映真实交通环境的测试场景。智能网联汽车测试场系统集成如图 4-19 所示。

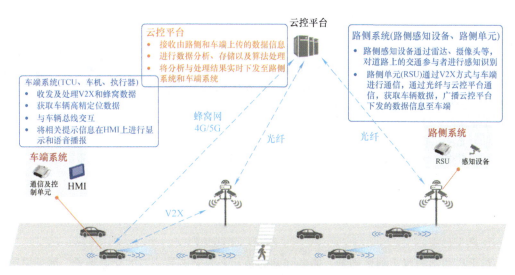

图 4-19 智能网联汽车测试场系统集成

（1）V2X 场景设备集成

该集成包括园区基础建设、智能交通信号系统、交通流量监控系统、盲区目标检测系统、无人车远程控制场景。

（2）V2X 通信设备集成

该集成包括车路协同系统、LTE-V 通信系统、车 - 路 - 云端数据实时传输系统。

3. 高精度地图与高精度定位

该集成包括车载设备高精度组合定位、基于路侧设备的差分定位系统、基于 V2X 的室内定位系统、V2X 设备与高精度地图的集成、数据中心与高精度地图的集成。

4. 云数据平台

该平台包括数据中心的建设、智能终端研发等。

5. 网联系统

该系统包括数据中心的建设、智能终端研发等。智能网联汽车测试场系统设施布置、智能终端如图 4-20 和图 4-21 所示。

图 4-20 智能网联汽车测试场系统设施布置

WiFi+监控球机+路侧单元　　　WiFi+监控球机+路侧单元　　　WiFi+监控球机+路侧单元
＋事件相机+微波雷达　　　　　　＋信号灯+雷达　　　　　　　　　＋事件相机

图 4-21　智能终端

4.2.5　车企需求及法规分析

1. 要素分解

对于自动驾驶汽车测试场景，需要强调的是其来源应该是一般的交通场景，涵盖城市、高速公路、乡村、越野等各种交通环境。为形成测试场景，可以通过分析和筛选已有的各类交通场景数据获得测试场景；或者可以根据测试需求，基于相关理论知识和经验，构建能够反映真实交通环境的测试场景。

2. 功能分解

对于自动驾驶汽车来说，目前需要验证的自动驾驶功能很多。具体包括道路标牌识别及响应、道路标线识别及响应、交通信号识别、碰撞避免、动态避让、动态限速、ACC、侧边停车、主动超车、AEB、人工操作接管、LKA、定义路线巡航、后部交通穿行控制等。

3. 法规分析

随着智能网联汽车技术的不断发展，各国陆续颁布智能网联汽车新政策或者制修订法规，指导和规范智能网联汽车道路测试与示范应用开展；各国在智能网联汽车道路测试监管、车辆及道路要求方面等存在较大差异。

T/CMAX116—2018《自动驾驶车辆封闭试验场地技术要求》，中关村智通智能交通产业联盟

《自动驾驶封闭测试场地建设技术指南（暂行）》，交通运输部

《智能网联汽车自动驾驶功能测试规程（试行）》，中国智能网联汽车产业创新联盟和全国汽标委智能网联汽车分技术委员会联合发布

T/CSAE 125—2020《智能网联汽车测试场设计技术要求》，中国汽车工程学会

T/CMAX 116-01—2018《自动驾驶车辆道路测试能力评估内容与方法》，中关村智通智能交通产业联盟团体标准

T/CMAX 116—2018《自动驾驶车辆封闭试验场地技术要求》，中关村智通智能交通产业联盟团体标准

T/CECS G：V21-010—2020《自动驾驶汽车试验道路技术标准》，中国工程建设标准化协会

《北京市自动驾驶车辆道路测试管理实施细则（试行）》，北京市交通委员会、北京市公安局公安交通管理局、北京市经济和信息化局

《上海市智能网联汽车道路测试管理办法（试行）》，上海市经济和信息化委员会、上海市公安局、上海市交通委员会

JT/T 1242—2019《营运车辆自动紧急制动系统性能要求和测试规程》，交通运输部

4.2.6　智能网联汽车测试场规划思考

1. 对标分析

随着智能网联汽车技术的不断发展，各国陆续颁布智能网联汽车新政策或者制修订法规，指导和规范智能网联汽车道路测试与示范应用开展。各国在智能网联汽车道路测试监管、车辆及道路要求等方面存在较大差异，本小节重点对比美国、欧洲、日本以及我国在智能网联汽车道路测试与示范应用方面的差异。

（1）美国

2011年，美国内华达州率先颁布行政令并颁发美国首批智能网联汽车道路测试许可，允许智能网联汽车测试主体开展道路测试。截至2020年12月，美国已有40多个州允许测试主体开展智能网联汽车道路测试、载人载物测试以及无人化测试等，各州的机动车管理局负责道路测试的监管以及测试许可的发放。

美国的智能网联汽车道路测试相对较为开放，对道路测试要求较低。首先，道路测试基本都是申请制，但也有部分州执行考试制，例如，加利福尼亚州规定申请企业只需要提供车辆以及驾驶人的基本信息、车辆保险证明、公司证书即可；但内华达州的智能网联汽车道路测试是考试制，要求企业首先提供车辆在自动驾驶状态下10000mile（16093km）的安全行驶证明，并描述车辆技术方案、安全预警方案、跟车驾驶人培训等，然后政府人员跟车打分，通过后方可在指定公开道路进行测试。其次，测试道路、区域要求较低，测试道路已涵盖美国所有道路类型，允许道路测试的州基本是可以开展全域测试，少部分州需要在指定路段开展测试，例如内华达州。第三，大部分州要求车辆安装数据记录装置并提供500万美元的保险，部分州对车辆的要求更加开放，无须做任何备案。第四，允许载人、载物、无人驾驶道路测试，以及收费运营等活动。加利福尼亚州、亚利桑那州等已开展无人驾驶出租车、无人驾驶配送的运营。

（2）欧洲

欧洲部分国家已允许智能网联汽车道路测试，各国在道路测试要求上存在一定差异。2017年，德国联邦交通和数字化基础设施部颁布《道路交通法修正案》，允许企业开展道路测试并指导德国的道路测试工作，州政府责任机构负责道路测试的管理及测试许可的发放；荷兰众议院于2018年4月颁布《自动驾驶测试法（草案）》，明确荷兰交通运输部负责自动驾驶汽车的审批和管理。欧洲测试主体开展道路测试所需条件：首先，德国、荷兰都是申请制，企业需提交相关证明文件；其次，德国、荷兰的道路测试都已经覆盖本国内的全部道路类型，但需要在指定路段开展；最后，德国要求进行道路测试时必须配备安全驾驶人，同时车辆必须安装数据记录装置并向监管机构提交测试数据。

（3）日本

日本警察厅于2016年和2017年分别发布《自动驾驶汽车道路测试指南》《远程自动驾驶系统道路测试许可处理基准》，允许企业开展自动驾驶道路测试。日本警察厅及地方警方、市政及交通管理部门来负责监管自动驾驶的道路测试活动。日本自动驾驶道路测试实行申请制，测试主体向主管机构提出申请并提交测试计划。测试主体通过道路测试申请后，可在申请区域、道路开展道路测试。《自动驾驶汽车道路测试指南》对车辆各项规定给出详细要求，例如，车辆要符合《道路运输车辆安保基准》对安全的要求，车辆必须安装行驶记录仪以及数据记录装置。此外，测试主体自动驾驶系统的每次升级应在封闭道路开展充分的测试并在主管机构备案后方可开展道路测试。

（4）中国

我国道路测试实行"考试制"，根据测试规范要求，企业开展道路测试前需提前获得国家或省市认可的从事汽车相关业务的第三方检测机构出具的自动驾驶功能委托检验报告。截至2020年12月，我国已有27个省市发放道路测试牌照、载人载物、无人化测试许可等。省市级智能网联汽车道路测试一般由地方相关主管部门组成联席工作组或推进工作组负责。尽管我国智能网联汽车道路测试示范取得一定成果，但仍存在一些阻碍测试示范进一步发展的因素。首先，《中华人民共和国道路交通安全法实施条例》规定"机动车在高速公路上行驶时不得试车或者学习驾驶机动车"，此条规定使得智能网联汽车无法在高速公路上开展测试；其次，各地开放道路场景相对单一，无法满足企业测试需求；第三，我国智能网联汽车道路测试实行"考试制"，企业开展道路测试前需要先通过封闭测试考试，此外道路测试牌照获取周期较长；第四，道路测试牌照申请费用较高，给企业开展道路测试造成一定的负担。

2. 法规分析

为满足智能网联汽车测试主体测试需求，各地纷纷开展封闭测试场的建设工作。随着智能网联汽车技术不断发展和测试验证体系的不断完善，为满足智能网联汽车测试主体公开道路测试的需求，2018年4月，工业和信息化部、公安部、交通运输部联合发布《智能网联汽车道路测试管理规范（试行）》，要求测试车辆在开展实际道路测试前应在封闭道路、场地等特定区域进行充分的实车测试，规定了14个检测项目，并由国家或省市认可的从事汽车相关业务的第三方检测机构进行测试。为此，各地政府积极推进封闭测试场的建设，封闭测试场运营主体积极完善场地建设和基础设施布局，强化软硬件部署，加快开展测试验证工作，在为测试主体提供委托研发测试服务、为道路测试与示范应用提供检测支撑等方面发挥了重要作用。

封闭测试场内一般包含高速、城市和乡村三种道路类型。封闭测试场的基础设施包括道路环境模拟设备、交通参与者模拟设备、信号环境模拟设备、数据采集设备、监管基础设施、行驶环境模拟设备等。截至2021年4月，工业和信息化部、公安部、交通运输部已单独或联合支持、授牌了16家国家级封闭测试场，各个国家级智能网联汽车封闭测试场地理分布见表4-2。此外，还有盐城、深圳、黑河等地方性测试场。

表4-2 智能网联汽车封闭测试场地理分布

地理分布	测试场名称
天津西青	天津（西青）车联网先导区
吉林长春	国家智能网联汽车与智慧交通吉林（长春）示范区
江苏无锡	江苏（无锡）车联网先导区，国家智能交通综合测试基地（无锡）
北京、河北	国家智能汽车与智慧交通（京冀）示范区
浙江杭州和桐乡	浙江5G车联网应用示范区
重庆	重庆（两江新区）车联网先导区
湖南长沙	湖南（长沙）车联网先导区，国家智能网联汽车（长沙）测试区
上海	国家智能网联汽车（上海）试点示范区
四川成都	中德合作成都智能网联汽车示范基地
浙江杭州	国家智能网联汽车与智慧交通浙江（杭州）示范区
重庆	国家智能网联汽车与智慧交通重庆示范区
浙江嘉善	国家智能网联汽车（浙江嘉善）示范区
湖北武汉	国家智能网联汽车与智慧交通湖北（武汉）示范区
广东广州	广东智能网联汽车与智慧交通应用示范区

3. 车企需求分析

系统 - 功能 - 场景 - 要素逐层分解。要素逐层分解图如图 4-22 所示。

图 4-22　要素逐层分解图

4. 智能网联汽车封闭测试场规划设计流程

智能网联汽车封闭测试场规划设计流程如图 4-23 所示。

图 4-23　智能网联汽车封闭测试场规划设计流程

5. 智能网联汽车封闭测试场规划设计总结

传统车辆的强制性检测（传统的汽车试验场的设计元素应该有）；智能网联汽车的强制性检测（网联相关的测试场景也需要具备）；汽车试验场很大程度上还是要商业运营的（现代化的管理手段应具备）；传统的汽车试验场最好的规划是每个道路都是独立的，而智能网联汽车测试场最好是一体的，所以不是简单的1+1的问题；现代化的设计语言：顶层设计、数字孪生技术、数据平台；可视化、能通信、可统计、易管理等。某新建智能网联汽车测试场如图 4-24 所示，某改造升级智能网联汽车测试场如图 4-25 所示。

图 4-24　某新建智能网联汽车测试场

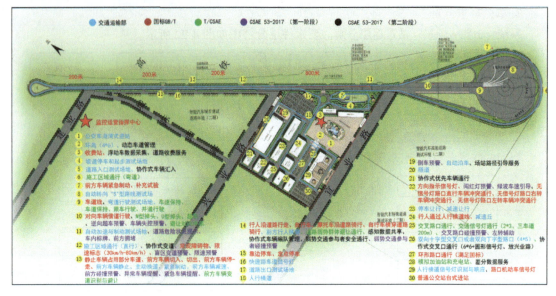

图 4-25 某改造升级智能网联汽车测试场

 **知识链接**

车辆运行区域

智能网联汽车开放道路测试比较显著的特点是在测试过程中不搭建特定的场景,而是在实际交通流中进行测试,测试路线的选择是保障测试有效性的前提条件。车辆运行区域的选择应依据企业提供的运行设计条件(Operational Design Condition,ODC)文件进行筛选。根据道路类型不同,通常对车辆运行区域进行划分如图 4-26 所示,其中标★的为企业提供的运行设计条件文件中描述的道路区域。测试过程中,选择的道路应该以符合 ODC 描述的道路为主,同时 ODC 描述以外的道路也要在测试范围内,用于测试车辆脱离 ODC 范围后的提示接管情况。

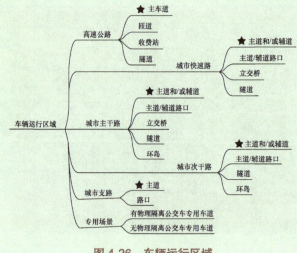

图 4-26 车辆运行区域

第4章 智能网联汽车试验场设计建设

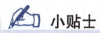 **小贴士**

从"瓦森纳协定"看我国芯片技术发展

"瓦森纳协定"又称瓦森纳安排机制,它是世界主要的工业设备和武器制造国在巴黎统筹委员会解散后1996年成立的一个旨在控制常规武器和高新技术贸易的国际性组织。"瓦森纳协定"虽然允许成员国在自愿的基础上对各自的技术出口实施控制,但实际上成员国在重要的技术出口决策上受到美国的影响。中国、伊朗、利比亚等均在这个被限制的国家名单之中。

"瓦森纳协定"严重影响着我国与其成员国之间开展的高技术国际合作。在中美高技术合作方面,美国总是从其全球安全战略考虑,并以出口限制政策为借口,严格限制高新技术向我国出口。中美两国虽然在能源、环境、可持续发展等领域科技合作比较活跃,但是在航空、航天、信息、生物技术等高新技术领域几乎没有合作。在半导体领域,受限于"瓦森纳协议",从芯片设计、生产等多个领域,中国都不能获取到国外的最新科技。

我们要增强国家安全、国家忧患意识,深刻体会到落后就要挨打,要对自己所学习的专业知识和技能充满热情,为我国高新技术的落地实施贡献自己的力量。

实验 项目二——智能网联汽车测试管理系统实验
详见"智能网联汽车测试管理系统实验"实验指导和项目工单。

思考题

1. 简要说明建设智能网联汽车测试场的重要性。
2. 建设智能网联汽车测试场的要点有哪些?
3. 中国典型的交通场景有哪些?请举例说明。
4. 中国智能网联汽车准入管理的难点在哪里?
5. 智能网联汽车未来的商业模式有哪些?

第 5 章　智能网联汽车城市示范区管理模式

本章通过介绍智能网联汽车测试现状与发展，数字孪生技术的定义、价值、体系架构、关键技术、应用场景以及基于数字孪生技术的车路协同仿真平台构建，进一步阐述智能网联汽车测试场景应用的管理模式及对未来示范区管理新模式的展望。

 学习目标

1. 了解智能网联汽车测试现状与发展。
2. 了解数字孪生技术定义、价值、关键技术及典型应用场景。
3. 了解基于数字孪生技术的车路协同仿真平台的构建。
4. 了解智能网联汽车测试场景应用的管理模式及新模式展望。

5.1　智能网联汽车测试现状与发展

人类历史上一切交通工具的进化都是为了提升移动效率。互联网、移动通信等技术的进步不仅使人们沟通更方便快捷，也提升了出行效率。但要实现这一美好愿景，没有先进技术的支持万万不能。在智能交通和智能网联汽车上升到国家战略高度之时，智能技术正引领前所未有的变革。但自动驾驶何时实现，说法莫衷一是，据测算，要实现 L4 级别自动驾驶，最低路测里程数要求为 10 亿 km，达到千亿公里级别才能获得充足的数据进行 AI 训练及仿真测试，才能确保行驶安全，测试过程资金消耗大、技术迭代慢。那有没有一种更高效更先进的方法来加速无人驾驶的实现呢？

智能网联汽车作为汽车、电子、通信、互联网、交通等多个领域融合发展的共同产物，其产业发展正逐步由技术研发走向量产落地阶段。在智能网联汽车产业商业化进程中，测试评价与示范运行作为其中的关键一环，已经得到国家部委、地方政府及企业单位的高度重视，并积极推动和落实智能网联汽车测试示范区规划建设工作。

众所周知，智能网联汽车的终极目标是实现协同式自动驾驶，而"落地应用难"是自动驾驶技术发展到现阶段的主要问题，如何高效可信地对自动驾驶车辆进行测试评价成为自动驾驶车辆能否安全上路的关键。越来越多的主动安全控制器装配上车后，这些控制器会对车辆进行不同程度的干预，一旦出现错误就可能导致灾难性的后果，因此需要对控制器及整车的整体性能进行充分的测试。

在当前基于场景库的自动驾驶测试体系中，主要有仿真测试软件在环（Software in Loop，SIL）、部件在环（Hardware in Loop，HIL）、整车在环（Vehicle in Loop，VIL）、实车场地测试、实车道路测试几种方法，基于场景库的自动驾驶测试体系如图 5-1 所示。其中，SIL 是纯虚拟测试，HIL 是在虚拟的测试环境中对真实的控制器进行测试，VIL 是在实验室内对整车进行测试，实车场地测试是实车在测试场内测试，实车道路测试则是实车在实际道路上测试。

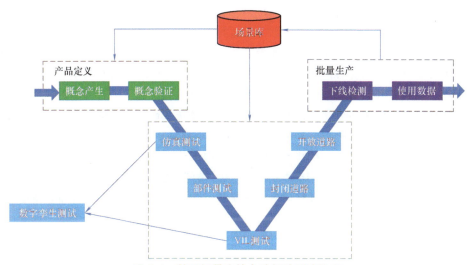

图 5-1 基于场景库的自动驾驶测试体系

目前业界普遍采用部件在环 HIL 的测试方法对控制器进行测试。但是，在 HIL 测试中只有被测控制器是真实的硬件，车辆动力学、道路、驾驶人等都是虚拟的模型，与真实汽车的车辆动力学、道路情况、驾驶人等存在偏差，测试结果的有效性难以保证。采用实车场地测试或道路测试虽然更真实，但是存在时间成本、人力成本、物力成本高昂，安全性低，测试环境可重复性低等问题。如在自动驾驶研发测试中采用数字孪生技术则能够降低路测风险，提升安全性，大幅降低测试时间和成本，提高开发迭代效率。

自动驾驶数字孪生测试（Virtual Reality in Loop，VRIL）则是真实的车辆行驶在真实的测试场地中，同时映射到虚拟的测试环境中的整车闭环测试。在虚拟仿真系统中建立环境、道路、交通参与者、测试车辆的模型及其配置的传感器模型，虚拟传感器将在仿真环境中探测到的目标信息发送给搭载自动驾驶算法的测试车辆进行信息融合与决策控制，测试车辆在测试场地内运行的同时，测试车辆的运动状态信息将被采集并反馈给虚拟场景，从而完成虚、实状态的同步，实现整个数字孪生系统的闭环实时仿真测试。结合场景库数据，可以快速地设置贴近真实交通环境的测试条件，有效提升测试的效率与真实度。

相比纯仿真测试，VRIL 采用真实的路面、真实的控制器和车辆执行机构，测试环境更符合实际情况，测试结果更真实可信；相比单个控制器的硬件在环测试，VRIL 可以测试车辆整体的性能与执行效果；相比整车在环测试（VIL），VRIL 不需要建立配置转毂设备的测试实验室，以较低的成本即可实现整车级在环测试；相比实车场地或道路测试，VRIL 可以快速便捷地重现危险事故场景与关键测试场景而避免碰撞的危险，测试的效率更高、安全性更高、成本也较低；结合 5G、V2X 等技术，还可以对真实交通流进行数字孪生，将测试车辆置于实时的动态虚拟交通流中进行测试。

数字孪生（Digital Twin）是近几年热度很高的一个词汇，目前在智能制造、智慧城市、智慧交通、智慧医疗、物流、水利、环保、房地产、军事等领域均有不同程度的应用，如今在自动驾驶测试领域中也逐渐成为不可或缺的一环。数字孪生技术强调以海量真实数据为"原料"，在虚拟空间中构建起物理世界的模型，实现数字孪生环境与真实环境的一一映射。数字孪生与自动驾驶的交汇，将极大加速无人驾驶时代的到来。

知识链接

自动驾驶难以成形的最大原因莫过于安全，2018年，Uber的自动驾驶致死事故使其9个月后才恢复公共路测资格，也给行业带来了巨大冲击。但路测安全只是自动驾驶落地难的问题之一，建立自动驾驶感知算法训练数据集需要消耗大量人力物力和时间，不仅要部署自动路测终端，还要实地测试，无法满足开发高频迭代的需求。路测中，除了采集大量天气、路况、城市感知数据，还要进行标注，成本非常高。全球每年这方面投入超过10亿美元，成本不菲。空中软件升级技术（OTA）回归测试亦然，每一版算法想达到量产应用条件，至少要经过110亿mile（16亿km）测试，任何一家公司都难以承受。因此，从虚拟仿真到数字孪生的技术演进不仅推动着智慧交通、智慧城市的发展，也将推动着自动驾驶的快速发展。

小贴士

2021年10月25日，交通运输部印发了《数字交通"十四五"发展规划》，确定了"十四五"期间我国数字交通发展的总体目标、具体目标、建设任务和保障措施，是指导我国数字交通在未来五年中发展的纲领性文件。

发展总目标：到2025年，"交通设施数字感知，信息网络广泛覆盖，运输服务便捷智能，行业治理在线协同，技术应用创新活跃，网络安全保障有力"的数字交通体系深入推进，"一脑、五网、两体系"的发展格局基本建成，交通新基建取得重要进展，行业数字化、网络化、智能化水平显著提升，有力支撑交通运输行业的高质量发展和交通强国建设。

具体目标有6个："交通设施数字感知，信息网络广泛覆盖，运输服务便捷智能，行业治理在线协同，技术应用创新活跃，网络安全保障有力"。

建设任务包括："一脑、五网、两体系"。一脑：打造综合交通运输"数据大脑"；五网：构建交通新型融合基础设施网络，部署北斗、5G等信息基础设施应用网络，建设一体衔接的数字出行网络，建设多式联运的智慧物流网络，升级现代化行业管理信息网络；两体系：培育数字交通创新发展体系、构建网络安全综合防范体系。

早在2019年7月，交通运输部印发了《数字交通发展规划纲要》，提出我国数字交通发展要以数据为关键要素，赋能交通运输及关联产业，推动模式、业态、产品、服务等联动创新，提升出行和物流服务品质，让数字红利惠及人民。要坚持世界眼光、国际标准、中国特色，以试点为重要手段，通过典型引路，逐步形成数字交通发展的中国经验和中国方案。

5.2 数字孪生技术介绍

随着经济社会数字化转型的持续推进，数字孪生逐渐成为产业各界关注的热点技术，近年来数字孪生持续向智慧城市、智慧交通、智能制造等垂直行业拓展，实现机理描述、异常诊断、风险预测、决策辅助等应用价值，成为助力企业数字化转型、促进数字经济发展的重要抓手。而数字孪生究竟是什么样的一种技术，值得科技领域深思、学习与了解。

什么是数字孪生

5.2.1 概述

数字孪生中"孪生"的基本思想最早起源于 20 世纪美国国家航空航天局（NASA）的阿波罗计划，通过留在地球上的航天器对发射到太空的航天器进行工作状态的模拟，进而辅助航天员完成决策，明显减少了各种操作结果的未知性。

"数字孪生"一词首次出现于 2009 年美国空军研究实验室提出的"机身数字孪生体"概念，而"数字孪生"作为独立概念首次出现则是在 2010 年 NASA 的 2 份技术报告中，其被定义为集成多物理量、多尺度、多概率的系统或飞行器仿真过程。此后，数字孪生正式进入公众的视野，也开始得到各研究领域的重视。

2012 年，NASA 指出数字孪生是驱动未来飞行器发展的关键技术之一；2013 年，NASA 将数字孪生列入"全球科技愿景"；2017 年，佐治亚理工大学首次提出数字孪生城市；2018 年，中国信通院发布了《数字孪生城市研究报告》；从 2018 年起，ISO、IEC、IEEE 三大标准化组织也开始着手数字孪生相关标准化工作。

数字孪生自其诞生以来，各研究与应用领域对其提出了多种定义、多种维度、不同视角下的定义，见表 5-1。而国际标准化组织给出的定义得到了广泛的认可，具体表述如下：数字孪生是具有数据连接的特定物理实体或过程的数字化表达，该数据连接可以保证物理状态和虚拟状态之间的同速率收敛，并提供物理实体或流程过程的整个生命周期的集成视图，有助于优化整体性能。

表 5-1 "数字孪生"名称的由来

时间	提出者	阶段	定义
2009	美国空军研究实验室	"孪生"名词首次出现	孪生体是一个由数据、模型和分析工具构成的集成系统。该系统不仅可以在整个生命周期内表达飞机机身，而且可以依据非确定信息对整个机队和单架机身进行决策，包括当前诊断和未来预测
2010	NASA	"数字孪生"概念首次提出	数字孪生体是一个集成了多物理场、多尺度和概率仿真的数字飞行器（或系统），它可以通过逼真物理模型、实时传感器和服役历史来反映真实飞行器的实际状况
2017	佐治亚理工大学	"数字孪生城市"首次提出	智慧城市数字孪生体是一个智能的、支持物联网、数据丰富的城市虚拟平台，可用于复制和模拟真实城市中发生的变化，以提升城市的弹复性、可持续发展和宜居性
2019	ISO	标准化组织开展研究	数字孪生体是现实事物或过程具有特定目的的数字化表达，并通过适当频率的同步使物理实例与数字实例之间趋向一致
2019	中国电子信息产业发展研究院	国内组织开展研究	数字孪生是综合运用感知、计算、建模等信息技术，通过软件定义，对物理空间进行描述、诊断、预测、决策，进而实现物理空间与赛博空间的交互映射

5.2.2 数字孪生的价值

数字孪生自应用以来，在产业、商业、社会等方面体现出了其重要的价值。

1）产业价值方面。构建全产业链的数字孪生体能够促进产业向制造与服务融合发展的新型产业形态转型，即从市场需求、用户沟通、产品设计、产品制造、物流供应、维保服务等全产业链出发构建数字孪生体，使传统产业具备定制化生产能力，实现更为敏捷和柔性的商业模式；而构建产品全生命周期的数字孪生体，有助于建立产品从研发、仿真、制造到使用的闭环体系，加快产品研发和迭代升级，进一步推动产业的发展。

2）商业价值方面。随着数字孪生技术得到各领域认可，很多科技企业已经着手研发数字孪生技术并推出了相关产品，这些产品在落地应用中不断升级优化，逐渐满足市场客户的实际需求，为企业带来了可观的经济效益，同时也促进了更多企业共同推动数字孪生产品的商业化；另一方面，企业构建产品全生命周期的数字孪生体，有助于改善产品设计、优化生产流程、快速定位问题，实现提高产品质量、降低生产成本、提升生产效率等目标，也是数字孪生商业价值的重要体现。

3）社会价值方面。数字孪生能够推动社会数字经济的发展。数字经济是继农业经济、工业经济之后，随着信息技术革命发展而产生的一种新经济形态。其核心在于数据驱动发展，构建实体经济的数字孪生体，对数据整合及利用，进行模拟决策、资源配置、市场发掘等仿真与复现，在提高劳动生产率、发掘经济新增长点、实现经济可持续增长等方面发挥着重要作用。

5.2.3 数字孪生体系架构

1. 数字孪生具备以下几个典型特征

（1）数化保真

"数化"指数字孪生体是对物理实体进行数字化而构建的模型。"保真"指数字孪生体需要具备与物理实体高度的接近性，即物理实体的各项指标能够真实地呈现在数字孪生体中，而数字孪生体的变化也能够真实反映物理实体的变化。

（2）实时交互

"实时"指数字孪生体所处状态是物理实体状态的实时虚拟映射。"交互"指在实时性的前提下，数字孪生体与物理实体之间存在数据及指令相互流动的管道。

（3）先知先觉

"先知"指根据物理实体的各项真实数据，通过数字孪生体进行仿真，实现对物理实体未来状态的预测，预先知晓未来状态能够辅助用户做出更合理的决策。"先觉"指根据物理实体的实时运行状态，通过数字孪生体进行监测，实现对系统不稳定状态的预测，预先觉察即将可能发生的不稳定状态，使用户更从容地处理该问题。

（4）共生共智

"共生"指数字孪生体与物理实体是同步构建的，且二者在系统的全生命周期中相互依存。"共智"一方面指单个数字孪生系统内部各部分之间共享智慧（即数据、算法等），另一方面指多个数字孪生系统构成的高层次数字孪生系统内部各部分之间同样共享智慧。根据数字孪生的典型特征，可以了解数字孪生的基本体系架构，如图5-2所示。

1）感知层：感知层主要包括物理实体中搭载先进物联网技术的各类新型基础设施。

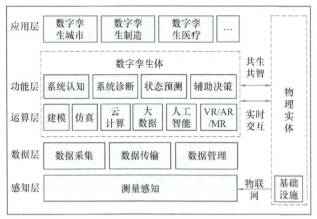

图 5-2 数字孪生基本体系架构

2）数据层：数据层主要包括保证运算准确性的高精度数据采集、保证交互实时性的高速率数据传输、保证存取可靠性的全生命周期数据管理。

3）运算层：运算层是数字孪生体的核心，其充分借助各项先进关键技术实现对下层数据的利用，以及对上层功能的支撑。

4）功能层：功能层是数字孪生体的直接价值体现，实现系统认知、系统诊断、状态预测、辅助决策功能。

① 系统认知一方面是指数字孪生体能够真实描述及呈现物理实体的状态，另一方面指数字孪生体在感知及运算之上还具备自主分析决策能力。后者属于更高层级的功能，是智能化系统发展的目标与趋势。

② 系统诊断是指数字孪生体实时监测系统，能够判断即将发生的不稳定状态，即"先觉"。

③ 状态预测只是数字孪生体能够根据系统运行数据，对物理实体未来的状态进行预测，即"先知"。

④ 辅助决策是指能够根据数字孪生体所呈现、诊断及预测的结果对系统运行过程中各项决策提供参考。

5）应用层：应用层是面向各类场景的数字孪生体的最终价值体现，具体表现为不同行业的各种产品，能够明显推动各行各业的数字化转型。目前数字孪生已经应用到了智慧城市、智慧交通、智慧工业、智慧医疗、车联网等多个领域，尤以数字孪生城市、数字孪生制造发展最为成熟。

2. 应用案例介绍：智慧交通仿真推演平台

（1）案例背景及基本情况

私家车保有量的与日俱增，直接造成了城市道路的大量拥堵。交通拥堵的地方发生事故的频率也相对较高，严重影响了人民的生命财产安全。显然，城市交通严重拥堵的问题是与智慧城市的理念相悖的，可以说，如果城市交通严重拥堵的问题不改善，那么智慧城市的理念也很难得到实现。除了汽车数量过多以外，部分建路不合理、高峰期缺乏对车辆的宏观调控也是交通拥堵的主要原因。

如何找到城市交通拥堵问题的解决方案，在现实世界中修改道路或者做实地测试非常困难。而在数字孪生技术塑造的场景中则可以做成百上千种测试。让每一辆车、每一条路，甚至很多车道线设计、转向设计在模拟器内测试，跑出最优解，然后再回到现实世界里去实施。

智慧交通仿真推演平台（图 5-3）是基于数字孪生基底，把城市智慧模型（City Intelligent Modeling，CIM）支撑平台提供的交通领域的信息数据，在推演平台试验，修改信号灯、路测设备等其他关联信息参数，推演交通运行情况，将决策方案反馈到现实，指导交通运行；借助 Vissim（微观交通仿真系统）平台构筑交通仿真场景，提供实时轨迹；实时响应通信仿真的反馈；借助网络仿真软件 2（Network Simulator Version 2，NS2）平台无线节点跟踪车载设备（On Board Unit，OBU）运动，执行策略员发布的通信仿真任务，并可利用仿真结果进行动态交通流控制方案对比，利用仿真结果和执行方案进行道路信号控制、智能诱导、线路规划、卡口控制分流、后期道路流量预测等拥堵管控服务和管理。

图 5-3 智慧交通仿真推演平台

（2）系统框架

智慧交通仿真推演平台系统框架如图 5-4 所示。

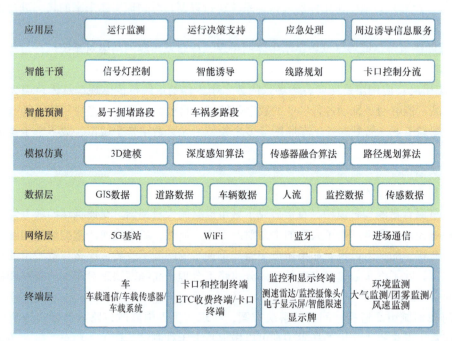

图 5-4 智慧交通仿真推演平台系统框架

终端设备层：负责底层数据的收集，包括车载 GPS 终端、ETC 收费终端、测速雷达、监控摄像头、环境监测设备、停车场监测终端等，为系统提供数据源。

网络层：包括 5G 基站、WiFi 信号、蓝牙等，为系统各部分传输数据。

数据层：包括地理信息数据、道路数据、信号灯数据、车辆数据、人流数据、监控数据、环境数据、ETC 收费数据等。

模拟仿真：对道路、车辆、人流、信号灯、传感器等数据进行 3D 建模，利用深入感知算法、传感器融合算法、路径规划算法进行仿真模拟。

智能预测：通过仿真预测出易于拥堵的路段和形成条件。

智能干预：根据仿真结果对路段进行智能干预，包括信号灯控制、行车诱导屏、停车诱导屏、道路重新规划、卡口控制等干预方式。

应用层：主要包括道路运行监测、道路运行决策、应急处理、多运输方式协同、周边诱导信息服务等。

（3）案例特点

此案例的主要创新点是创新构建城市级交通仿真推演及预测体系。在城市规划建设过程中需要具有预见性和前瞻性，在城市运行管理过程中需要具有全局性和战略性。该城市仿真推演与预测体系基于此项目所提出的"同步规划、同步建设"的城市数字孪生技术框架，充分利用智慧城市新型融合网络体系，通过使用深度学习、强化学习和增量学习协同技术，分析城市级动态演化与知识发现，预测城市发展，实现城市级运行资源要素优化配置。与传统城市仿真推演与预测技术相比，此项目所提出的创新技术方法不仅适合大型国家级新区规划建设中的推演与预测，而且对于具有战略地位的大型城市区域运行管理也具有很强的支撑作用。

（4）实施步骤

1）需求分析：分析城市现有的路况、车辆、环境监测、卡口、信号灯、测速雷达、智能限速显示牌，深入挖掘实现智能交通的具体需求。

2）架构设计：根据需求分析，依据数字孪生架构，设计出智慧交通仿真推演平台的架构，包括终端层、网络层、仿真层、智能预测层、智能干预层、应用层等。

3）功能设计：收集和存储终端设备数据，通过算法进行模拟仿真，实现运行监测、运行决策支持、应急处理、周边诱导信息服务几大应用。

4）实施：编码和实现。

5）运营维护：依托仿真推演平台，针对场景痛点，建设垂直创新应用。

（5）涉及的关键技术

涉及的关键技术有物联网、地理信息、城市三维建模、三维可视化渲染、人工智能、模拟仿真等，具体应用如下：

1）物联网：用来采集 ETC 收费终端，卡口终端，测速雷达，环境监测传感器，摄像头等设备的数据。

2）地理信息：描绘城市地理信息。

3）城市三维建模：对城市建筑及部件设施、车辆、人员、设备等进行三维建模。

4）三维可视化渲染：渲染三维地图，城市建筑及设施，车辆，人员，设备等。

5）人工智能：(Artificial Intelligence，AI)，指由人制造出来的机器所表现出来的智能。通常人工智能是指通过普通计算机程序来呈现人类智能的技术。

6）模拟仿真：通过深度感知算法、传感器融合算法、路径规划算法对消防、人口流动进行仿真模拟。

（6）案例成效和意义

在数字孪生技术塑造的场景中可以做仿真测试，跑出最优解，然后再回到现实世界里去实施。提高了城市交通规划、建设与管理水平，提高了城市道路交通预测能力，实时发布动态交通信息，使车辆驾驶人和出行者了解当前道路交通情况，避开拥堵路段，缓解道路交通拥挤状况；定期发布交通报告（月报、年报），为政府、行业、企业和公众提供所需的综合交通信息、引导出行者合理的交通行为，为优化交通运输结构提供技术支持，实现交通运输流程再造创新。

5.2.4 数字孪生关键技术

根据数字孪生体系架构，数字孪生包含了以下各项关键技术。

1. 建模

建模是创建数字孪生体的核心技术，也是数字孪生体进行上层操作的基础。建模不仅包括对物理实体的几何结构和外形进行三维建模，还包括对物理实体本身的运行机理、内外部接口、软件与控制算法等信息进行全数字化建模。数字孪生建模具有较强的专用特性，即不同物理实体的数字孪生模型千差万别。数字孪生体在建模过程中，不能只考虑单一尺度、单一物理量数据以及从单一领域角度建模，必须从多尺度、多物理量以及多领域融合建模的角度出发来进行建模工作。目前不同领域的数字孪生建模主要借助 CAD、Matlab、Revit、CATIA 等软件实现，前两者主要面向基础建模，Revit 主要面向建筑信息模型（Building Information Modeling，BIM）建模，CATIA 则是面向更高层次的产品生命周期管理（Product Lifecycle Management，PLM）。数字孪生建模语言主要有 AutomationML、UML、SysML 及 XML 等。

数字孪生模型的建立以实现业务功能为目标，对于不同的建模技术，最核心的竞争力都在工具和模型库。数字孪生模型库的组件原则上可以提供以人员、设备设施、物料材料、场地环境等信息为主要内容的对象组件模型库，也可以提供以生产信息规则模型库、产品信息规则模型库、技术知识规则模型库为主要内容的规则模型库，还可以提供与人机交互、业务展示相关的几何、拓扑等模型库。数字孪生模型库是与建模工具相辅相成的能力，作为数字孪生技术的底座和核心，模型构建的理论、方法和相关工具及模型库的发展，都是数字孪生核心的技术，这些都是数字孪生技术应用的有效支撑。

按照实现来看，物理对象的建模可以包含四个步骤，数字孪生模型构建流程如图 5-5 所示，即模型抽象、模型表达、模型构建、模型运行。其中模型抽象实现对物理对象的特征抽象，模

图 5-5　数字孪生模型构建流程

型表达对抽象后的信息进行描述，模型构建阶段会实现模型的校验、编排等，模型运行提供虚拟模型运行环境。

为了达到物理实体与数字实体之间的实时准确刻画，需要基础支撑技术作为依托，同时经历多阶段的演进才能很好地实现物理实体在数字世界中的塑造。在数字孪生建模的过程中会涉及不同领域的技术族，可以从模型建模的使用场景来分析。信息技术（IT）、操作技术（OT）、通信技术（CT）三个领域有各自的特点。IT领域目前的建模主要集中在两个场景，物联网设备建模和数字孪生城市等场景建模。其中物联网设备的建模主要由大的平台厂家推动，实现设备数据的平台呈现，在描述层面，大多采用 json、xml 等语言进行描述，自定义架构，并采用 MQTT、COAP 等应用传输协议进行虚实系统交互。OT 领域建模主要集中在复杂装备，对于 OT 领域的复杂装备和场景的建模，需要融合机械、电气、液压等不同领域知识，主要以 Modelica 建模语言为主，Modelica 开放、标准、与平台无关的特性，逐渐形成了丰富的模型库生态，利用模型库可极大地提高建模效率和质量，模型库也成为商业建模工具最重要的竞争力。另外，OPC UA 技术在 OT 领域的信息模型构建方面也提供了如信息模型描述、信息模型模板等技术。CT 领域的模型构建能力主要集中在网络基础设施和网络组网等能力的构建，主要集中在信息模型领域，以 SNMP/mib 方式为主，实现网络中网元状态信息、配置信息等的交互。对于 CT 领域数字孪生的需求，目前业界研究 Telemetry 技术，用 NETCONF/YANG 来实现更高效的虚实交互能力。

从不同层面的建模来看，可以把模型构建分为几何模型构建、信息模型构建、机理模型构建等不同分类，完成不同模型构建后，进行模型融合，实现物理实体的统一刻画。跨领域虚实交互框架如图 5-6 所示，面对不同领域的多种异构模型，需要提供统一的协议转换和语义解析能力。

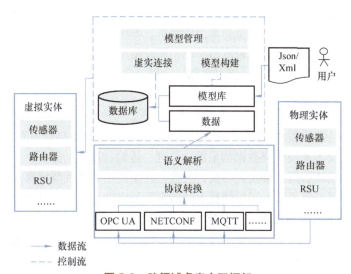

图 5-6　跨领域虚实交互框架

2. 仿真

仿真是数字孪生模型验证的关键方法，是保证数字孪生体对应物理实体真实映射的核心技术。仿真和建模是一对伴生体，如果说建模是对物理实体理解的模型化，那么仿真就是验证和确认这种理解的正确性和有效性的工具。数字孪生体系中的仿真作为一种在线数字仿真技术，通过将包含了确定性规律和完整机理的模型转化成软件的方式来模拟物理世界。只要模型正确，并拥有了完整的输入信息和环境数据，就可以基本正确地反映物理世界的特性和参数，验证和确认对物理世界或问题理解的正确性和有效性。从仿真的视角来看，数字孪生技术中的仿真属于一种在线数字仿真技术，可以将数字孪生理解为：针对物理实体建立相对应的虚拟模型，并模拟物理实体在真实环境下的行为。和传统的仿真技术相比，更强调物理系统和信息系统之间的虚实共融和实时交互，是贯穿全生命周期的高频次且不断循环迭代的仿真过程。

对于高复杂度的数字孪生系统，需要加强对其结构、运行机理以及各种环境因素的理解，在此基础上，利用数据驱动的方法，对模型进行实时更新和完善，以此逼近目标系统的实时状态以及预测目标系统未来状态。因此，充分结合模型驱动和数据驱动，并综合运用机器学习、深度学习等数据驱动的建模方法，才能提高数字孪生目标系统的仿真效果。

3. 云计算与边缘计算

云计算为数字孪生提供重要的计算基础设施。云计算采用分布式计算等技术，集成强大的硬件、软件、网络等资源，为用户提供便捷的网络访问，用户使用按需计费的、可配置的计算资源共享池，借助各类应用及服务完成目标功能的实现，且无须关心功能实现方式，显著提升了用户开展各类业务的效率。云计算根据网络结构可分为私有云、公有云、混合云和专有云等，根据服务层次可分为基础设施即服务（IaaS）、平台即服务（PaaS）和软件即服务（SaaS）。

边缘计算是将云计算的各类计算资源配置到更贴近用户侧的边缘，即计算可以在如智能手机等移动设备、边缘服务器、智能家居、摄像头等靠近数据源的终端上完成，从而减少与云端之间的传输，降低服务时延，节省网络带宽，减少安全和隐私问题。

云计算和边缘计算通过以云边端协同的形式为数字孪生提供分布式计算基础。在终端采集数据后，将一些小规模局部数据留在边缘端进行轻量的机器学习及仿真，只将大规模整体数据回传到中心云端进行大数据分析及深度学习训练。对高层次的数字孪生系统，这种云边端协同的形式更能够满足系统的时效、容量和算力的需求，即将各个数字孪生体靠近对应的物理实体进行部署，完成一些具有时效性或轻度的功能，同时将所有边缘侧的数据及计算结果回传至数字孪生总控中心，进行整个数字孪生系统的统一存储、管理及调度。

4. 大数据与人工智能

大数据与人工智能是数字孪生体实现认知、诊断、预测、决策各项功能的主要技术支撑。大数据的特征是数据体量庞大，数据类型繁多，数据实时在线，数据价值密度低但商业价值高，传统的大数据相关技术主要围绕数据的采集、整理、传输、存储、分析、呈现、应用等。但是随着近年来各行业领域数据的爆发式增长，大数据开始使用更高性能的算法支撑对其进行分析处理，而正是这些需求促成了人工智能技术的诸多发展突破，二者可以说是相伴而生，人工智能需要大量的数据作为预测与决策的基础，大数据需要人工智能技术进行数据的价值化操作。目前，人工智能已经发展出更高层级的强化学习、深度学习等技术，能够满足大规模数据相关的训练、预测及推理工作需求。

在数字孪生系统中，数字孪生体会感知大量来自物理实体的实时数据，借助各类人工智能算法，数字孪生体可以训练出面向不同需求场景的模型，完成后续的诊断、预测及决策任务，甚至在物理机理不明确、输入数据不完善的情况下也能够实现对未来状态的预测，使得数字孪生体具备"先知先觉"的能力。

5. 物联网

物联网是承载数字孪生体数据流的重要工具。物联网通过各类信息感知技术及设备，实时采集监控对象的位置、声、光、电、热等数据并通过网络进行回传，实现物与物、物与人的泛在连接，完成对监控对象的智能化识别、感知与管控。

物联网能够为数字孪生体和物理实体之间的数据交互提供链接，即通过物联网中部署在物理实体关键点的传感器感知必要信息，并通过各类短距无线通信技术（如 NFC、RFID、Bluetooth 等）或远程通信技术（互联网、移动通信网、卫星通信网等）传输到数字孪生体。

6. VR、AR、MR

VR、AR、MR 技术是使数字空间的交互更贴近物理实体的实现途径。虚拟现实（Virtual Reality，VR）将构建的三维模型与各种输出设备结合，模拟出能够使用户体验脱离现实世界并可以交互的虚拟空间。增强现实（Augmented Reality，AR）是虚拟现实的发展，它将虚拟世界内容与现实世界叠加在一起，使用户体验到的不仅是虚拟空间，从而实现超越现实的感官体验。混合现实（Mixed Reality，MR）在增强现实的基础上搭建了用户与虚拟世界及现实世界的交互渠道，进一步增强了用户的沉浸感。

在 VR、AR、MR 技术的支撑下，用户与数字孪生体的交互开始类似于与物理实体的交互，而不再仅限于传统的屏幕呈现，使得数字化的世界在感官和操作体验上更接近现实世界，根据数字孪生体制定的针对物理实体的决策将更加准确、更贴近现实。

5.2.5 数字孪生技术与其他技术的区别

1. 数字孪生与仿真（Simulation）的区别

仿真技术是应用仿真硬件和仿真软件通过仿真实验，借助某些数值计算和问题求解，反映系统行为或过程的模型技术，是通过将包含了确定性规律和完整机理的模型转化成软件的方式来模拟物理世界的方法，目的是依靠正确的模型和完整的信息、环境数据，反映物理世界的特性和参数。仿真技术仅仅能以离线的方式模拟物理世界，不具备分析优化功能，因此不具备数字孪生的实时性、闭环性等特征。

数字孪生需要依靠包括仿真、实测、数据分析在内的手段对物理实体状态进行感知、诊断和预测，进而优化物理实体，同时进化自身的数字模型。仿真技术作为创建和运行数字孪生的核心技术，是数字孪生实现数据交互与融合的基础。在此基础之上，数字孪生必须依托并集成其他新技术，与传感器共同在线以保证其保真性、实时性与闭环性，数字孪生与交通仿真的区别与联系如图 5-7 所示。具体效果可参考图 5-8 所示的数字孪生仿真三维动态场景，右边是采集车采集到的路测视频，左边是数字孪生工具链基于采集数据构筑的三维重建场景，再加上导入的动态、静态数据对场景进行进一步还原。可以看到道路两旁的建筑、植被、从高速路导入的信号灯，以及从动态路测数据中提取的车流和人流情况。通过这种方式，可用有限的空间生成丰富的仿真测试三维场景。

2. 数字孪生与信息物理系统（CPS）的区别

数字孪生与 CPS 都是利用数字化手段构建系统为现实服务。其中，CPS 属于系统实现，而数字孪生侧重于模型的构建等技术实现。CPS 是通过集成先进的感知、计算、通信和控制等信息技术和自动控制技术，构建了物理空间与虚拟空间中人、机、物、环境和信息等要素相互映射、实时交互、高效协同的复杂系统，实现系统内资源配置和运行的按需响应、快速迭代和动态优化。

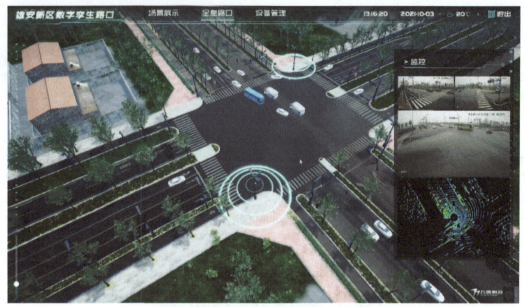

图 5-7　数字孪生与交通仿真的区别与联系

图 5-8　数字孪生仿真三维动态场景

物理对象、数字孪生以及基于数字孪生的仿真及反馈一起构成一个信息物理系统，如图5-9所示，相比于综合了计算、网络、物理环境的多维复杂系统CPS，数字孪生的构建作为建设CPS的使能技术基础，是CPS具体的物化体现。数字孪生的应用既有产品，也有产线、工厂和车间，直接对应CPS所面对的产品、装备和系统等对象。数字孪生在创立之初就明确了以数据、模型为主要元素构建基于模型的系统工程，更适合采用人工智能或大数据等新的计算能力进行数据处理任务。

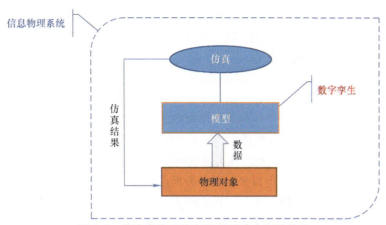

图 5-9 数字孪生和信息物理系统之间的关系

3. 数字孪生与数字主线（Digital Thread）的区别

数字主线被认为是产品模型在各阶段演化利用的沟通渠道，是依托于产品全生命周期的业务系统，涵盖产品构思、设计、供应链、制造、售后服务等各个环节。在整个产品的生命周期中，通过提供访问、整合以及将不同/分散数据转换为可操作性信息的能力来通知决策制定者。

数字主线也是一个允许可连接数据流的通信框架，并提供一个包含生命周期各阶段功能的集成视图。数字主线有能力为产品数字孪生提供访问、整合和转换能力，其目标是贯通产品生命周期和价值链，实现全面追溯、信息交互和价值链协同。由此可见，产品的数字孪生是对象、模型和数据，而数字主线是方法、通道、链接和接口，具体差别与联系可参阅图 5-10 所示的产品全生命周期管理中数字孪生及数字主线示意。

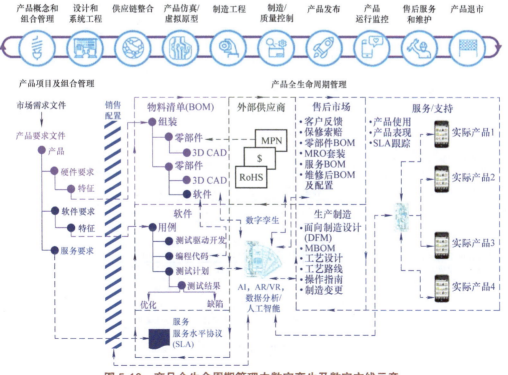

图 5-10 产品全生命周期管理中数字孪生及数字主线示意

简单地说，在数字孪生的广义模型之中，存在着彼此具有关联的小模型。数字主线可以明确这些小模型之间的关联关系并提供支持。因此，从全生命周期这个广义的角度来说，数字主线是属于面向全生命周期的数字孪生。

4. 数字孪生和资产管理壳（Asset Administration Shell）的区别

出自工业 4.0 的资产管理壳，是德国自工业 4.0 组件开始，发展起来的一套描述语言和建模工具，从而使得设备、部件等企业的每一项资产之间可以完成互联互通与互操作。借助其建模语言、工具和通信协议，企业在组成生产线的时候，可具备通用的接口，即实现"即插即用"性，大幅度降低工程组态的时间，更好地实现系统之间的互操作性。

自数字孪生和资产管理壳问世以来，更多的观点是视二者为美国和德国的工业文化不同的体现。实际上，相较于资产管理壳这样一个起到管控和支撑作用的"管家"，数字孪生如同一个"执行者"，从设计、模型和数据入手，感知并优化物理实体，同时推动传感器、设计软件、物联网、新技术的更新迭代。但是，由于这两者在技术实现层次上比较相近，德国目前也正在努力把资产管理壳转变为支撑数字孪生的基础技术。

5.2.6 数字孪生技术典型应用场景

1. 城市建设管理

运用数字孪生技术复刻城市建设项目，为城市"一砖一瓦"赋予数据属性，已在雄安新区（图 5-11）、深圳坂田示范区、东莞松山湖示范区等多地的城市级、示范区级建设项目中得到应用。城市建设管理的数字孪生应用以 GIS、BIM 等技术为基础，打造出多维城市数字孪生平台，

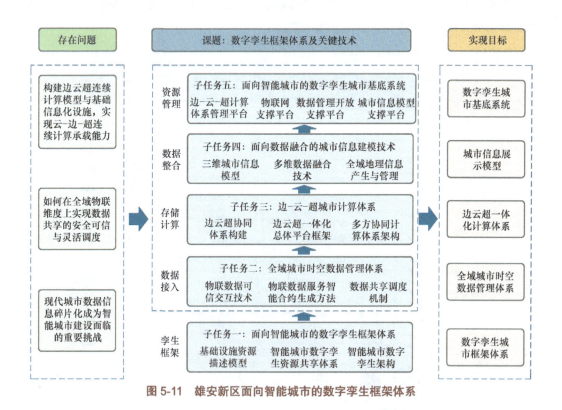

图 5-11 雄安新区面向智能城市的数字孪生框架体系

涵盖项目规划、设计、审批、施工、验收、运维等建设运作的项目生命周期，提供可视化的交互设计环境，实时呈现施工进度，并为认证、审查、分析、管理等提供直观性的判定根据，提升了城市建设管理流程中检测风险、预知风险的能力。

2. 城市智慧交通

智慧交通的数字孪生应用：运用对交通信息的结构性处理，创建城市交通数字孪生模型，如图 5-12 所示，实现车辆、道路、行人、信号指示灯等交通实体数字化。运用仿真模拟大量的交通事故案例、气候环境场景，训练无人驾驶算法、信号指示灯控制系统等智慧交通领域核心技术，实现高精密的智能交通场景检测认证，推动无人驾驶性能提升和道路通行量的最大化。数字孪生交通服务平台的总体架构如图 5-13 所示。

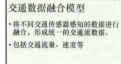

图 5-12　数字孪生交通可能的交通模型

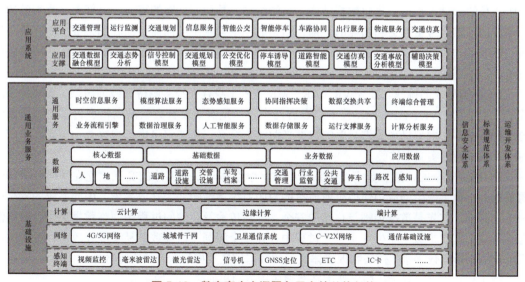

图 5-13　数字孪生交通服务平台的总体架构

3. 城市现代化综合治理

城市现代化综合治理的数字孪生应用以"雪亮工程"、警用地理信息系统（PGIS）等资源为基础，实现精准到小区、楼宇甚至于室内的公共安全场景动态性监测。数字孪生平台成为多元复杂信息融合的载体，充分聚集人口、车辆、能耗等数据，在高精密监控摄像头、边缘计算、人工智能等技术设备的支持下，实现流动人口智能化监管，异常人员出入告警，支持公安、消防、物业、居民等多主体联动，提升城市基层治理的精细化水准。

5.2.7 数字孪生技术展望

1. 面临的挑战

（1）**技术方面的挑战** 数字孪生的发展在技术方面面临以下五项挑战。

1）数据采集、传输及管理的挑战。对于数据采集，主要挑战在于传感器的种类、精度、可靠性、工作环境等受到当前技术发展水平的限制；对于数据传输，主要挑战在于传输的实时性，而目前应用的大多数网络传输设备和网络结构难以满足高级别的传输速率及质量要求；对于数据管理，全寿命周期数据管理需要借助于分布式及冗余存储，如何优化数据的分布架构、存储方式和检索方法以获得实时可靠的数据读取性能，是其应用于数字孪生系统面临的挑战。

2）多尺度融合建模的挑战。首先，现实中的复杂系统往往很难建立精确的数理模型。目前的建模方法大多基于统计学算法将数据转化为物理模型的替代，模型的可解释性不足，难以深度刻画或表征物理实体的机理。如何将高精度传感数据与物理实体的运行机理有效深度结合，获得更好的状态评估和系统表征效果，是构建准确数字孪生模型的关键。其次，高层次的数字孪生系统往往需要对大量不同物理实体进行建模，在将这些不同尺度的模型融合为一个综合的系统级模型时，增加不同模型间的数据接口及数据翻译器，解决模型参数及其格式不一致的问题，同样是数字孪生建模过程中的挑战。

3）高性能计算的挑战。数字孪生系统各项功能的实现非常依赖高性能的计算能力，对系统所搭载的云计算平台，优化数据结构、算法结构，并配套足够的算力，对部署在终端的边缘计算平台，综合考量算力和功耗的平衡，均是数字孪生系统层面需要面临的挑战。而在服务层面，如今用户所需的人工智能基础设施不足、人工智能应用方案成本过高等也是亟待解决的问题。

4）虚拟呈现的挑战。如今VR、AR、MR技术本身存在很多亟待突破的瓶颈，而对复杂的数字孪生系统，VR、AR、MR技术难点有两个：一是需要布置大量的高精度传感器采集系统的运行数据，为虚拟呈现提供必要的数据来源和支撑；二是如何将虚拟内容叠加至现实空间并提供沉浸式的虚实交互体验。

5）系统安全的挑战。数字孪生系统中数字孪生体与物理实体的交互建立在网络数据传输的基础上，数字孪生的应用使得企业原有的封闭系统逐渐转变为开放系统，因此系统的安全问题随之而来。首先是数据传输与存储的安全，即在传输及存储的过程中面临数据丢失、数据泄密等风险，其次是数字孪生虚实交互过程中存在安全漏洞，而导致其易受外界攻击，进而引起系统紊乱，影响数字孪生体与物理实体之间的数据信息及控制指令的交互效率。

（2）**应用方面的挑战** 数字孪生在落地应用方面也面临一定的挑战。

1）多场景应用的挑战。数字孪生涉及的行业有待继续拓展，目前数字孪生得到实际应用的行业少之又少,主要集中在智慧城市、智能制造等行业。在其他行业数字孪生仍停留在概念及原型设计的阶段。另外数字孪生大规模应用的场景也比较有限,即使是在已经投入实际应用的个别行业中,数字孪生更多是为单一小场景或单个系统服务,如单一建筑或单个机器的数字孪生体,还没有得到大规模场景下的应用。

2)数字孪生产业链的挑战。具体产业的整条产业链中涉及各种不同职能主体,通过建立数字孪生产业链能够实现这些主体的跨区域、跨行业、跨企业、跨部门的高效协同与资源优化配置,但目前数字孪生产业链中的各主体尚处于碎片阶段,联系不够紧密,数字化程度较低。

2. 发展趋势

1)技术方面。在数字孪生的发展过程中,各项配套关键技术越来越成熟。硬件支持技术的发展能够为系统带来高效率的数据传输能力及高性能的计算能力,软件相关算法及模型的发展能够为系统带来可靠的数据管理能力及深度的模型融合能力,这些都在不同层面推动了数字孪生在各个领域的落地应用,而未来随着新一代信息技术、先进制造技术、新材料技术等系列新兴技术的共同发展,数字孪生将在探索与尝试、优化与完善中进一步发展。

2)应用方面。随着数字孪生的普及,更多企业能够发掘各类数据的潜藏价值,并据此构建更精细、更动态的数化模型。因此从长远来看,数字孪生的应用一方面将向广度发展,即数字孪生将应用到更多的行业,服务更多的场景,另一方面将向深度发展,即贯穿具体产业的整条产业链,全面覆盖上下游各类主体,追求产业的数字化转型。

3)政策方面。国家对数字孪生相关技术的重视程度在不断提高,未来必将会出台更多鼓励人工智能、云计算、大数据等技术深度发展的政策,这将进一步推动数字孪生不断走向成熟。同时,国家仍将继续推进企业数字化转型的进程,并加深数字经济与实体经济的深度融合,在经济支持政策和技术支持政策的双重红利下,数字孪生也将愈加完善,最终造福于国家和人民。

数字孪生以各领域日益庞大的数据为基本要素,借助发展迅速的建模仿真、人工智能、虚拟现实等先进技术,构建物理实体在虚拟空间中的数字孪生体,实现对物理实体的数字化管控与优化,开拓了企业数字化转型的可行思路。

🔗 知识链接

数字孪生发展背景:"孪生"的概念起源于美国国家航空航天局的"阿波罗计划",即构建两个相同的航天飞行器,其中一个发射到太空执行任务,另一个留在地球上用于反映太空中航天器在任务期间的工作状态,从而辅助工程师分析处理太空中出现的紧急事件。当然,这里的两个航天器都是真实存在的物理实体。

2003年前后,关于数字孪生(Digital Twin)的设想首次出现于Grieves教授在美国密歇根大学的产品全生命周期管理课程上。但是,当时"Digital Twin"一词还没有被正式提出,Grieves将这一设想称为"Conceptual Ideal for PLM"(Product Lifecycle Management)。尽管如此,在该设想中数字孪生的基本思想已经有所体现,即在虚拟空间构建的数字模型与物理实体交互映射,忠实地描述物理实体全生命周期的运行轨迹。

> **小贴士**
>
> 数字化转型是我国经济社会未来发展的必由之路，世界经济数字化转型是大势所趋。当前，世界正处于百年未有之大变局，数字经济已成为全球经济发展的热点，美、英、欧盟等纷纷提出数字经济战略。数字孪生等新技术与国民经济各产业融合不断深化，有力推动着各产业数字化、网络化、智能化发展进程，成为我国经济社会发展变革的强大动力。未来，所有的企业都将成为数字化的公司，这不只是要求企业开发出具备数字化特征的产品，更指的是通过数字化手段改变整个产品的设计、开发、制造和服务过程，并通过数字化的手段连接企业的内部和外部环境。

5.3 基于数字孪生技术的管理平台搭建

数字孪生加速与 DICT 领域最新技术融合，逐渐成为一种基础性、普适性、综合性的理论和技术体系，在行业领域应用持续走深向实，在自动驾驶、站场规划、管理平台等交通领域中也有不同程度的应用。而在管理平台的相关技术应用是怎么实现的呢？

随着数十个国家级智能网联汽车测试示范区的批复，我国智能网联测试建设已形成初步规模，推动我国智能网联产业迅猛发展。但作为新兴产业，基于车路协同技术仍有大量问题需要克服，如驾驶算法的稳定性、极端环境的安全性、网络传输的可靠性等。为解决上述问题，大规模验证环节势在必行。

现阶段，采用路测来优化车路协同系统不仅时间与经济成本过于昂贵，同时还面临着法律法规局限性、涵盖测试案例局限性以及极端场景与危险工况测试安全性等多方面的限制，难以承载大规模的测试任务。在软件仿真方面，目前市面上尚无具有代表性的通用车路协同仿真平台，不过车辆动力学、交通流、场景库等在各个环节中均有较为成熟的仿真工具，但其仿真的案例复杂度有限，和真实场景区别较大，难以完全满足车路协同仿真测试需求。

数字孪生作为一种实现物理系统向信息空间数字化模型映射的关键技术，能近乎实时地呈现物理实体的实际情况，可以完成交通道路的高精度还原，能实现光照、天气、复杂交通流等交通要素的逼真模拟，为车路协同仿真平台的研发提供了新思路。结合数字孪生技术，可实现一套车路协同仿真测试管理平台，其总体架构如图 5-14 所示。车路协同仿真系统管理平台首先

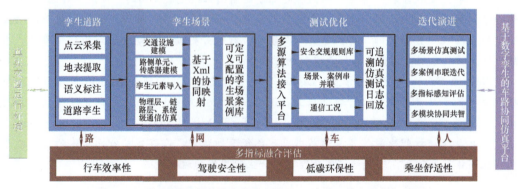

图 5-14 基于数字孪生的车路协同仿真系统管理平台总体架构图

基于真实世界采集的点云数据，通过地表提取、语义转换、孪生构建等步骤，塑造真实可靠的高精地图；其次搭建动静态场景库，仿真传感器数字信号，进而构造孪生可视的数字场景；然后在系统性能仿真场景和干扰共存仿真场景下，验证自动驾驶算法可靠性；最后基于仿真平台，以孪生场景为依托，以仿真车辆为载体，以融合评估为导向，完成车路协同一体化全息仿真、测试和优化。

5.3.1 孪生地图研究

真实道路与场景要素的高精度还原，是构建车路协同孪生仿真场景的前提。与传统导航电子地图相比，高精地图不仅地理位置的坐标精度更高，而且承载更丰富和细致的地图要素信息，是车路协同仿真的主要载体。高精地图制作是以预处理后的点云投影为基础，标注出道路要素信息以及对应的属性与连接关系，最终输出自动驾驶系统可运行的应用地图。高精地图的数据组成部分见表 5-2，包括道路网、车道网、交通基础设施与定位图层四个模块。其制作过程如图 5-15 所示，包含点云采集、地表提取、语义标注和道路孪生四个步骤。

表 5-2 高精地图静态数据层

数据类型	内容	属性	几何表达
道路网	道路拓扑信息	道路类型、道路结构点、道路方向、道路边缘等	道路基准线网格
车道网	车道拓扑信息	车道线、斑马线、人行道、停车线、车道宽度、车道限制等	车道级道路网格
交通基础设施	路侧设施、视线诱导标志、固定地物等	信号灯、高路牌、护栏、植被、静态障碍物（路边停的车、广告牌、站台等）	平面表示、2D/3D 实体表示
定位图层	多类型定位数据（如反射率图）	反射率、面积、建筑高度等	平面表示、2D/3D 实体表示

 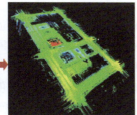 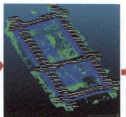 

点云采集　　　　地表提取　　　　语义标注　　　　道路孪生

图 5-15 高精地图孪生构建示例

1. 点云采集

无论是封闭示范区还是城市开放路段的高精地图制作，都需要对测试车辆进行多轮实地道路采测。采集车主要依靠激光雷达、摄像头、GPS（全球定位系统）和惯性传感器完成原始点云采集。其中激光雷达主要基于飞行时间技术（Time of Flight，ToF）原理来采集周围环境的三维点云数据，其帧率一般设置为 10 帧 /s。在建图过程中，一方面它可以基于匹配的定位算法帮助确定自身位置，另一方面它可以描述外界环境的情况，是建图的最原始数据。差分 GPS 用来接收卫星信号，帧率一般也设置为 10 帧 /s，主要基于三角定位原理来确定车辆的位置。惯性传感器则主要采集惯性数据,如加速度、角速度,主要用于短时运动推断。

各类传感器数据采集完成后,还要经过数据预处理工作。若在硬件层未实现传感器时钟同步,首先需要在软件层进行时钟对齐;然后对惯性传感器的原始数据进行预积分处理,对激光雷达点云进行点云对齐(去畸变)处理,为后续点云提取提供数据保障。

预处理完成后,通过经典的定位与建图算法完成点云提取。其中激光雷达点云注册算法和惯性传感器一起提供了里程计(测量行程的装置)约束,GPS提供了车辆姿态的直接观测约束,点云的回环检测算法提供了回环约束。将以上约束综合在一起就可以融合多种传感器的信息得到精确的车辆行驶轨迹,再将处理后的激光点云与优化后的轨迹进行叠加,就完成了一个精准三维点云地图的构建。

高精地图点云采集流程如图5-16所示。

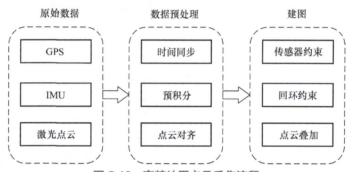

图5-16　高精地图点云采集流程

2. 地表提取

数字孪生地图模型是基于点云地图构建开发的。但原始稠密点云地图数据量太大,不利于后续的数据处理。因此首先要对原始点云数据进行适当降采样处理,然后通过切割点云文件和渐进形态滤波来完成地表模型的提取,实现模型构建与处理效率的平衡。

3. 语义标注

语义标注是指将地图中关键的元素标注出来,以获取这些元素的位置信息。其中车路协同场景关注的元素有路牌、交通标志牌、灯杆、建筑等信息。针对地表提取的点云地图,需要标注出关注元素的关键点,以方便后续实体模型的对齐。下文以路灯标注为例介绍语义标注的主要流程,图5-17a所示为原始路灯点云模型带地面点的路灯模型,绿色的点为路灯模型的点,红色的点则为地面点;图5-17b所示为带标注点的路灯点云模型经过标注关键点后的带地面点的路灯模型,其关键点有两个,分别为路灯竖直杆上的最高点以及灯泡位置上的一个点,前者既可确定路灯的位置,又可配合地表模型(即地面高度)确定灯杆高度,两点结合起来则可确定路灯的朝向。

4. 道路孪生

由原始点云提取的正射影像包含道路建模的所有路面要素,是后续道路建模工具绘图使用的参考底图。正射影像经过地图信息自动提取管线后,会提取道路关键信息(道路结构点、车道中心线、道路边缘、人行道、路面标线等)作为参考信息。有了底图和参考信息,就可以在道路建模工具内绘制道路信息。

虽然目前采用图像或点云进行自动驾驶感知算法的测试验证效果还说得过去,但仍不能满

第 5 章　智能网联汽车城市示范区管理模式

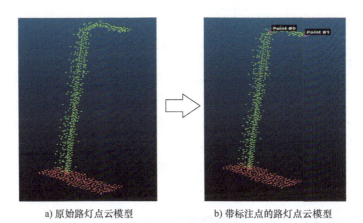

a) 原始路灯点云模型　　　　　b) 带标注点的路灯点云模型

图 5-17　高精地图点云采集流程

足自动驾驶算法训练需求。所以，需要使用基于数字孪生仿真技术的工具链将仿真系统输出的虚拟结果转换成真实效果。基于建模工具绘制完成的孪生高精地图如图 5-18 所示，左图是仿真系统输出结果，右上角是真实路采数据，右下角是将仿真输出结果转换成真实风格的场景。尽管真正的路采数据与转换出来的数据在细节上仍有差异，但从图片风格上来说已非常接近，可用于自动驾驶感知算法的训练，而不仅仅是测试验证。

图 5-18　高精地图孪生数据实例

5.3.2　孪生场景构建

除高精地图包含的静态道路网格和交通设施位置外，交通场景要素还包含交通设施实体、路边激光雷达/摄像头传感器、路侧单元（Road Side Unit，RSU）/车载单元（On Board Unit，OBU）通信设施等模块。孪生场景构建包括两大块：一种是交通设施类的 3D 结构信息；另外一种是传感器类的逻辑元数据。3D 结构数据会定义 3D 模型的形状和外观材质数据，其在仿真世界坐标的位置则通过高精地图中的位置、大小和朝向来确定。逻辑元数据包括传感器的相关属性配置、信号灯时序以及限速牌的元数据等。这类数据会保存在传感器的设置中,通过应用接口对仿真环境进行配置。

1. 交通设施建模

构造高精孪生地图后,可以从中提取出路面要素的世界坐标系位置、朝向以及大小等语义信息。在此基础之上,构建完整的全息仿真环境需要导入对应路面元素的物体 3D 模型以及物体特性配置,最后在渲染引擎中建立全息孪生环境。部分交通要素 3D 模型示例如图 5-19 所示,基于 3D 图像建模软件可以真实构建物体 3D 模型的形状和外观材质数据,呈现不同类型路灯、路牌、车辆、行人等交通元素。

图 5-19 部分交通要素 3D 模型示例

2. 路侧单元传感器建模

仿真平台传感器采取注册加回调机制实现,逻辑元数据建模流程图如图 5-20 所示。首先调用接口从蓝图库中初始化传感器对象,并设置好对应的参数添加到场景;然后获取传感器对象的句柄(标识对象或者项目的标识符),并将句柄与回调函数绑定,绑定完成后客户端的回调函

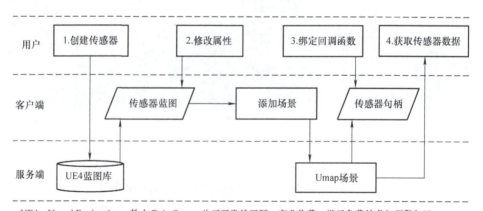

UE4: Unreal Engine 4,一款由 Epic Games 公司开发的开源、商业收费、学习免费的虚幻引擎与3D创作工具,可制作照片级逼真的视觉效果。Umap: Uniform Manifold Approximation and Projection,一致的流形逼近和投影,一种降维技术。

图 5-20 逻辑元数据建模流程图

数即可获取每一次传感器更新后的结果。调用添加场景接口时可以选择放置在固定位置,也可以与某一个对象进行绑定。如选择绑定到某一对象,则传感器会随对象移动而移动,姿态也始终保持和相对对象一致。

3. 孪生元素导入

孪生场景是自动驾驶汽车与其行驶环境各组成要素在一段时间内的总体动态描述,具有无限丰富、极其复杂、难以预测、不可穷尽等特点。在完成高精地图与孪生场景要素建模后,还需要一个场景描述文件来串联各个实体模块,定义各交通要素状态。主要包括以下四个部分:

1)道路环境:路面状况,传感器范围、信号灯时序变化等。

2)交通流:行人及其他车辆的速度、姿态及起始点位置等。

3)天气环境与光照场景:包括早晨、中午、傍晚、黑夜等不同光照,雨天、雾天等特殊天气场景等。

4)本车状态:主要包括主车姿态、初始位置、在场景中的起点和终点等。

基于场景描述文件定义交通要素与行为姿态,通过虚幻引擎加载各个实体 3D 要素,实现真实道路场景还原,达到仿真测试的效果。材质的配置需要对 GPU 进行编程,以材质配置文件形式导入仿真器。逻辑的实现则通过仿真不同传感器或物体的物理特征进行实现,主要包括以下几个部分:

1)摄像头:通过 3D 渲染引擎,结合物体的结构信息以及材质配置,利用环境光线信息仿真计算出摄像头每个像素点的颜色值。

2)激光雷达:机械激光雷达会通过旋转带预设偏角的激光发射器对仿真环境进行采样,对于场景中的三维空间进行测距。

3)信号灯:需要提供元数据例如时序信息来对该设备进行仿真。

4)限速牌:需要提供元数据来对车辆在该路段的行为进行仿真。

5)路灯:需要对光源属性进行配置,例如光强度、控制指令状态等。

5.3.3 多指标融合评估

全息场景案例库构建完成后,还需要一套评价方法对仿真测试的算法进行指导优化。由于仿真场景很难还原所有真实复杂场景,仿真中未发生碰撞的场景,极端情况下也有可能出现安全状况,因此在仿真平台中不能单纯地用是否发生碰撞来衡量驾驶算法的安全性。此外,单车乘客是否舒适、整体出行效率是否提高、整体燃油是否绿色环保也是评判自动驾驶算法是否优异的重要指标。

(1) 驾驶安全性

在仿真场景下,综合考虑算法定位精度、真实场景通信时延、通信频率等设置横向参考安全距离 D_x,根据道路宽度及车道数目确定纵向参考安全距离 D_y;根据以下公式评估车车之间是否安全可控,m_1 在 [0.5, 1] 之间,其值越大,则安全性越高;若两车实际发生碰撞,则 m_1 设置为 0。

$$m_1 = \min\left(\frac{1+\tanh\left(\frac{d_x}{D_x}\right)}{2} \frac{1+\tanh\left(\frac{d_y}{D_y}\right)}{2}\right) \quad (5\text{-}1)$$

式中,m_1 为车车之间距离(m);D_x 为横向参考安全距离(m);D_y 为纵向参考安全距离(m)。

（2）行车效率性

在孪生场景下，基于设定的起点和终点，计算基于车路协同的各车辆的多次平均速度，与实际环境多辆真实车辆速度进行对比参照，评估行车效率 m_2。

$$m_2 = \frac{\sum_{i=1}^{n} v_i}{\sum_{i=1}^{n} v_i'} \quad (5\text{-}2)$$

式中，m_2 为效率；v_i 为第 i 次的速率（km/h）。

（3）乘坐舒适性

车速浮动较大会影响用户的舒适程度，由于车速变化受场景、路况、外部因素影响较大，主要从人工驾驶与智能驾驶加速度变化对比来评估舒适程度。

（4）低碳环保性

由于汽车动力燃油模型已经比较成熟，基于公开的燃油计算模型及记录的车辆速度、位置变化还原人工驾驶与智能驾驶燃油量，对比其性能。其计算方法与行车效率类似，得到性能 m_4。

（5）驾驶操作合规性评估

根据交通操作违规行为库，评估车路协同车辆是否有违规行为，标记为 θ，违规为 0，不违规为 1。场景不同，对指标要求有所不同，例如示范区景区人流较多，对驾驶效率要求较低，智能驾驶汽车对舒适性评估不敏感。同时驾驶合规、行驶安全又需要在评估中占据最重要影响，因此，融合性能评估计算方法如下。

$$\text{value} = \theta(\partial_1 m_1 + \partial_2 m_2 + \partial_3 m_3 + \partial_4 m_4) \quad (5\text{-}3)$$

式中，∂ 为调节因子，动态调节各权值的影响。

5.3.4 算法接入与优化

1. 多源算法接入

为进一步提升仿真平台的开放度，设计仿真数据标准化的 API（应用程序编程接口）接入方案，通过 ROS（路由操作系统）接口实现仿真平台与自动驾驶算法通信。可自由对接各类自动驾驶算法，通过接入不同的自动驾驶算法，可对比自身算法的不足以及场景设计的完整性。仿真平台接口开放示意图如图 5-21 所示。

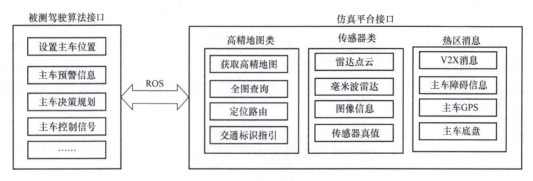

图 5-21 仿真平台接口开放示意图

2. 测试接入与算法优化

仿真测试报告反馈机制如图 5-22 所示，测试失败后可以分解为规划类、感知类、控制类、定位类、网络类、硬件类等多个问题，进而匹配对应的模块，快速迭代相应的车路协同系统。

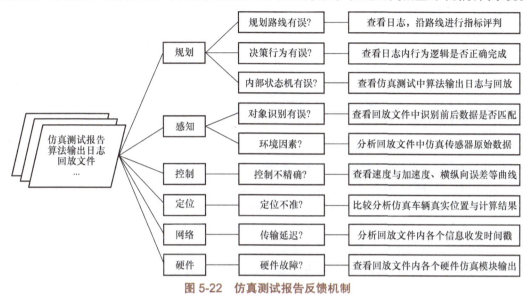

图 5-22 仿真测试报告反馈机制

基于数字孪生的车路协同仿真平台一方面是为了评估当前系统的稳定性；另一方面是为了复现各种极端场景，为感知、定位、控制算法模块提供训练数据，进而迭代优化模型。算法迭代流程图如图 5-23 所示，通过构造算法 - 仿真 - 算法的闭环自循环调优框架，基于历史仿真失败的负样本在算法模型中的不断强化，提高算法模型的健壮性，进而达到适配多种极端场景的目的。据测试对比，自研自动驾驶算法在经过孪生仿真平台迭代优化后，仿真路测接管率由平均每 2km 接管一次提升到平均每 5km 接管一次；难以处理的边界紧急场景数量由每 1 万 km 出现 1 个提升到每 10 万 km 出现 1 个；日常仿真测试的场景通过率由 80% 提升到 99%，有显著的提升效果。

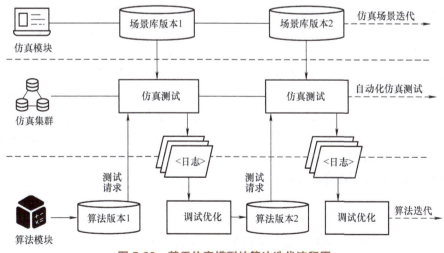

图 5-23 基于仿真模型的算法迭代流程图

与车路协同业务的快速发展相比，目前仿真测试手段远远落后于产业增长水平。本节聚焦于数字孪生技术在车路协同仿真平台的应用,详细介绍了孪生地图、全息场景的构建流程,实现了人-车-路-网的全息仿真映射。

> **知识链接**
>
> 数字孪生系统分为物理实体域、感知与控制域、数字孪生域与用户域四层。
>
> 第一,物理实体域具体包含以下几个方面:自动驾驶测试车辆主体,车载传感器与控制器,决策控制算法等;参与测试场景组成的遥控测试目标车辆、道路使用者模型与障碍物、交通信号灯等;封闭测试场道路结构、道路标志标识、道路周边绿植与建筑环境、测试场地的天气条件等。
>
> 第二,感知与控制域主要包含车辆测试用各类传感器与车载数据记录仪等,车载仿真计算机,基于 C-V2X 的无线通信设备,路侧边缘感知与计算单元(RSU),交通信号控制器,遥控测试目标单元控制系统(驾驶机器人或牵引底盘系统)等。
>
> 第三,数字孪生域主要包含具备仿真物理模型,能连接实体测试数据的虚拟仿真数字孪生,测试评价管控系统,车侧与路侧物联网设备的数据交换接口,测试场景库与数据库等。
>
> 第四,用户域指测试专家,仿真计算集群与驾驶模拟器等设备。
>
> 数字孪生可视化平台依靠于各类传感技术将现实世界数据在数字孪生世界中仿真重现,依托大数据和人工智能等技术,对未来各种事件进行模拟,以实现对过去、现在、将来有关空间、物资、人员、事件的全面管理。数字孪生可视化平台架构建立统一的事件处置模式。事件可在相应的层级进行处置和跨层级流转。各类力量根据工作职责下沉到各片区,最大程度缩小管理半径、缩短响应时间、缩减指挥流程。

5.4 智能网联汽车测试场景应用管理模式研究

工业和信息化部、交通运输部、住建部、国家发展改革委等均在积极推进城市级智能网联测试示范区工作,并推进基于智能汽车云控基础平台的"车路网云一体化"综合示范建设项目,建设内容主要包括"仿真实验+封闭测试场+半开放道路+开放道路"四级架构,示范区的测试车辆多,测试场景复杂,如此庞大与复杂的一个测试场是通过什么样的综合管理方法来实现场地设施、人员车辆、测试设备和测试过程的管理呢?令人好奇。

伴随着智能网联汽车的发展,智能网联汽车应用示范区也陆续成立,为满足示范区测试服务和运营管理的需要,更好地为示范区测试场景、日常的运营管理、测试车辆监控等提供支撑,必须建立多维呈现、全息感知、闭环联动、赋能开放的示范区管理平台,下面从示范区管理平台的总体架构及测试管理、设备设施管理、业务管理、可视化管理、故障管理、测试监控中心、数据分析中心等系统建设内容进行介绍。

5.4.1 管理平台总体架构

示范区运营管理平台是面向智能网联汽车应用示范区业务管理领域的统一开放云平台,主要包含数据采集层(CaaS)、基础设施层(IaaS)、平台服务层(PaaS)、数据服务层(DaaS)、应用服务层(SaaS),如图 5-24 所示。

图 5-24 管理平台总体架构

1）数据采集层（CaaS）。以基于云化的 IoT 联接管理平台为核心，同时支持公有云和私有云部署。支持无线、有线等多种网络连接方式接入，可以同时接入固定、移动；丰富的协议适配能力，支持海量多样化终端设备接入。在车联网领域，遵循 JT/T 808—2019《道路运输车辆卫星定位系统终端通讯协议及数据格式》等标准规范。

2）基础设施层（IaaS）。可以通过弹性计算，快速增加或删减云服务器数量，满足快速变化的业务需求。具有稳定的网络架构，采用成熟的网络虚拟化技术和网卡绑定技术，在 T3 级以上数据中心中运行，保证网络高可用性。

3）平台服务层（PaaS）。基于 Spring Cloud（微服务系统架构编程模型）框架进行微服务开发，采用 docker 方式部署，通过 kubernetes 对 docker 进行管理。实现了系统的高并发、高可用以及系统版本的快速迭代。系统具有弹性伸缩、应用配置推送、限流降级、限流管理、熔断管理、鹰眼链路追踪、通知报警、服务监控等能力。

4）数据服务层（DaaS）。通过实时流式场景下的大数据处理、分析的应用，实现对实时业务的风险监控与告警。支持物联网的海量传感器数据处理、工业生产线的实时故障预警、实时交通流量分析。基于 Hadoop 体系的 MapReduce、HIVE、PIG、SPARK 技术提供强大的数据离线批处理能力，实现对数据进行抽取、转换、加载等离线数据处理加工。通过离线数据处理引擎，对企业所积累的数据进行 ETL（Extract-Transform-Load，抽取、转换、加载）处理，快速发掘海量历史数据的商业价值和社会价值。

5）应用服务层（SaaS）。可以按需为用户提供不同层次的服务，并且通过对 MetaData（元数据）的配置满足不同客户的需求，不需要为每个客户进行特定定制，大大降低定制开发的成本和系统实施成本，对于新增功能具有快速扩展及二次开发的能力。

5.4.2 管理平台系统建设内容

1）系统管理。角色管理：该功能增加、修改及删除角色信息，是对系统权限的管理；用户管理：该功能是对用户定义并分配相应的权限；组织结构管理：该功能用于维护单位组织结构,并以此组织结构关系分配用户及角色系统权限,设定系统流程;地图管理:该功能用于地图服务发布管理。

2)测试管理。该功能维护示范区测试所用到的场景信息及场景匹配相关设备信息;可以维护示范区内测试方案和测试项目。可以对测试标准进行管理,支持测试工作,依据测试标准评价测试车辆功能;同时展示示范区内当前正在测试的车辆内外信息、场景信息,辅助用户制订其他测试计划,提供测试资源调配,避免使用冲突。

3)设备设施管理。该功能维护示范区内所有设备类型,支持设备管理各项功能的应用以及对其基于分类的查看、检索、管理;对示范区内包含的设备及场地信息进行管理,提供设备巡检信息及日常信息维护功能;展示设备明细及辅助设备库存及场地信息。

4)业务管理。预约管理:该功能用于客户预约管理,包括测试时间、测试内容、测试单位相关信息、驾驶人信息等;该功能还用于预约信息内部审核及客户对预约信息确认;计划管理:该功能对预约管理审核通过的预约单进行计划工作,工作人员制订计划及按计划进行测试过程管理,包括测试记录表打印,测试结果维护及打印,测试结项;测试费用报告:该功能用于测试过程中涉及的所有费用详细信息的维护及打印。

5)可视化管理。通过该功能的实现,可以分别按设备分类、场地分类、场景分类等展示地图及其分布的情况,并且通过可视化的地图导航对它们进行查看和管理。

6)故障管理。该功能用于示范区内设备、场地等发生故障时,维护故障信息,启动故障处理流程;能实现故障处理分工管理工作,将故障信息发送给指定维修人员进行维修;能对相应的故障维修进行详细记载及进行故障的历史追溯。

7)智慧交通管理系统。交通信号控制:该功能用于对信号灯实时控制,在平台可设置信号灯灯态;视频监控管理:该功能用于对示范区内监控设备的管理,可以实时查看监控设备状态、查看实时视频及历史视频回放。

8)测试监控中心。通过测试监控中心的功能可以查看正在测试中的测试车辆列表,展示当前测试车辆的基本信息,包括测试主体、测试内容、用到的场地及设备情况等,同时进行相应的数据统计。

9)数据分析中心。数据分析中心包括测试数量统计分析、测试车型统计分析、测试类型数据统计分析、测试里程统计以及设备场景等统计功能。

10)V2X测评系统。通信性能分析:对V2X通信过程中的若干重要的参数进行测量和比对,以此进行通信性能分析,包括通信过程中的时延、平均时延、正向抖动、负向抖动、丢包数量、丢包率以及通信系统总的吞吐量。预警功能分析:对V2X测试中预警功能在若干场景中的应用进行开发,得到重要的参数和安全等级,以此进行预警功能分析,包括前向碰撞预警、十字路口碰撞预警、EBL制动灯预警以及电子警示牌提醒。

11)数据采集可视化系统。行车路线采集:该功能是对测试车辆行进过程中测试路线数据的采集;行车数据采集:该功能是对测试过程中车辆监控数据的采集,包括车辆位置、车辆速度、航向角、加速度、时间;行车视频采集:该功能是对测试过程中车内驾驶情况、车外路况、场景视频的采集。

通过对智能网联汽车应用示范区管理平台的研究和实践,采用先进的云架构,实现了对示范区日常运营业务的管理、对车辆运行数据的监控,以及对相应测试场景测试数据的统计和分析。

5.4.3 数字孪生技术在测试场景管理中的应用

基于数字孪生的信息空间数字化模型映射技术，提出一种基于数字孪生的交通仿真平台研究方法，完成人 - 车 - 路 - 网的全息仿真映射，构造可配置的场景案例串联测试方式；同时在安全、环保、效率等维度设计评估优化方法，实现车路协同平台感知、决策、控制的闭环仿真测试，为智能网联车路协同方案落地提供借鉴和参考。

自动驾驶数字孪生测试（Virtual Reality in Loop，VRIL）是真实的车辆行驶在真实的测试场地中，同时映射到虚拟的测试环境中的整车闭环测试。在虚拟仿真系统中建立环境、道路、交通参与者、测试车辆的模型及其配置的传感器模型，虚拟传感器在仿真环境中探测到的目标信息发送给搭载自动驾驶算法的测试车辆进行信息融合与决策控制，测试车辆在测试场地内运行的同时，测试车辆的运动状态信息被采集并反馈给虚拟场景，从而完成虚、实状态的同步，实现整个数字孪生系统的闭环实时仿真测试。

结合场景库数据，可以快速地设置贴近真实交通环境的测试条件，有效提升测试的效率与真实度。

1. 数字孪生子系统

（1）搭建虚拟仿真平台

数字孪生系统的核心之一是建立实体的数字化映射。这首先需要选择适合的工程虚拟仿真软件作为基础平台。它包含车辆动力学、传感器等物理模型、道路与场景环境的三维建模，交通流与智能交通体的数学模型，集成软件算法接入，多系统的耦合，并对模型进行计算与结果分析。典型的自动驾驶虚拟仿真平台如图 5-25 所示。

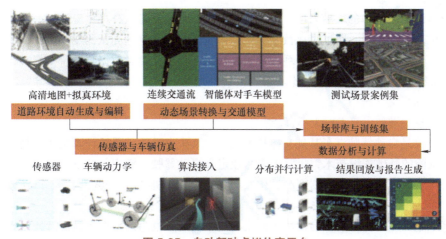

图 5-25 自动驾驶虚拟仿真平台

通过仿真平台，1∶1 还原测试场的虚拟数字道路，并配置与被测试车辆一致的动力学参数、各类型的传感器配置与部件参数，接入感知规划决策算法等，1∶1 还原自动驾驶车辆模型。由于真实测试系统内包含有大量复杂子系统，在数字孪生 1∶1 建模过程中需要选取适合的物理模型并进行合理简化。道路与车辆模型的精度与数据格式方面，需要与真实测试要求相匹配。这样可以保证车侧与路侧传感器收集的数据准确映射进入仿真模型系统中，形成数字孪生系统。根据数字孪生测试技术不同的通信方式，数字孪生系统可以选用车载工控机固定在被测试车辆上，也可以选用边缘计算服务集群部署在外场通过 C-V2X 通信。统一的高精度地图、定位与系统授时是数字孪生系统的运行基础。

（2）数字孪生测试场景库建设

对于实际测试场，通过测绘重建的方式，根据点云或地图影像等真实数据还原兼具地理精度和真实感的数字孪生环境。在该环境中可以自由地配置全局交通流、独立的交通智能体、对手车辆、行人等元素来构建动态场景，结合光照、天气等环境的模拟来呈现丰富多变的虚拟环境。

数字孪生测试场景库是由满足某种测试需求的一系列自动驾驶测试场景构成的数据库。单个测试场景包括静态场景与动态场景。静态场景通常包括道路设施、交通附属设施、周边环境等；动态场景通常包括交通管理控制、机动车、行人与非机动车等。根据测试需求，选择的测试场景应能在统计学上覆盖现实交通中部分典型现象，从而在某种程度上替代对应的道路测试场景。场景库中的场景应分类明确，支持快速检索与调用。构建场景库需选取对自动驾驶具有挑战性且在现实中有一定概率出现的场景。由于场景的统计学意义难以精确估算，往往很难有力说明场景库与实际路测里程的确切关系。

2. 数字孪生测试评价管理子系统

搭建数字孪生测试评价管理平台系统，集成了数字孪生虚拟场景、高精度地图、实验管理系统、数据记录与展示系统，实际测试监控系统等。整个系统搭建分为三个层次：用户交互、数据管理层和数据存储层。用户能够通过平台对测试任务进行流程化的管理，覆盖测试的创建、运行、完成、生成测试报告整个生命周期。用户能够在展厅与监控中心等环境下实时监测实验过程、车辆实时数据等信息。系统同步存储数字孪生的仿真与真实测试数据，包含主车行驶轨迹、主车所有感知数据与决策规划控制数据、虚拟仿真对手车行驶轨迹、仿真触发事件、测试场监控视频数据、结构化测试数据等。

评价是测试流程中的最后阶段。设计该评价模块，要求导入外部实际测试数据，同时可以导入虚拟仿真测试数据。通过对比数字孪生系统测试与真实物理测试的结果差异，实现自动驾驶车辆算法与功能的自动化评测。系统还需要对以上自动化测试数据与评价指标进行积累与二次聚合，最终形成动态更新的自动驾驶测试评价数据库。

3. 成效和意义

（1）积累关键技术研发的无形资产

测试评价是自动驾驶汽车基础支撑技术之一。其中自动驾驶系统计算机仿真是自动驾驶车辆测试和试验的基础关键技术，也是未来行业定义自动驾驶车辆相关开发流程与技术准入标准的基础工具。仿真测试与真实物理测试构成相互结合的有机整体，两者缺一不可。数字孪生给自动驾驶测试评价提供了新方法。

数字孪生贯穿产品的研发与使用生命全周期，从产品概念选型到产品运行数据收集与系统升级。数字孪生测试评价所产生的产品数据库、测试数据库、测试场景库、评价指标库、评价报告库等，均积累并迭代成为技术开发人员的知识体系。数字孪生不但有助于实现产品的安全性与稳定性，而且有助于累积企业的设计流程、工程经验与数字模型等宝贵的无形资产。

（2）保证车辆的安全上路

数字孪生测试评价技术可以帮助认证机构完善对汽车智能化软件产品的认证流程与监督方法，尤其是从测试技术上，弥补目前偏重实车路测的不足。通过完善虚拟仿真的海量自动化测试流程，高标准完成实车测试，不但可以增加测试工况范围和复杂程度，更可以对其零部件、子系统与整车集成进行不同层级的全链条测试。利用数字孪生虚拟测试环境及早发现实车测试不易甄别的软件故障，作为实车测试的前提条件，从而提高自动驾驶封闭测试区和示范区测试的安全性，节省测试的时间与成本。

数字孪生通过大数据与云计算平台，记录车辆运行真实数据和软件算法的决策过程、自动驾驶车辆运行全生命周期中的实时数据。当车辆获得认证许可后，数字孪生平台用来存储车辆实时行驶数据，收集并分析车辆遇到的危险工况并作为检测车辆感知决策执行系统的依据。一方面用于检验产品的故障原因，另一方面提供产品的优化数据，从而保证汽车产品质量的安全可靠与持续升级，最终形成更为科学有效的功能测试方法和产品性能评价指标。

> **知识链接**
>
> 智能网联汽车测试场建设内容主要包括基础设施建设和智能网联汽车测试服务平台。概括起来为"11711"，即1套基础设施、1个数据中心、7个应用系统平台、1套支撑和1套配套工程。
>
> 1）基础设施建设：道路基础设施、交通模拟基础设施、交通标志和标线、交通信号灯、动态交通模拟设备、网联通信设备、高精度定位增强设备、交通感知设备。
>
> 2）大数据中心：建设车路协同大数据中心和技术数据交互平台，实现V2X数据的采集、清洗、治理、融合、存储和共享。为车路协同的研发、测试、运行运营、应用验证、产业化提供信息交互数据共享的基础云平台。数据中心提供智能网联驾驶云服务，采用云边端三级体系，结合移动边缘计算技术，具备支持车辆接入的横向扩展和应用运行智能动态调度能力，满足智能网联驾驶协同感知、决策与控制的低时延、高可靠性、高安全性要求的专业云平台PaaS服务。
>
> 3）智能网联汽车测试服务平台：智能感知实时监控平台、高精动态地图服务平台、智能网联汽车能力评估平台、智能网联汽车安全信息服务平台、智能网联汽车信息安全测试平台、智能网联汽车模拟仿真测试平台。
>
> 4）支撑系统：支撑系统包括软件支撑系统和硬件支撑系统两部分。软件支撑系统包括AI模型库、数据库管理系统、GIS系统和中间件等；硬件支撑系统包括网络及安全设备、云计算和云存储，以及边缘计算等。
>
> 5）配套工程：配套工程根据实际情况可以使用现有的建筑构建监控中心和计算机房。监控中心建设内容包括大厅装修、大屏幕、控制台、会议系统等；计算机房建设内容包括装修、综合布线、空调、UPS、消防等。

5.5 智能网联汽车城市示范区管理新模式展望

中国正积极开展城市级智能网联汽车测试示范区建设，部委级、城市级及企业级智能网联汽车测试示范区已经在超过50个城市展开，城市级智能网联汽车测试示范区出现跨城市区域合作的新趋势。现有城市级智能网联汽车测试示范区虽然在管理上实现了系统化与智能化，但依旧面临诸多挑战，随着技术不断发展，未来示范区管理方式将会是什么样子？值得期待。

限于我国相关政策和法律法规以及公共道路测试带来的安全隐患问题，封闭场地测试和仿真测试仍是智能网联汽车测试的主要手段。目前，国外多家测试场都倾向于采用实际路测和虚拟仿真测试相结合的方式来完成智能网联汽车落地前的安全检测。智能仿真平台作为车路协同技术测试的重要手段，具有低门槛、高效率、高安全等优势，逐渐成为行业的主流研究方向。一方面，对于一些在实际路况中极少出现的情境，可以在仿真环境中以不同视角重复出现；另一方面，例如工程师对自动驾驶系统进行改变时，可以通过仿真环境预估这种改变带来的影响。因此，应探索更先进的技术，推动封闭测试场地和仿真测试平台的构建和完善。

基于数字孪生的信息空间数字化模型映射技术，提出一种基于数字孪生的交通仿真平台研究方法，完成人-车-路-网的全息仿真映射，构造可配置的场景案例串联测试方式；同时在安全、环保、效率等维度设计评估优化方法，实现车路协同平台感知、决策、控制的闭环仿真测试，为智能网联车路协同方案落地提供借鉴和参考。

数字孪生技术赋予了自动驾驶测试评价方法更丰富而全面的测试场景来源，更大程度地覆盖了自动驾驶功能安全等多重测试场景范围。通过智慧交通与车路协同的逐步部署，来源于车辆使用全生命周期内的场景可以被提取与应用于测试，例如智能网联汽车（ICV）运行数据库、车联网（V2X）运行数据库、智慧交通（ITS）数据库。这些基于历史运行数据产生的场景，还可以被二次加工提炼，为边缘工况案例库、人机交互评价案例库等典型测试场景提供大数据基础。

数字孪生技术提升了试验场的整体测试效率，减少了不同测试场景切换的准备周期。通过5G通信技术建立更加快速的数据连接通道，被测试车辆与复杂测试环境之间的数据形成闭环反馈链条并可以完成即时交换。例如V2X虚拟信号注入的方式可以让被测试车辆在一次测试中连续进行多项整车在环测试，而不必每次单一工况测试完毕后，再回到起始位置重新准备新的测试项目。同时车辆运行与测试结果通过网络可同步上传至测试管理评价系统，执行自动化、批量化的数据分析与性能评价。

数字孪生技术降低了试验场的整体测试成本，节省了部分价格昂贵且操作复杂的目标车控制系统与测试背景车的购置数量。虚拟信号注入整车的测试方式，对创建复杂交通环境的工况有很大成本优势。通过数字孪生仿真计算，在虚拟环境中创建更多的混合交通流、复杂气候条件等，解决了测试场无法组织大规模复杂交通流的工况测试问题，同时减少了危险事件发生的概率。另一方面，数字孪生测试可以方便地重复同样的测试条件，保证多次试验一致性的成本显著降低。

当前基于数字孪生的项目规划和建设，车路协同、自动驾驶、智慧高速、交通路口等领域均已有试点项目或实际项目落地，但现阶段的数字孪生技术在研究构建混合现实的场景方面，正处于不断发展完善的过程中，随着新一代信息技术、新材料技术等系列新兴技术的共同发展，还将持续得到优化，新的管理模式将一边探索和尝试、一边优化和完善。

知识链接

我国智能网联汽车测试示范区规划建设过程中，整体遵循国家出台的各项管理规范及技术指南等系列文件，综合考虑封闭测试场地、开放测试道路、公共示范区域以及云控管理平台等功能规划，进行专业且完备的自动驾驶测试场景及网联应用验证场景设计，兼顾前瞻技术研究、测试评价服务以及示范运营应用等多类型功能角色。

第一，在基本原则规范方面，交通运输部办公厅印发《自动驾驶封闭场地建设技术指南（暂行）》，规定了自动驾驶封闭测试场地的场地、通信、供电及其他基本要求，适用于中国境内自动驾驶封闭测试场地建设。同时，工业和信息化部、公安部和交通运输部联合印发《智能网联汽车道路测试管理规范（试行）》，指出了14项智能网联汽车自动驾驶功能检测项目。此外，中国智能网联汽车产业创新联盟牵头，同长安汽车、通用汽车、清华大学等单位共同制定的《合作式智能运输系统 车用通信系统 应用层及应用数据交互标准》，定义了不同场景下信息交互的消息集、数据帧与数据元素，来实现车用通信系统在应用层的互联互通。

第二，在整体功能规划方面，国内智能网联汽车测试示范区综合考虑封闭测试场地、开放测试道路、公共示范区域以及云控管理平台等功能规划。其中，封闭测试场地是为自动驾驶车辆提供日常测试训练、能力评估、验证等服务的全封闭场地环境，包含测试训练场地和能力评估场地两类功能区域；开放测试道路主要是针对现有城市公共道路进行智能化及网联化改造，为智能网联汽车在城市道路的测试提供真实路况环境；公共示范区域主要为具备L4级自动驾驶功能的无人小客车、无人物流车、无人售卖车等专用车辆及具备L2级自动驾驶功能的乘用车提供短程运输、观光游览以及试乘试驾等运行体验；云控管理平台则用于支持智能网联车辆实际测试与运行应用需求，存储并分析车辆运行、基础设施、交通环境、交通管理等动态基础数据。

第三，在场景专业设计方面，主要划分为自动驾驶测试场景及网联应用验证场景两大类别。其中，自动驾驶测试场景主要完成智能网联车辆在申请办理测试车辆临时行驶号牌之前必须进行的实车检查及测试；网联应用验证场景则主要完成智能网联车辆与其所能到达的区域范围内的道路基础设施之间的互联互通功能验证及应用。对于测试示范区内的各个场景，都应具有明确的概念定义、测试功能、设计标准、测试流程、测试方法等内容，使得全国测试示范区测试验证结果具有一定的协同性与权威性。

思考题

1. 数字孪生的定义是什么？有哪些关键技术？与仿真、信息物理系统有什么区别？
2. 基于数字孪生的车路协同仿真测试平台总体架构是怎样的？各场景如何实现？
3. 智能网联汽车测试场景应用管理平台总体架构与建设内容有哪些？
4. 未来智能网联汽车城市示范区管理新模式会运用哪些技术？

第6章 智能网联汽车认证准入管理

本章介绍了产品认证在智能驾驶领域的创新与实践,主要包括智能网联汽车芯片认证、智能网联汽车信息安全认证、智能网联汽车功能安全认证、智能网联汽车典型认证管理模式、智能网联汽车新认证技术、智能网联汽车认证的意义,另外还介绍了智能网联汽车生产企业及产品准入管理的政策、总体要求、加强数据和网络安全管理、规范软件在线升级、加强产品管理以及保障措施。

 **学习目标**

1. 掌握智能网联汽车芯片认证、信息安全认证、功能安全认证的方法。
2. 了解智能网联汽车典型认证管理模式,了解智能网联汽车认证的意义。
3. 了解智能网联汽车生产企业及产品准入管理的政策。
4. 掌握智能网联汽车生产企业及产品如何加强数据和网络安全管理、加强产品管理。

6.1 产品认证在智能驾驶领域的创新与实践

2021年,愈演愈烈的"汽车芯片荒"备受关注。业内普遍预计,到2025年,中国市场类似于"智能汽车基础脑"之类的"大脑级"产品普及率可能会达到15%~20%。智能网联汽车的快速发展,正刺激着汽车芯片需求的激增。

6.1.1 智能网联汽车芯片认证

1. 智能网联汽车芯片概述

传统汽车芯片与消费电子芯片的异同:汽车芯片与消费电子芯片在供应链上游环节基本一致,但由于应用场景的差异,两者在中下游的设计、制造、封装、集成环节均存在较大差别。

从智能网联汽车所需要的能力来看,智能网联汽车具有的通信能力、计算能力、存储能力、感知能力都依托于芯片。另一方面,从智能汽车的软硬件架构来看,软件赋能硬件,使硬件的功能和性能得以最大化地发挥,并且由软件来定义体验。而所有的软件架构开发都是要基于芯片的功能性来进行开发,软件和芯片必须紧密融合在一起,否则软件不可能有效地驱动芯片和硬件,软件架构离不开芯片的支撑。同时,芯片也是组成硬件架构平台各个关键节点的核心组成部分，芯片既是功能提供者，又是硬件的控制者，并且芯片承担着打通软件和硬件的关键任务。因此，芯片是汽车产品升级的关键支撑，在智能汽车发展中具有关键作用与战略意义。

2. 智能网联汽车芯片发展趋势

智能网联汽车对于芯片存在不同技术水平的需求。芯片有很多种分类方法，根据算力的性能和工艺水平，把汽车芯片分为三个梯队。

第一梯队，就是高性能、高工艺的芯片，属于技术梯度最高的芯片，典型代表是各种AI芯片、主控芯片。智能网联汽车对这些芯片性能和工艺的要求非常高，而且随着智能网联汽车的发展，对此类芯片的需求会越来越大。这部分芯片的供应之所以成为卡脖子问题，是因为我们尚没有自主掌控其技术能力，目前几乎所有的高性能汽车芯片均由台积电和三星代工。

第二梯队，是大家常见的芯片，也就是微控制器（MCU），这类芯片具有中高算力、工艺要求较高的特点。现在用得比较多，出现供货上断档的主要是这类芯片。出于成本考虑，这类芯片少部分由汽车芯片企业内部制造，大部分由代工厂制造，目前有多家代工厂可供选择。

第三梯队，是功率芯片、通信芯片、传感器与执行器、存储芯片等，属于低算力、工艺要求较低的芯片。此类芯片大部分都由传统汽车芯片的生产企业内部制造。这些企业的内部产能及工艺水平将无法满足汽车芯片的供应需求。车路协同对智能网联汽车芯片的影响：车路协同通过打通车内与车外的能力，赋予汽车芯片"做减法"的机会。

3. 智能网联汽车芯片短缺原因及车企应对措施

"缺芯"本质是汽车芯片供需的失衡，车企应与供应商保持密切沟通，做好芯片供应管理以及相关风险预案。"缺芯"也有可能促进国产汽车芯片自主替代，使产业进入发展快车道。

6.1.2 智能网联汽车信息安全认证

2018年3月，某汽车公司被爆出其AWS云端服务器账号遭到黑客入侵，包括遥测数据、地图信息及车辆外修记录等众多敏感数据因此外泄。更甚者，这些服务器还被黑客植入恶意程序，造成严重后果。

1. 智能网联汽车信息安全的发展与形势

随着汽车智能化、网联化水平的提升以及各界对整体网络环境安全的日益重视，信息安全技术正在占据越来越重要的地位，逐渐成为汽车安全的基本属性之一。如果信息安全无法有效保障，那么智能网联汽车的产业发展和市场化推进都将面临巨大阻碍。随着智能网联汽车行业的发展驶上"快车道"，信息安全逐渐成为研发与商业化的核心难题。

2021年自主品牌L3级自动驾驶汽车陆续量产，小鹏汽车、蔚来、威马汽车等造车新势力不断升级自动驾驶技术，基于智能汽车的"出行服务"、代客泊车、无人低速配送等特定场景成为量产切入点，百度、小马智行、滴滴等公司开展RoboTaxi示范运行工作，百度、阿里巴巴、腾讯、华为等互联网与ICT企业深入参与，汽车与相关产业加速跨界融合和深度协同，产业链重构，价值链不断扩展延伸，智能网联汽车市场规模日益增加。

预计到2025年、2030年，部分自动驾驶、有条件自动驾驶智能网联汽车销量占当年汽车总销量的比例分别为50%、70%（图6-1）。

在传统交通工具时代，汽车处于信息孤岛状态，其信息安全需求主要体现在娱乐、连接、导航等车载信息娱乐系统。而智能网联汽车与之不同，其信息安全风险主要包括以下7个方面（图6-2）：车外网络安全风险（包括短距离无线网络、远距离移动网络、V2X网络、OTA、TSP

云平台、App）、车内网络安全风险（包括 CAN 总线、T-BOX、OBD、IVI）和其他网络安全风险（OTA 安全风险、充电桩安全风险、数据泄露风险）。

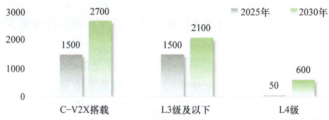

图 6-1 部分自动驾驶、有条件自动驾驶智能网联汽车销量

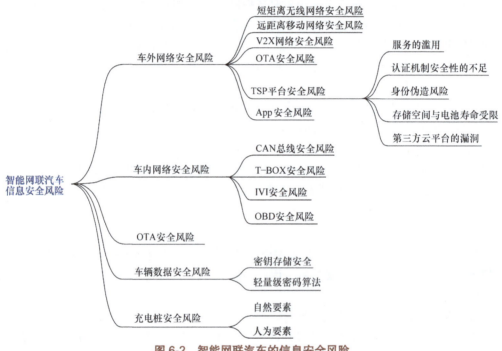

图 6-2 智能网联汽车的信息安全风险

目前，智能网联汽车面临的安全威胁大致可分为云端威胁、传输威胁、终端威胁和生态互联威胁四层。

汽车信息安全第三方检测机构测试数据显示，众多汽车企业均在最新量产车型中搭载联网设备，而其安全防护水平参差不齐。根据《2022 智能网联汽车信息安全研究报告》，车联网网络安全涉及产业链广、终端硬件多、体系复杂，面临威胁面较大，过去十年中恶意程序（即恶意软件）的数量急剧增加，从 2011 年约 6500 万个，到 2021 年最后一个季度有 11 亿个。这可以从注册的通用漏洞披露（Common Vulnerabilities and Exposures，CVE）数量上看出。2021 年美国国家标准与技术研究院（National Institute of Standards and Technology，NIST）国家漏洞数据库中注册 CVE 数量已超过 18000 个。汽车信息安全事件频发使得汽车行业安全态势愈发紧张。信息安全隐患，轻则给企业产品发布及产品口碑造成影响，重则导致大范围的汽车召回，给企业造成巨大损失。国家高度重视智能网联汽车信息安全问题。对于车联网信息安全问题，可以依据不同的威胁对象，针对车联网网络安全防护主要从智能汽车安全防护、通信安全防护、车联网服务平台安全防护、移动应用安全防护等方面,构建全链条的综合立体防御体系。

智能网联汽车信息安全标准规范研究方面,欧、美、日等世界汽车强国和我国都在积极推动 ISO、3GPP 等国际组织标准,开展相关标准和技术规范制定工作。随着智能网联汽车的安全问题受到越来越多的关注,各大主机厂陆续成立了相关的技术团队对车辆的安全问题进行研究,零部件供应商也开始着手进行自身的信息安全建设,互联网巨头及一些专注信息安全领域的公司,也随之进入了汽车行业,相继推出了各自的汽车信息安全方案。

2. 智能网联汽车信息安全的发展与形势

智能网联汽车作为智能交通体系的一员,不仅要考虑车本身的信息安全,更要考虑其所在的大环境。现在,各车厂都有自己的信息安全团队,也开始深入思考车联网相关的信息安全问题,然而,信息安全问题可能不只适用于一款车型、一家主机厂,智能交通体系是一个多部门、多领域、多层级主体参与的复杂网络体系,面对严峻的车联网安全行驶,亟需加大车联网安全方面的投入,政、产、学、研形成合力,深入研究车联网安全防护技术,为车联网健康有序发展保驾护航。要有效解决复杂的智能网联汽车信息安全问题,应从以下几个方面着手努力:

1)业内应建立智能网联汽车信息安全漏洞共享平台,建立动态安全实施监测机制。建立各主机厂、供应商和互联网及安全业务企业共同参与的智能网联汽车信息安全漏洞共享平台,增强供应链上各类企业对智能网联汽车全生命周期的信息安全问题的认识和了解,强化对安全漏洞的研究和分析,将车联网安全分析、汽车安全防御、安全资源与安全运营融合,结合大数据、人工智能、威胁情报等技术与资源,构建动态防御体系,对车联网系统的关键部件进行安全监测与防护,可以对安全事件更高效、更精准、更及时地定位与预警。在动态监测的过程中,及时对潜在安全威胁进行分析、评估、处置,通过修改配置、安置补丁、访问控制等安全措施,修复潜在漏洞,提升智能网联汽车安全防御能力。

2)创新智能网联汽车安全技术研究,加快部署信息安全解决方案。为能够真正有效地解决车联网安全问题,国内外多家典型企业不断创新智能网联汽车信息安全技术研究,加快部署解决方案。随着汽车智能化和网联化进程的不断推进,网络攻击手段将不断更新,车联网安全防护水平需要不断提升。因此,构建贯穿于车联网"端 - 管 - 云"全链条的综合防御体系是车联网安全发展的必然趋势,一是要建立层次化的多重安全措施的纵深防御体系,构建多级、多域的实时安全监控平台;二是要从单点、特定、被动的安全检测体系,向被动安全检测和主动安全管控相结合的综合防御体系转变,从本质上提升基础安全防御水平,逐步提升对未知威胁的防御能力和效率,并借助大数据、机器学习、人工智能等技术,实现自动化威胁识别、阻断和追溯,提升综合防御水平。

3)推进跨部门协作,构建智能交通体系。我国应以加速车联网相关新技术产业化和构建"人 - 车 - 路 - 云"协同的智慧交通体系为切入点,推进跨部门协作,加快标准法规建设、共性技术突破、基础设施改造等重点工作的推进。跨行业主管部门之间形成联动工作机制,指导出台国家层面的战略规划、产业政策等顶层设计,建立覆盖基础通信、复杂感知、决策控制、信息安全、应用服务和测试评估等多种技术、多个维度的综合标准体系和核心技术标准。企业应打造技术创新、产业融合和安全管理三大体系,加强信息安全防护,打造全面、高效、可靠的安全管理体系。

6.1.3 智能网联汽车功能安全认证

1. 汽车功能安全概述

功能安全:不存在由电子电气系统的功能异常表现引起的危害而导致不合理的风险。

预期功能安全：没有因预期功能或其实现的不充分性导致的危害而引发的不合理风险。

企业应具备专职的功能安全、预期功能安全和网络安全保障团队，负责产品全生命周期的安全保障工作。具备工业和信息化部规定条件的企业集团可统一设立安全保障团队。企业安全保障能力要求包括功能安全及预期功能安全保障要求、网络安全保障要求和软件升级管理要求。

2. 驾驶自动化系统的功能安全保障要求

驾驶自动化系统的功能安全保障要求至少应包括以下几点：

1）应定义驾驶自动化系统的功能概念，包括范围、要素、运行条件、架构及内外部接口示意图等。

2）应识别可能造成人身安全伤害的整车功能失效，建立合理的功能安全场景，针对危害事件分析可控性、严重性、暴露率等参数，确认合理的汽车安全完整性等级及危害事件的安全目标。

3）应按照整车功能安全开发的相关规定进行功能安全分析，明确功能安全要求。功能安全要求应考虑运行模式、故障容错时间间隔、安全状态、紧急运行时间间隔等，并分配给驾驶自动化系统的架构要素或外部措施。

4）应定义驾驶自动化系统功能安全相关零部件的开发接口要求，明确角色和责任要求，确保在系统、硬件和软件各层级满足整车安全要求。

5）应进行功能安全集成测试，通过基于需求的测试、故障注入测试等方法，确保对整车和驾驶自动化系统的相关要求得到实施和满足。

6）应满足功能安全确认要求，通过检查、测试等方式，确保安全目标在整车层面正确、完整并得到充分实现。

3. 企业功能安全及预期功能安全保障要求

企业功能安全及预期功能安全保障要求至少应包括以下几点：

1）企业应满足汽车安全生命周期相关阶段的功能安全活动流程要求，符合汽车安全完整性等级对应流程的规定，避免不合理的风险。

2）企业应满足功能安全管理要求，符合整体功能安全管理、产品开发安全管理、安全发布管理等规定。

3）企业应满足生产、运行和服务阶段的功能安全要求，符合生产过程能力评估、控制措施、现场观察说明等规定。

4）企业应满足支持过程要求，符合开发管理、安全要求的定义和管理、配置管理、变更管理、验证和确认、文档管理、软硬件组件鉴定、在用证明等方面的规定。

5）企业应满足预期功能安全开发接口管理要求，符合预期功能安全管理职责和角色定义、供应商计划管理等规定。

6）企业应满足预期功能安全开发流程要求，符合设计定义、危害识别、功能不足识别、功能改进、验证及确认、安全发布、运行维护等规定，保障车辆不存在因预期功能不足所导致的不合理风险。

6.1.4 智能网联汽车典型认证管理模式

预计到2025年，汽车智能化的程度要达到50%~80%的区间，这种模式相当于驾驶人直接托管，车就承担了驾驶责任。如果智能网联汽车要上市，就要经过很严苛的测试环节。智能网联汽车区别于传统汽车,认证范围比较广,不仅包含感知决策控制,还包含网联化等。

1. 建立测试标准

从国家战略来说,要形成相应的测试标准。建立测试标准,应以虚拟测试为起点,真实硬件系统与虚拟环境结合,形成测试工具链,主要包括6大方面的工作:

1)场景库的应用背景调查。

2)原始数据的收集。

3)挖掘测试数据。

4)构建场景库。

5)构建自动驾驶汽车的数据库。

6)最后,基于场景库的仿真测试技术,形成比较完善的测试评价方法。

针对不同的指数,都要有相应的测试评价方法。

在测试过程中需要用到相应的测试工具,以及相应的软硬件设备,这是进行道路测试的前提。主要围绕4大方面去做:共享数据库、测试评价体系、仿真测试工具和道路测试及应用。

数据采集要规范,明确数据采集需求、设备配置、设备操作、存储、处理和场景要素等。形成专业数据采集团队,采集车辆的CAN信息、目标物、GPS和道路信息等,制作高精度地图的道路和目标物的信息。

数据采集方案主要有2种,一种是比较普通的视觉摄像头,一种是激光雷达方案,通过激光束进行探测和测距,通过发射脉冲激光并探测目标的散射光特性获取目标的深度信息。现在主推的是毫米波加Mobileye的方案,目前行业最大的需求就是如何面对L4,在前面的基础上加上毫米波雷达,累积采集里程数据。基于前期的技术积累,建设典型和极限交通场景库。

2. 梳理测试流程

针对典型流程,首先进行原始数据存储,然后做场景片段,再做虚拟场景,整个过程处于半自动状态,所有信息直接导入软件。制作各种数据处理软件,主要包括:主车换道场景提取、跟车行驶场景提取、邻车切入场景提取、前车切出场景提取、巡线行驶场景提取和危险场景提取等,可以依据相应的需求进行定制化的软件开发。建立相应的事故数据,把各家数据整合到一起形成一个中国的典型事故场景分类体系,结合深入和宏观交通数据,形成安全测试数据库。

未来测试认证体系建设,具备提供整个场景的系统能力,既能够支持企业进行一个开发内的测试回路,也可以建成测试外的数据回路,建立相应的测试平台。总体来说,形成既支持国家又支持企业的闭环,实现第三方面能力的建设。

3. 典型示例:深圳经济特区智能网联汽车管理模式

下面以深圳经济特区智能网联汽车管理模式为例,为了规范智能网联汽车应用,保障道路交通安全,保护人身安全,保护公民、法人及其他组织的财产安全和其他合法权益,促进智能网联汽车产业高质量、可持续发展,根据法律、行政法规的基本原则,结合深圳经济特区实际,制定了深圳经济特区智能网联汽车管理条例。详细内容可扫码浏览。

《深圳经济特区智能网联汽车管理条例》具体内容

6.1.5 智能网联汽车新认证技术探究

相比传统汽车,智能网联汽车的主要差异在于智能驾驶和智能互联,是基于软件智能化的应用与服务。智能网联汽车新认证技术主要是仿真测试系统和道路测试。

1. 智能网联汽车仿真测试系统

（1）车辆模拟系统

车辆动力学模型主要包含了发动机悬置模型、车体动力模型、悬架系统模型等。在仿真测试中要进行快速计算，并将其相应的结果发送到对应的控制器中，做好决策计算。为了满足快速计算的要求，就需要使用对应的平台，如图6-3所示。在实时处理器之中，在现今的5G网络条件下，车辆模型的速率延迟能够实现毫秒级的控制；数据采集板卡囊括了车载CAN总线以及车载Ethernet通信板卡。通过通信板卡和对应的设备，能够满足车辆模型计算数据的通信要求，实现计算数据对环境模拟系统的传递；同时，车辆模型在运动中也会逐渐出现变化；另外，将数据传递给驾驶模拟系统，按照其计算情况实现车辆模型运动。

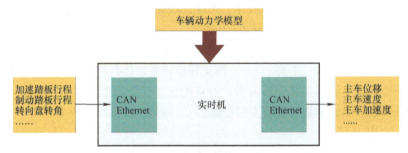

图6-3 车辆模型处理平台

（2）环境模拟系统

考虑到车辆模型软件本身功能存在局限性，还无法拥有良好的环境建模能力。因此为了创设一个逼真的外界环境，就需要利用软件进行建模，如图6-4所示。

（3）传感器模拟系统

针对环境建模之中无法进行模拟的传感器模型，或为了实现传感器的在环测试，就需要通过传感器模拟系统实现真实传感器的测试处理。传感器模拟系统包含了不同的真实传感器以及对应的模拟设备，不同的传感器的目标模拟方式也有一定的差异，其系统如图6-5所示。

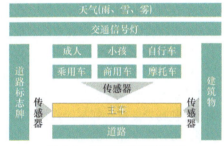

图6-4 环境建模系统框图

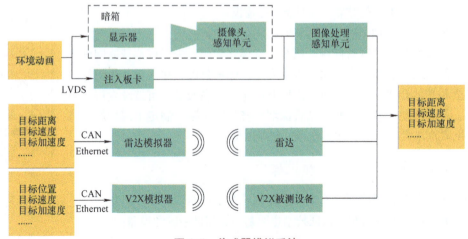

图6-5 传感器模拟系统

（4）驾驶模拟系统

对于智能网联汽车功能的主观评价，要利用逼真的驾驶环境，满足驾驶模拟系统的要求。通过驾驶模拟，就可以将驾驶人主观的评价提前到自动驾驶系统的开发阶段，不需要在生产自动驾驶汽车之后才进行。这样在缩短自动驾驶系统开发周期和测试周期的同时也可以有效控制开发成本。

2. 智能网联汽车测试技术分析

智能网联汽车的不断发展让汽车整体变得更加舒适与环保，减少驾驶人员的负担，提升道路的通行能力，从而有效控制交通事故的发生。因此智能网联汽车的发展不仅要考虑新算法和新功能，同时也要确保其实际运行过程中的可靠性和安全性，这才是开发的重点。只有通过智能网联汽车测试与评价技术的完善，才能正常发挥智能网联汽车的功能，从而在激烈的市场竞争之中站稳脚跟。

（1）弱势交通参与者测试

在道路上，当车辆行驶时，如果遇到行人或自行车，就会通过鸣笛、制动、减速等方式解决，如图 6-6 所示。这能够满足普通道路的碰撞危险预警的测试要求。

（2）前方车辆紧急停车测试

在车道上，主车同正前方同一车道行驶的远车会有追尾碰撞的危险，作为主车就需要减速并更换道路。这主要是针对高速公路或普通道路车辆追尾碰撞危险预警进行的测试处理。

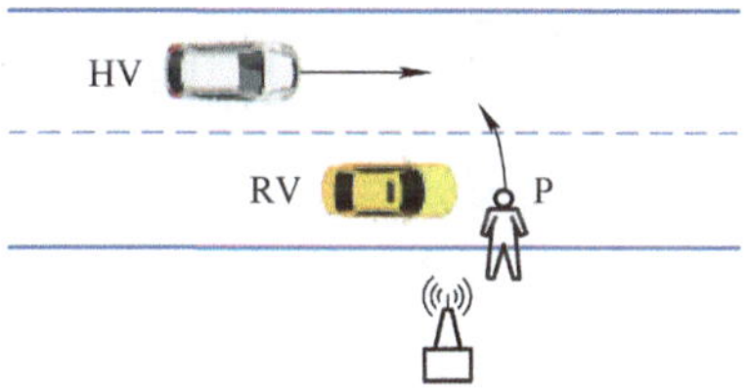

（3）车路信息交互测试

HV 在道路之中行驶，利用 V2I 技术，就可以与路侧设备彼此通信，从而对前方道路进行检测。按照实际的检测结果，如弯道、限速等内容，让测试车辆做出对应的决策，以便实时预知交通信息，保证车辆安全通行。

图 6-6 弱势交通参与者碰撞避免测试

HV—主车辆 RV—远车 P—行人

（4）信号灯自动识别与无人车速度调控测试

1）当无人汽车 HV 接近信号灯控制路口，按照视觉传感器的测试，再与车辆自身的定位和行驶状态信息相互结合，就会遵循"绿灯行，红灯停"的规则，顺利通过前面的信号灯路口。

2）当无人汽车 HV 和信号灯相距较远时，基于 V2X 技术的使用，其远端接收到前方的信号灯信号后就会按照剩余红灯时间和自身车速进行配时，实现车速的自动调节，在不停车的情况下让车辆通过信号灯停止线。使用这两个测试方法，就可以确保无人车在对应路口的通行能力和实际的流通效率，并在一定程度上缓解路口拥堵的情况。

（5）交叉路口碰撞预警测试

当遇到没有信号灯的十字路口或丁字路口、HV 起步准备直行时，RV-1 从其左侧直接驶向路口，由于路口的 RV-2 可能会遮挡 HV 的视线，在 HV 起动并且进入到路口的时候，就需要检测交叉路口碰撞预警（Interrupted Continuous Wave，ICW）是否会对 HV 驾驶人发出预警，从而提示其可能存在与 RV-1 碰撞的危险；在等待 RV-1 通过路口之后，还要检测是否需要提醒 HV 驾驶人执行，具体如图 6-7 所示。

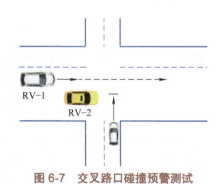

图 6-7 交叉路口碰撞预警测试

上述的检测方法主要是针对行车、道路、交通信号等因素进行测试，从而对汽车的环境感知能力进行测试和分析，并且也检验了汽车自身响应的稳定性和可靠度，确保可以发挥汽车的实际功能，使车辆能够安全运行。目前，这几种测试方式使用得相对频繁，而随着技术的进步，测试方案必定会更多、更丰富，并且会源源不断地应用到智能网联汽车的测试中去。

6.1.6　智能网联汽车认证的意义

为了保证智能网联汽车产业健康有序的发展，我国颁布了一系列指导性文件，如《智能网联汽车道路测试管理规范（试行）》《智能网联汽车自动驾驶功能测试规程（试行）》，从而为智能网联汽车产业奠定良好基础，同时为其提供相应的技术支撑。从合格评定角度出发，从而建立一套完整且信任的质量基础设施体系。近年来，我国各部委与行业组织对智能网联汽车产品体系建设加强重视和关注，尤其是在《智能汽车创新发展战略》（征求意见稿）中明确指出：智能网联汽车行业需要结合自身的实际情况，建立一套企业自评估、报备以及第三方技术检验结合为一体的认证认可机制，合理运用强制性认证和自愿性认证方式，从而形成一种覆盖智能汽车全生命周期的综合认证服务体系。

智能网联道路测试

国家认证认可监督管理委员会要求智能网联汽车行业需要以网络安全为目标，对网络安全、智能网联以及大数据信息等领域进行改革创新，从而对相关认证评价关键技术进行突破，促使智能网联汽车产品逐步向着多层次、多元化的方向发展，进而推动机器人、无人机等体系建设顺利开展。

> **知识链接**
>
> 2021年4月7日，工业和信息化部装备工业一司组织编制了《智能网联汽车生产企业及产品准入管理指南（试行）》（征求意见稿），现向社会公开征求意见。
>
> 征求意见稿中提出，智能网联汽车生产企业应依法收集、使用和保护个人信息，实施数据分类分级管理，制定重要数据目录，不得泄露涉及国家安全的敏感信息。智能网联汽车生产企业应满足企业安全保障能力要求，针对车辆的软件升级、网络安全、数据安全等建立管理制度和保障机制，建立健全企业安全监测服务平台，保证产品质量和生产一致性。

《智能网联汽车生产企业及产品准入管理指南（试行）》征求意见稿

6.2　智能网联汽车生产企业及产品准入管理

智能网联汽车是汽车产业发展的战略方向，正处于技术快速演进、产业加速布局的商业化前期阶段。汽车智能化、网联化发展在带来便利的同时，也会产生诸如未经授权的个人信息和重要数据采集、利用等数据安全问题，网络攻击、网络侵入等网络安全问题，驾驶自动化系统随机故障、功能不足等引发的道路交通安全问题，以及在线升级（又称OTA升级）改变车辆功能、性能可能引入的安全风险。智能网联汽车在产品结构、功能实现等方面与传统汽车存在较大差异，车辆安全相关基本特征、技术参数仍在不断变化，相关国家也正在加快推进政策法规研究、技术标准体系建立。结合国际政策法规实践经验，2021年8月，工业和信息化部发布了《关于加强智能网联汽车生产企业及产品准入管理的意见》，加强智能网联汽车生产企业及产品准入管理，明确汽车数据安全、网络安全、在线升级等管理要求，指导企业加强能力建设，严把产品质量安全关，切实维护公民生命、财产安全和公共安全。

6.2.1 总体要求

1. 智能网联汽车生产企业应满足的要求

智能网联汽车生产企业应满足企业安全保障能力要求，针对车辆的软件升级、网络安全、数据安全等建立管理制度和保障机制，建立健全企业安全监测服务平台，保证产品质量和生产一致性。

智能网联汽车生产企业应遵守网络安全法律法规规定，建立覆盖车辆全生命周期的网络安全防护体系，采取必要的技术措施和其他必要措施，有效应对网络安全事件，保护车辆及其联网设施免受攻击、侵入、干扰和破坏。

智能网联汽车生产企业应依法收集、使用和保护个人信息，实施数据分类分级管理，制定重要数据目录，不得泄露涉及国家安全的敏感信息。在中华人民共和国境内运营中收集和产生的个人信息和重要数据应当按照有关规定在境内存储。因业务需要，确需向境外提供的，应向行业主管部门报备。

智能网联汽车生产企业应明确告知车辆设计运行条件、人机交互设备指示信息、驾驶人职责、驾驶自动化功能激活及退出方法、软件升级维护等信息，解决智能网联汽车与传统汽车在操作、使用等方面可能产生的预期差异问题。

2. 智能网联汽车产品应满足的要求

智能网联汽车产品应明确驾驶自动化功能及其设计运行条件。设计运行条件应包括设计运行范围、车辆状态、驾乘人员状态及其他必要条件；设计运行范围应包括但不限于道路、交通、电磁环境、天气、光照等。

智能网联汽车产品应能自动探测驾驶自动化系统失效以及是否持续满足设计运行条件，并能采取风险减缓措施以达到最小风险状态。在自动驾驶模式下，智能网联汽车应能按照道路交通安全法律法规及有关部门的相关规定安全行驶。

智能网联汽车产品应具备人机交互功能，显示驾驶自动化系统运行状态，具备对驾驶人参与行为的监测能力。在动态驾驶任务需要驾驶人参与的情况下，应评估驾驶人执行相应驾驶任务的能力。车辆应能够依法依规合理使用灯光信号、声音等方式与其他道路使用者进行交互。

智能网联汽车产品应具有事件数据记录和自动驾驶数据存储功能，采集和记录的数据至少应包括驾驶自动化系统运行状态、驾驶人状态、行车环境信息、车辆控制信息等，并应满足相关性能和安全性要求，保证车辆发生事故时设备记录数据的完整性。

智能网联汽车产品应满足功能安全、预期功能安全和网络安全等过程保障要求，以及模拟仿真、封闭场地、实际道路、网络安全、软件升级和数据存储等测试要求，避免车辆在设计运行条件内发生可预见且可预防的安全事故。

产品准入测试要求是指申请准入的智能网联汽车产品应至少满足模拟仿真测试要求、封闭场地测试要求、实际道路测试要求、车辆网络安全测试要求、软件升级测试要求和数据存储测试要求。

由此,智能网联汽车产品准入测试要求包括以下六个方面:

1)驾驶自动化系统模拟仿真测试的要求。这一测试要求至少应包括以下 7 项:模拟仿真测试应满足相应的道路交通安全要求,说明驾驶自动化系统的组成和工作原理等及必要的安全风险提醒,说明模拟仿真测试的软硬件环境和传感器等模型及其关键参数,验证模拟仿真测试的有效范围,保证模拟仿真测试结果的可追溯性,验证产品所声明的驾驶自动化功能是否符合安全要求,定义设计运行条件内不同场景要素的参数组合。

2)封闭场地测试的要求。这一测试要求至少应包括以下 4 项:验证车辆在封闭场地典型场景下的安全性,封闭场地测试应考虑驾驶自动化功能设计运行条件内的关键要素,有效保证测试结果的可追溯性、一致性和准确性,应能提供原始测试数据并对测试结果进行分析与评价。

3)实际道路测试的要求。这一测试要求至少应包括以下 4 项:通过实际公共道路连续场景测试验证车辆在实际公共道路交通环境下的安全性,选择匹配的公共道路开展车辆实际道路连续测试并验证所声明的自动驾驶功能应对随机场景的能力,有效保证测试结果的可追溯性、一致性和准确性,满足车辆测试远程监控与测试数据记录和存储要求。

4)车辆网络安全测试要求。这一测试要求至少应包括以下 7 项:能够防御信息传输安全威胁,不存在已公布的网络安全漏洞及未声明的功能和访问接口,能够抵御合法用户误操作引发的网络安全风险,能够防御车辆外部连接的安全威胁,能够防御非法盗取和破坏关键数据的威胁,能够防御系统被物理非法操控的威胁,能够防御数据丢失/车辆数据泄漏的威胁。

5)软件升级测试要求。软件升级测试的主要对象是智能网联汽车的车端软件、升级软件或系统。这一测试要求至少应包括以下 7 项:确保在安全状态下进行软件升级,车辆应具备对软件包进行真实性和完整性校验的能力,车辆应具备升级执行确认功能,车辆应具备升级执行前提示软件升级的相关信息,确保车辆处于可以安全执行升级的状态,车辆应具备升级完成后提示用户升级成功或失败功能,升级失败或中断后确保车辆处于安全状态。

6)数据存储测试。智能网联汽车产品应具有事件数据记录和自动驾驶数据存储功能,采集和记录的数据至少应包括驾驶自动化系统运行状态、驾驶人状态、行车环境信息、车辆控制信息等,并应满足相关性能和安全性要求,保证车辆发生事故时设备记录数据的完整性。这一规定应至少满足如下要求:

① 自动驾驶数据记录系统应在驾驶自动化系统激活、驾驶自动化系统退出、驾驶自动化系统发出接管请求情况下进行记录,记录内容应至少包括车辆和驾驶自动化系统基本信息、触发事件基本信息及事件发生原因并满足数据一致性试验要求;当车辆有碰撞风险和发生碰撞时,需增加车辆状态及动态信息、行车环境信息、人员信息及故障信息。

② 应满足数据存储测试要求,包括:数据存储能力试验、存储覆盖试验、断电存储试验等。

③ 存储的数据应能被正确读取和解析,且不能被篡改。

6.2.2 加强数据和网络安全管理

1. 强化数据安全管理能力

企业应当建立健全汽车数据安全管理制度,依法履行数据安全保护义务,明确责任部门和负责人。建立数据资产管理台账,实施数据分类分级管理,加强个人信息与重要数据保护。建设数据安全保护技术措施,确保数据持续处于有效保护和合法利用的状态,依法依规落实数据安全风险评估、数据安全事件报告等要求。在中华人民共和国境内运营中收集和产生的个人信息和重要数据应当按照有关法律法规规定在境内存储。需要向境外提供数据的，应当通过数据出境安全评估。

2. 加强网络安全保障能力

企业应当建立汽车网络安全管理制度，依法落实网络安全等级保护制度和车联网卡实名登记管理要求，明确网络安全责任部门和负责人。具备保障汽车电子电气系统、组件和功能免受网络威胁的技术措施，具备汽车网络安全风险监测、网络安全缺陷和漏洞等发现和处置技术条件，确保车辆及其功能处于被保护的状态，保障车辆安全运行。依法依规落实网络安全事件报告和处置要求。

企业网络安全保障要求至少应包括以下几点：

1）企业应建立健全网络安全责任制度，确定网络安全负责人，落实网络安全保护责任。

2）在车辆安全生命周期内，企业应当同步规划、同步建设、同步运行网络安全技术措施。

3）企业应制定网络安全防护制度，定期开展网络安全风险识别、分析和评估，管控生产过程网络安全风险，及时消除车辆及联网设施重大网络安全隐患。

4）企业应建立网络安全监测预警机制，采取监测、记录网络运行状态、网络安全事件的技术措施，并按照规定留存相关的网络日志不少于6个月。

5）企业应建立网络安全应急响应机制，制定网络安全应急预案，及时处置安全威胁、网络攻击、网络侵入等安全风险。

6）企业应建立产品安全漏洞管理机制，及时修补和合理修复安全漏洞，指导支持车辆用户采取防范措施。

7）企业应建立完善数据安全管理制度，实施数据分类分级管理，制定重要数据目录，强化数据访问权限管理和安全审计；采取有效技术措施，强化数据采集、传输、存储、使用等安全保护，及时处置数据泄露、滥用等安全事件。

8）企业应建立车联网卡实名登记制度，如实登记购车用户身份信息，并会同基础电信企业落实车联网卡实名登记有关要求。

9）企业应建立供应链网络安全保障机制，明确供方产品和服务网络安全评价标准、验证规范等，确定与供方的安全协议，协同管控供应链网络安全风险。

10）企业应制定网络安全审计规范，并对网络安全管理和技术措施运行、网络安全风险管理和人员安全能力等开展审计。

11）企业应建立产品售后网络安全管理机制，包括售后服务、维修、报废阶段的网络安全保障措施。

12）企业应在关键流程变更、重特大网络安全事件发生后，及时更新完善网络安全管理规范、安全机制等。

13）企业应依法依规为维护国家安全、开展行业监管等提供技术支持和协助。

6.2.3 规范软件在线升级

1. 强化企业管理能力

企业生产具有在线升级（Over-the-Air，OTA，也称空中下载技术）功能的汽车产品的，应当建立与汽车产品及升级活动相适应的管理能力，具有在线升级安全影响评估、测试验证、实施过程保障、信息记录等能力，确保车辆进行在线升级时处于安全状态，并向车辆用户告知在线升级的目的、内容、所需时长、注意事项、升级结果等信息。

2. 保证产品生产的一致性

企业实施在线升级活动前，应当确保汽车产品符合国家法律法规、技术标准及技术规范等相关要求并向工业和信息化部备案，涉及安全、节能、环保、防盗等技术参数变更的应提前向工业和信息化部申报，保证汽车产品生产的一致性。未经审批，不得通过在线等软件升级方式新增或更新汽车自动驾驶功能。

3. 企业软件升级管理要求

企业软件升级管理要求至少应包括以下几点：

1）企业应建立软件升级管理制度，至少包括软件开发管理、配置管理、质量管理、变更管理、发布管理、安全应急响应管理等。

2）企业应制定软件升级从设计到开发、测试、发布、推送等过程的标准规范，并遵照执行。

3）企业应能够识别、评估和记录软件升级对产品安全、环保、节能、防盗相关系统的功能和性能的影响。

4）企业应对软件升级可能影响的功能和性能进行测试和验证，确保符合相关法规、标准和技术要求。

5）企业应能够识别软件升级的目标车辆，评估软件升级与目标车辆的适应性，确保软件升级与目标车辆软硬件配置兼容。

6）企业应能够唯一识别车辆初始和升级的软件版本，记录与保存软件升级包完整性验证数据以及相关的硬件配置信息。

7）企业应记录与安全保存汽车产品初始软件版本和历次软件升级相关信息，应能支持汽车产品全生命周期的追溯需求和监督管理要求。

8）企业应对在线升级服务平台采取必要的网络安全防护管理和技术措施，对升级的软件进行安全检测，保障 OTA 功能安全。

9）企业应具备软件升级过程管理能力，履行用户告知义务，记录和保存升级过程相关信息。

6.2.4 加强产品管理

1. 严格履行告知义务

企业生产具有驾驶辅助和自动驾驶功能的汽车产品的，应当明确告知车辆功能及性能限制、驾驶人职责、人机交互设备指示信息、功能激活及退出方法和条件等信息。

2. 加强组合驾驶辅助功能产品安全管理

企业生产具有组合驾驶辅助功能的汽车产品的，应采取脱手检测等技术措施，保障驾驶人始终在执行相应的动态驾驶任务。组合驾驶辅助功能是指驾驶自动化系统在其设计运行条件下，持续地执行车辆横向和纵向运动控制，并具备相应的目标和事件探测与响应能力。

3. 加强自动驾驶功能产品安全管理

企业生产具有自动驾驶功能的汽车产品的，应当确保汽车产品至少满足以下要求：

1）应能自动识别自动驾驶系统失效以及是否持续满足设计运行条件，并能采取风险减缓措施以达到最小风险状态。

2）应具备人机交互功能，显示自动驾驶系统运行状态。在特定条件下需要驾驶人执行动态驾驶任务的，应具备识别驾驶人执行动态驾驶任务能力的功能。车辆应能够依法依规合理使用灯光信号、声音等方式与其他道路使用者进行交互。

3）应具有事件数据记录系统和自动驾驶数据记录系统，满足相关功能、性能和安全性要求，用于事故重建、责任判定及原因分析等。其中，自动驾驶数据记录系统记录的数据应包括车辆及系统基本信息、车辆状态及动态信息、自动驾驶系统运行信息、行车环境信息、驾乘人员操作及状态信息、故障信息等。

4）应满足功能安全、预期功能安全、网络安全等过程保障要求，以及模拟仿真、封闭场地、实际道路、网络安全、软件升级、数据记录等测试要求，避免车辆在设计运行条件内发生可预见且可预防的安全事故。

5）确保可靠的时空信息服务。企业应当确保汽车产品具有安全、可靠的卫星定位及授时功能，可有效提供位置、速度、时间等信息，并应满足相关要求，鼓励支持接受北斗卫星导航系统信号。

6.2.5　保障措施

1. 建立自查机制

企业应当加强自查，发现生产、销售的汽车产品存在数据安全、网络安全、在线升级安全、驾驶辅助和自动驾驶安全等严重问题的，应当依法依规立即停止相关产品的生产、销售，采取措施进行整改，并及时向工业和信息化部及所在地工业和信息化、电信主管部门报告。

2. 加强监督实施

工业和信息化部指导有关机构做好智能网联汽车生产企业及产品准入技术审查等工作。各地工业和信息化、电信主管部门要与相关部门协同配合，按照《道路机动车辆生产企业及产品准入管理办法》有关要求，做好对本意见落实情况的监督检查。

3. 夯实基础能力

工业和信息化部会同各地相关部门、有关企业进一步完善智能网联汽车标准体系建设，加快推动汽车数据安全、网络安全、在线升级、驾驶辅助、自动驾驶等标准规范制修订。鼓励第三方服务机构和企业加强相关测试验证和检验检测能力建设，不断提升智能网联汽车相关技术和网络安全、数据安全水平。

 知识链接

南仁东与"中国天眼"的故事

南仁东（1945年2月19日—2017年9月15日），中国天文学家、中国科学院国家天文台研究员，曾任FAST工程首席科学家兼总工程师，主要研究领域为射电天体物理和射电天文技术与方法，负责国家重大科技基础设施500m口径球面射电望远镜（FAST）的科学技术工作。

20世纪90年代初，中国最大的射电望远镜口径不到30m，和美国的射电望远镜相比差距巨大，1994年曾在日本担任客座教授的南仁东放弃了丰厚的薪资，毅然回到中国，决心建一个世界上最大的单口径球面射电望远镜(FAST)。他说"别人都有自己的

大设备，我们没有，我挺想试一试。"就是为了这句话，年近半百的南仁东开始了漫长的FAST工程选址工作。他拄着竹竿喝浑水、吃冷干粮，冒着生命危险几乎走遍了贵州所有的洼地。甚至有一次，他遇到了山洪，生死瞬间他往嘴里塞了几颗救心丸，连滚带爬回到垭口，才得以保住性命。11年中南仁东经历了常人无法想象的磨难，可他却没有一次向困难低头，在391个备选洼地里，终于选到了最适合FAST建设的台址。"中国天眼"有了建成的希望，南仁东还在兴奋地规划着、实践着每一步的建设工作，可他的生命却在慢慢走向倒计时。2015年，70岁的南仁东被确诊肺癌，手术结束后三个多月，放心不下"天眼"的他忍着病痛义无反顾地返回施工现场，当时的南仁东声带受损，说话已经十分吃力了，可他依旧沙哑着声音一字一顿地认真询问着、讲解着。他说"天眼"有一点瑕疵，我们都对不起国家。这是一句再简单不过的话，却让所有人泪流满面。2016年9月25日，FAST主体结构落成，尽管身体早已经不起折腾的他，仍然从北京飞赴贵州，亲眼见证了自己耗费20多年心血的这项浩大科学工程的顺利落成。一切的一切都在向他期待的方向一点点迈进，可他的生命却走到了尽头。一位老人，用22年的执着和热情的生命，让中国睁开了领先世界天文学界的"天眼"，而南仁东自己却永远闭上了双眼。2017年9月15日，他与世长辞。11月，中宣部追授他"时代楷模"荣誉称号。

通过南仁东教授对天眼FAST技术的改革与创新，让我们深入体会以改革创新为核心的时代精神内核，以及了解当代中国时代人物秉承时代精神为祖国做出的突出贡献。

思考题

1. 为什么要对智能网联汽车进行认证准入管理？
2. 智能网联汽车功能安全认证过程保障要求包括哪些？
3. 智能网联汽车新认证技术有哪些？请举例说明。
4. 智能网联汽车生产企业及产品准入管理的要求有哪些？

第 7 章 智能网联汽车运营模式探索与实践

本章首先介绍了城市交通发展趋势及智能网联汽车发展规划,然后对智能网联汽车创新应用路线与创新应用发展进行了深入探究,在此基础上进行智能网联汽车商业模式探索与实践,完成对智能网联汽车新兴应用场景及对应商业模式的探究,并对未来智能网联汽车大规模商用运营模式进行探索。

 学习目标

1. 了解智能网联汽车发展规划。
2. 了解智能网联汽车运营政策。
3. 了解智能网联汽车新兴应用场景及对应的商业模式。
4. 了解智能网联汽车大规模商用运营模式。

7.1 智能网联汽车产业应用发展

信息化给全球工业带来了巨大的变革,并加速了汽车产业向数字化、网络化以及智能化方向的发展,促使智能网联汽车成为时代发展的必然趋势。伴随着城市交通形态的变化与汽车行业的巨大变革,未来智能网联汽车产业应用发展又会有什么新变化呢?

7.1.1 城市交通发展趋势

改革开放以来,我国的城镇化快速发展。在城镇化的趋势下,城市人口出行需求和出行距离不断增长。交通对生产要素的流动、城镇体系的发展起着先导性影响。当前,城市交通正从单纯的基础设施加密向高品质、高效率、高智能的服务升级转型,城市交通发展正迎来新一轮机遇。

1. 城市交通需求持续增长和升级

城市交通的本质是服务于人的需求、促进城市可持续发展,进而带动都市圈、城市群的区域协同发展。近年来,人口的增长、城镇化进程和生活方式等均发生了新的显著变化,对城市交通也提出了新的需求。

(1)城市交通需求将不断扩大

我国的城市化和城市现代化已经取得阶段性成就,但仍然远低于发达国家,还有很大的城镇化发展空间。城镇化进程的加快，也意味着城市交通需求还将呈现刚性增长态势；伴随着互联网、共享等新经济模式的发展，经济和生活模式将发生重大转变，商务出行、居民旅游等需求激增，网络购物、电商爆发式增长，货物运输、城市末端配送量也不断增长。

（2）城市交通出行品质不断升级

随着生活品质的不断提升，人们对出行品质、安全、便捷、高效提出了更高要求。随着经济活动不断增加，交通需求由简单完成出行向高品质出行转变。

我国城市发展模式发生了变化，正在由城市增量发展向两方向分化发展，对外向都市圈和城市群发展，对内向存量发展甚至是减量发展。一方面，城市群及都市圈的发展，要求各层次交通融合衔接，满足区域一体化发展；另一方面，城镇化发展"以人为本"的战略思想，鼓励宜居健康生活，逐渐树立起"窄马路、密路网"的城市道路布局理念，要求交通运输向集约化发展。

2. 城市交通技术不断进步和发展

（1）智能化技术突飞猛进

未来城市道路交通将以交通大数据综合平台为基础，结合智能网联汽车与无人驾驶技术，建设信息感知共享、动态科学决策、实时精准服务、精细智能管理、高效便捷运输、主动安全防控、智能网联协同的新一代智能交通系统，将成为未来交通发展的新趋势。

（2）新能源技术不断进步

能源技术是目前科技创新最活跃和最主要的领域之一，在氢能、油气、乙醇、甲醇、核聚变能等方面都可能出现颠覆性新技术。人类历史上历次能源革命都给交通运输带来跨时代的进步，在多元化能源领域及可再生能源储能技术快速发展的多重趋势推动下，交通领域将从内燃机向电力或燃料电池方向转变，新能源交通工具将大量替代燃油交通工具。

（3）新型制造技术不断发展

在制造业产业转型升级的大背景下，交通运载装备相关新技术进步显著，在设计与制造技术不断创新下，交通运载装备和设施的研发、生产、应用周期大幅缩短，管理效率不断提高，极大地推动了交通产业的快速发展。

（4）新型建造技术不断融合

新型建造技术与交通运输相融合，建设智能化场站、智能停车系统、慢行交通系统等组成了适应新产业需要的服务性设施网。"交通新基建"的迅速发展为城市交通基础设施建设升级改造带来了新的机遇。

3. 城市交通新模式、新业态不断涌现

近几年，移动互联网、智能手机、共享经济在交通领域的应用，催生了城市交通出行的新模式和新业态，基于无线通信、传感探测等车车、车路、人车信息交互、协同配合，掀起了车路协同智能交通、共享汽车、共享单车、出行即服务（Mobility as a Service，MaaS）、合乘（High Occupancy Vehicle，HOV）技术、定制公交等智慧交通，为城市交通出行、运输带来了新的发展模式。

4. 能源环境对城市交通约束趋紧

（1）能源形势依然严峻

随着我国经济快速增长，能源消耗已经跃居世界第一，且呈上升趋势。然而，我国油、气、煤等能源资源人均占有量较低，对外依赖性强，石油供给已成为制约我国经济发展的瓶颈，能源安全问题突出，风险加剧。交通能源消费是总能源消费的主要领域之一，石油的不可再生性及昂贵的价格，加快了交通领域能源清洁化的进程。

（2）"双碳"目标对交通绿色化提出了更高要求

二氧化碳是造成温室效应的主要气体，近百年来，全球平均气温上升了0.74℃，预计百年后将继续上升1.1~6.4℃。我国提出了"碳达峰碳中和"战略目标，交通运输是温室气体排放的重点领域，交通领域碳排放占我国总排放比例约为11%。在实现"双碳"目标的过程中，城市交通运输绿色低碳转型既是要求也是挑战。

在上述新变革的综合影响下，城市交通形态将发生巨大变革，进而对城市经济社会活动产生深远影响，新一轮城市交通革命即将到来。

7.1.2　国内智能网联汽车发展规划

从工业和信息化部《车联网（智能网联汽车）产业发展行动计划》、11部委《智能汽车创新发展战略》到国务院《新能源汽车产业发展规划（2021—2035年）》，从部委行动上升为国家战略，智能网联汽车发展路线逐渐明确。

2018年12月，工业和信息化部印发了《车联网（智能网联汽车）产业发展行动计划》，提出以融合发展为主线，充分发挥我国的产业优势，优化政策环境，加强行业合作，突破关键技术，夯实跨产业基础，推动形成深度融合、创新活跃、安全可信、竞争力强的车联网产业新生态。行动计划从关键技术、标准体系、基础设施、应用服务、安全保障五大方面提出了发展目标。

2020年2月，国家发展改革委等11个部委联合发布《智能汽车创新发展战略》，明确以供给侧结构性改革为主线，以发展中国标准智能汽车为方向，以建设智能汽车强国为目标，以推动产业融合为途径的指导思想，并就未来30年我国智能汽车发展愿景、分阶段目标及实现路径等进行了部署。《智能汽车创新发展战略》指出，到2025年，中国标准智能汽车的技术创新、产业生态、基础设施、法规标准、产品监管和网络安全体系基本形成。实现有条件自动驾驶的智能汽车达到规模化生产，实现高度自动驾驶的智能汽车在特定环境下市场化应用。智能交通系统和智慧城市相关设施建设取得积极进展，车用无线通信网络（LTE-V2X等）实现区域覆盖，新一代车用无线通信网络（5G-V2X）在部分城市、高速公路逐步开展应用，高精度时空基准服务网络实现全覆盖。展望2035—2050年，中国标准智能汽车体系全面建成、更加完善。安全、高效、绿色、文明的智能汽车强国愿景逐步实现，智能汽车充分满足人民日益增长的美好生活需要。

2020年11月，国务院办公厅发布《新能源汽车产业发展规划（2021—2035年）》，提出力争经过十五年持续努力，新能源汽车关键核心技术取得重大突破、融合发展协调高效、产业生态健全完善，纯电动乘用车成为主流，燃料电池商用车实现规模化应用，高度自动驾驶智能网联汽车趋于普及，我国进入世界汽车强国行列。到2025年，新能源汽车市场竞争力明显提高，销量占当年汽车总销量的25%，有条件自动驾驶智能网联汽车销量占比30%，高度自动驾驶智能网联汽车实现限定区域内的商业化应用，乘用车新车平均油耗降至4.0L/100km，新能源乘用车新车平均电耗降至11.0kW·h/100km。到2030年，新能源汽车形成市场竞争优势，销量占当年汽车总销量的40%，有条件自动驾驶智能网联汽车销量占比70%，高度自动驾驶智能网联汽车在高速公路广泛应用，在部分城市道路规模化应用，汽车新车能耗达到世界先进水平。

2020年11月，发布《智能网联汽车技术路线图2.0》，提出将以五年为周期以发展期、推广期、成熟期三个阶段实现形成一批引领世界的智能网联汽车整车和零部件厂商的发展目标。

其中 2020—2025 年建立较为完善的智能网联汽车自主研发体系、生产配套体系以及创新产业链体系，拥有在世界排名前十的供应商企业 1~2 家，通过北斗高精度时空服务实现全覆盖，"人-车-路-云"系统达到初步协同。在市场应用方面，路线图设定的目标是，2020—2025 年 L2~L3 级的智能网联汽车销量占当年汽车总销量的比例超过 50%，L4 级智能网联汽车开始进入市场，C-V2X 终端新车装配率达到 50%，并且在特定场景和限定区域开展 L4 级车辆商业化应用；到 2026—2030 年，L2~L3 级的智能网联汽车销量占比超过 70%，L4 级车辆在高速公路广泛应用，在部分城市道路规模化应用；到 2031—2035 年，各类网联汽车式高度自动驾驶车辆广泛运行。

7.1.3 智能网联汽车创新应用路线图探究

2021 年 5 月，智能网联汽车创新中心发布的《智能网联汽车创新应用路线图》系统梳理了我国主要智能网联汽车应用场景，分析了智能网联汽车应用发展现状与趋势，在此基础上，进一步梳理不同场景下智能网联汽车创新应用所面临的核心问题与挑战、面向 2030 年的创新发展目标、提出创新发展实现路径。

《智能网联汽车创新应用路线图》的主要研究对象为多场景的网联式高度智能网联汽车/车辆应用，主要围绕车辆的行驶环境和行驶速度进行场景的选取，选取出来的场景再面向乘用车、客运车辆、货运车辆、功能型无人车辆进行分类，具体如图 7-1 所示。

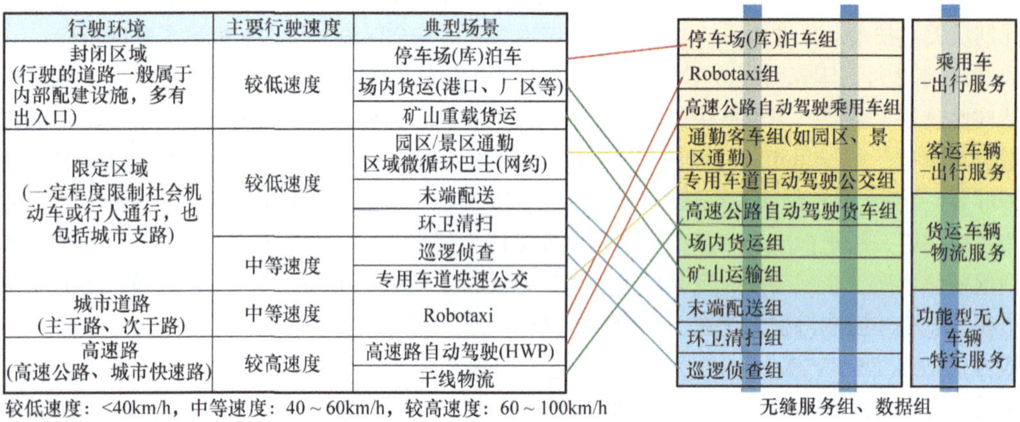

行驶环境	主要行驶速度	典型场景		
封闭区域（行驶的道路一般属于内部配建设施，多有出入口）	较低速度	停车场(库)泊车	停车场(库)泊车组	乘用车-出行服务
		场内货运(港口、厂区等)	Robotaxi组	
		矿山重载货运	高速公路自动驾驶乘用车组	
限定区域（一定程度限制社会机动车或行人通行，也包括城市支路）	较低速度	园区/景区通勤区域微循环巴士(网约)	通勤客车组(如园区、景区通勤)	客运车辆-出行服务
		末端配送	专用车道自动驾驶公交组	
		环卫清扫	高速公路自动驾驶货车组	货运车辆-物流服务
	中等速度	巡逻侦查	场内货运组	
		专用车道快速公交	矿山运输组	
城市道路（主干路、次干路）	中等速度	Robotaxi	末端配送组	功能型无人车辆-特定服务
高速路（高速公路、城市快速路）	较高速度	高速路自动驾驶(HWP)	环卫清扫组	
		干线物流	巡逻侦查组	

较低速度：<40km/h，中等速度：40~60km/h，较高速度：60~100km/h　　无缝服务组、数据组

图 7-1　智能网联汽车创新应用路线图

在乘用车方面，应用在封闭场地的自主代客泊车场景将不断扩大示范范围，随着未来几年的技术发展与商业化探索，逐步形成大规模商业化应用；应用在城市道路的 Robotaxi 将形成新型客运方式，逐步从示范应用向商业化运营过渡；在高速路场景，随着车辆自动驾驶技术发展以及高速公路场景网联化技术的引入，乘用车高速公路自动驾驶（Highway Pilot，HWP）功能不断完善，逐步降低对驾驶人的依赖。

在客运车辆方面，自动驾驶通勤客车与专用车道快速公交主要应用在限定场景，随着技术逐步成熟，到 2030 年，将在全国主要地区实现大规模商业化应用。

在货运车辆方面，港口、矿区等交通场景相对简单，法律法规制约较小，商业模式逐渐清晰；自动驾驶干线物流将随着技术与法规的逐步完善，不断提高覆盖线路范围，有效提高货运效率。

在功能型无人车辆方面，末端配送、环卫清扫等功能型无人车辆已经具备众多测试应用试点，未来将进一步扩大应用规模，在全国主要城市形成多样化智能网联功能型服务（图 7-2）。

车辆类型	行驶速度	典型场景		短期(2021—2022年)	中期(2023—2025年)	长期(2026—2030年)
乘用车	低速	泊车	应用普及:	智慧停车场数量; 百级(小范围园示范)	近千级(进入商业化)	数千级(规模商业化)
			人员方面:	需要场端人员远程监控	逐渐取消安全员	无需安全员
	中速	Robotaxi	应用普及:	"十城千辆"运营示范	"半百城半万辆"运营示范	在重点城市进入商业化运营
			人员方面:	需要车内安全员	逐渐取消安全员	无需安全员
	高速	高速路自动驾驶(HWP)	应用普及:	覆盖部分高速公路和快速路	大部分高速公路和快速路, 部分高速引入网联化	全部高速公路和快速路, 网联化高速覆盖率提升
			人员方面:	驾驶人需快速响应	驾驶人响应时间延长&支持远程监控	支持安全区域停车&远程接管
客运车辆	低速	园景区通勤区域巴士	应用普及:	限定区域开始示范	限定区域小规模商业化	限定区域规模商业化
			人员方面:	需要安全员	需要安全员 远程监控	无需安全员
	中速	专用车道快速公交	应用普及:	专用车道示范	小规模商业化	覆盖全国主要BRT线路
			人员方面:	驾驶人无需响应	驾驶人无需响应	无需驾驶人, 需安全员
货运车辆	低速	场内货运	应用普及:	几十个试点&百台无人集卡	近百个试点&千台无人集卡	重点码头基本实现无人化
			人员方面:	需要安全员	逐步去除安全员	无需安全员
	低速	矿山货运	应用普及:	几个矿区整矿无人驾驶运输	多个矿山生产运输-卸载全矿无人化	自动驾驶成为智能矿山建设基本要求
			人员方面:	需人员监控	1人监控多台合矿	1人监控矿山
	高速	干线物流	应用普及:	少数跨省高速开展示范	覆盖部分高速公路主要干线和省市级支线(跟随车辆需需)	覆盖大部分高速公路主要干线和省市级支线(跟随车辆无需)
			人员方面:	需要省内安全员(跟随车辆需需)	需要安全员内安全员(跟随车辆无需)	无需驾驶人, 支持远程接管
功能型无人车	低速	末端配送	应用普及:	几个城市&百个园区示范	数十个城市&千个园区示范	规模商业化
			人员方面:	开放道路需要安全员(园区无需)	开放道路需要安全员(园区无需)	无需安全员
	低速	环卫清扫	应用普及:	数十条开放道路&数百个园区示范	数百条开放道路&数千个园区示范	规模商业化
			人员方面:	开放道路需要安全员&数个园区无需	开放道路需要安全员&数个园区无需	无需安全员
	中速	巡逻侦查	应用普及:	几个城市&百个园区示范	几十个城市&千个园区示范	规模商业化
			人员方面:	开放道路需要安全员(园区无需)	开放道路需要安全员(园区无需)	需要驾驶人, 支持远程接管

图7-2 智能网联汽车创新应用发展规划

7.1.4 智能网联汽车创新应用展望与发展探究

1. 智能辅助驾驶提升道路安全和交通效率是当前智能网联应用发展重点

从提升道路安全的角度看,在有人驾驶的情况下,智能网联可以实现车辆与车辆或者路侧基础设施之间的实时通信,实现超视距、低时延、高可靠的道路安全相关信息感知,从而实现十字交叉路口碰撞预警、紧急制动预警等车辆行驶安全应用。以十字交叉路口为例,美国、加拿大等国的统计数据表明,高达近50%的交通事故发生在交叉路口或与路口相关,是道路安全中极具挑战性的场景。在十字交叉路口碰撞预警应用中,车辆广播基本安全消息,携带自身身份、定位、运行状态、轨迹等信息,交叉路口其他方向来车通过接收信息进行行驶决策。再如,山区高速公路弯道较多,特别是在上、下匝道区域,由于道路线型、山体遮挡的影响,车辆无法及时获取前方道路信息,一旦有停车、行人、遗撒等异常情况发生,就很容易发生交通事故。路侧感知设备可以对弯道区域的交通参与者和路面情况进行探测与分析,并将异常情况通过路侧单元(RSU)进行广播,对车辆进行盲区感知补充,有利于车辆驾驶者进行路径规划、避免交通事故。

从提升交通效率的角度,基于智能网联技术,经过联网化改造的交通信号灯或电子标志标识等基础设施可将交通管理与指示信息通过路侧通信设备(RSU)告知车辆,实现诱导通行、车速引导等出行效率提升应用。以诱导通行为例,交通灯信号机可通过路侧通信设备(RSU)将灯色状态与配时等信息实时传递给周围的行驶车辆,为车辆驾驶决策是否通过路口以及对应的通行速度提供相应依据,并且可以在一定程度上避免闯红灯事故的发生。另外,车辆可以与交通基础设施互动,交通信号灯动态支持高优先路权车辆(救护、消防、公安等紧急车辆及满载的公交车辆等)的优先通行。

2. 支持分阶段演进的自动驾驶是智能网联中长期目标

自动驾驶发展需要智能化与网联化协同发展,单独使用单车智能难以支撑自动驾驶,特别是应对极端情况和成本难题。基于网联技术并协同单车的智能控制管理,支撑自动驾驶中所需要的信息实时共享与交互、协同感知和协同控制。前述用于辅助驾驶阶段的车车和车路协同基本功能在自动驾驶中仍然是必要的。对于自动驾驶阶段,基于智能网联技术的车车和车路协同可产生的直接影响包括但不限于以下情景。

自动驾驶的应用场景将由限定区域的复杂路口和复杂路段扩展至全路段、全部路口,支持协同感知、协同决策与控制,保障行驶安全、提高交通效率。有研究表明,如果所有车辆都使用防撞传感器以及车车(V2V)通信技术,则高速公路的有效通行能力将提高273%。

极端危险情况下的远程遥控驾驶:借助于通信和远程监控,通过获取车辆的行驶状态和周边交通环境信息,实时发送指令控制远在几十甚至几百千米之外的车辆,完成起动、加/减速、转向等真实驾驶操作,避免极端事故发生,以及实现自动驾驶事故发生后的远程接管和处理。

紧急车辆避让:通过V2V通信,对于识别到的救护、消防、公安等紧急车辆(高优先路权车辆)实现紧急避让,虽然通过单车智能也可以做到,但是有若干缺陷,首先,只能避让相邻车辆;其次,无法保证识别的准确率,识别算法的优劣不同,可能导致识别速度缓慢,消息失去时效性。V2V通信收发的消息本身包含车辆身份信息,可以对车辆的身份进行识别,实现具有优先级管理的应用服务,甚至可以实时让出一个紧急车道。

编队行驶:区别于协同式自适应巡航控制(Cooperative Adaptive Cruise Control, CACC),利用C-V2X通信的低时延、高可靠通信能力,编队车辆通过直连通信实现实时交互。编队成员车辆可以在最短时间内接收到头车/前车的驾驶策略与驾驶状态信息,进行同步加速、制动等操作，从而保持预期的编队构型和编队的稳定性，可减少编队中成员车辆的空气阻力，有效降低车辆燃油消耗。

"智能路口"-"城市大脑"：借助于 V2X 通信、多级计算平台，可以实现自动驾驶车辆在交叉路口的优化控制，包含路口车车碰撞预警、人车碰撞预警、信号灯信息获取、车速引导及绿波通行等路口优化应用，有效提升交通效率，进一步降低交通拥堵，提升市民的幸福感。

3. 智能网联技术与各行业融合形成新兴业务系统

目前，单车智能化的成本较高。通过网联化的推进，可以有效降低单车智能成本。此外，随着越来越多的智能网联汽车、智能化道路基础设施间实现互联，将衍生出更多的应用服务类应用。

未来智能网联汽车创新应用将不再局限于车 - 车、车 - 路之间，可通过加强汽车、通信、交通、电子等领域间的合作，将智能网联技术与各行业系统进行组合，形成新兴业务系统。例如将智能网联技术与现有智慧交通基础设施、自动驾驶车企资源有机结合，从整体道路交通系统的角度出发，一方面为不同交通出行方式和不同车辆智能化等级的出行者提供更为安全、高效、便捷的自动驾驶出行服务，另一方面通过车 - 路 - 云信息互通，获取更全面的区域交通信息，开展区域交通的优化与协调，助力自动驾驶车辆实现区域级的线路规划。

基于智能网联技术与各行业融合形成新兴业务系统，将有助于推行商业模式创新和可持续的行业生态体系，以及通过智能网联支撑汽车行业和交通行业的转型升级，提供低碳汽车产品及降低交通事故率和提升交通效率等应用，从而支撑我国"碳达峰"与"碳中和"战略目标的有效达成。

知识链接

城市交通由私人交通、城市公共交通和货物专业运输三部分组成。

私人交通包括徒步和以自用车为交通工具的出行。自用车有轿车、摩托车、自行车等。私人交通机动灵活，方便人们出行，可以直接由出发点至目的地。但自用车载量小，运送效率低，道路利用率不高，其发展会给城市带来交通拥挤和阻塞，使平均车速日益下降，噪声和空气污染愈趋严重，能源耗量增加，停放车辆场地严重不足。因此，私人交通在大、中型城市宜适当控制发展，只宜作为城市公共交通的辅助方式。在工业不大集中的小城市，私人交通尚可发展。

城市公共交通为旅客运输。客运工具有公共汽车、有轨电车、无轨电车、地下铁道、出租汽车等。随着城市的发展，铁路市郊旅客运输也在一些城市的公共交通结构中成为重要的组成部分。在对有轨电车进行技术改造的基础上，还发展了快速有轨电车。它可在高架线路上运行，也可转入地下，在繁华市区不与其他车辆相互干扰，行驶速度快，载量大，乘坐舒适。在现代大城市中，地下铁道和快速有轨电车逐渐发展成为城市交通的骨干。城市公共交通的运营方式通常有定线定站服务、定线不定站服务（如北京、广州的小型公共汽车）和不定线不定站服务（如出租汽车）。公共交通工具载量大，运送效益高，能源消耗低，相对污染小，运输成本低。因此，优先发展城市公共交通是解决城市交通拥挤、阻塞的有效措施，也是节约能源、减少污染、改善城市环境的重要途径。

货物专业运输由拥有专业化运输工具的运输企业经营。它的运送效率高，货物损坏率低。发展货物专业运输便于因货配车，并通过合理的计划调度减少车辆空驶，提高车辆的行程利用率和设备利用率，从而大量节约运力投资，有效地减少城市交通车流，节约能源，降低货运成本。

> **小贴士**
>
> 2016年发布的《智能网联汽车技术路线图》是《节能与新能源汽车技术路线图》研究专题之一,支撑构建了中国智能网联汽车产业技术发展体系,并为中国智能网联汽车产业技术发展指明了方向。近年来,智能网联汽车产业更新发展较快,智能化网联化相融合的发展路径已得到国际广泛共识,涌现出诸多技术新特征、新趋势。2019年5月,编制组在充分研判上述变化的基础上,启动《智能网联汽车技术路线图2.0》修订工作,制定我国面向2035年的智能网联汽车技术发展的总体目标、愿景、里程碑与发展路径,提出创新发展需求。《智能网联汽车技术路线图2.0》已于2020年底正式发布。

7.2 智能网联汽车商业模式探索与实践

随着各部委政策的推动、技术的快速演进以及产业的加速布局,智能网联汽车迎来了新兴的商业落地场景,同时也提出了对城市基础设施建设的新要求,这就需要探索新的商业模式与之配合才能发挥作用,取得更多实质性的成果。那当前有什么新兴的应用场景,未来的商业模式又是怎样的呢?

7.2.1 城市智能网联汽车运营政策法规研究

智能网联汽车是科技创新和汽车产业升级的战略制高点,对科技创新、产业繁荣、经济发展起到重要的推动作用,我国高度重视这一领域的顶层战略规划和政策建设,以开放和审慎的态度,规范和引导产业有序发展。

从2015年起,国务院、工业和信息化部、交通运输部等部门发布一系列的政策意见来指导和规范国内智能网联行业发展,聚焦网联化和智能化发展,并规划由单车智能逐步转向多车协同以及"智慧的车"与"智慧的路"协同发展,对技术创新和产品研发提出创新发展需求。

"十三五"期间,我国智能网联汽车建立了以《智能汽车创新发展战略》为顶层设计的政策法规体系,形成了从战略、规划、示范运行到标准及关键技术支撑的系统化政策体系。《智能汽车创新发展战略》由国家11部委联合发布,是涉及政府部门最多的顶层设计政策之一,为我国智能网联汽车产业发展做出前瞻规划。

进入2021年以来,我国在车联网产业顶层规划、部际协调以及跨行业试点示范方面取得良好进展。2021年3月,十三届全国人大四次会议表决通过了关于国民经济和社会发展第十四个五年规划和2035年远景目标纲要的决议。规划中明确指出,要统筹推进传统基础设施和新型基础设施建设,积极稳妥发展车联网。2021年11月,工业和信息化部发布了《"十四五"信息通信行业发展规划》,在规划中有24处提到车联网,并明确推动C-V2X与5G网络、智慧交通、智慧城市等统筹建设,加快在主要城市道路的规模化部署,探索在部分高速公路路段试点应用;协同汽车、交通等行业,加速车联网终端用户渗透。

整体来看,政府层面对行业发展高度重视,系列政策、规范、标准、行动方案密集出台(表7-1),发展路线清晰明确,大力引导、支撑行业向智能网联化发展,为国内智能网联汽车行业的发展营造良好的政策环境。

表 7-1 城市智能网联汽车运营政策法规

时间	政府部门/发布单位	政策法规/标准规范
2015 年 12 月	工业和信息化部	《车联网发展创新行动计划（2015—2020 年）》
2016 年 10 月	中国汽车工程学会	《智能网联汽车技术路线图 1.0》
2017 年 9 月	交通运输部	《智慧交通让出行更便捷行动方案（2017—2020 年）》
2017 年 12 月	工业和信息化部、国家标准化管理委员会	《国家车联网产业标准体系建设指南（智能网联汽车）》
2018 年 2 月	交通运输部	《关于加快推进新一代国家交通控制网和智慧公路试点的通知》
2018 年 4 月	工业和信息化部、公安部、交通运输部	《智能网联汽车道路测试管理规范（试行）》
2018 年 6 月	工业和信息化部、国家标准化管理委员会	《国家车联网产业标准体系建设指南（总体要求）》
2018 年 12 月	工业和信息化部	《车联网（智能网联汽车）产业发展行动计划》
2019 年 9 月	中共中央、国务院	《交通强国建设纲要》
2020 年 2 月	国家发展改革委、中央网信办、科技部、工业和信息化部、公安部、财政部、自然资源部、住房城乡建设部、交通运输部、商务部、市场监管总局	《智能汽车创新发展战略》
2020 年 3 月	工业和信息化部	《关于推动 5G 加快发展的通知》
2020 年 4 月	交通运输部	《关于充分发挥全国道路货运车辆公共监管与服务平台作用支撑行业高质量发展的意见》
2020 年 4 月	交通运输部	《公路工程适应自动驾驶附属设施总体技术规范（征求意见稿）》
2020 年 4 月	工业和信息化部、公安部、国家标准化管理委员会	《国家车联网产业标准体系建设指南（车辆智能管理）》
2020 年 8 月	交通运输部	《关于推动交通运输领域新型基础设施建设的指导意见》
2020 年 11 月	国家智能网联汽车创新中心	《智能网联汽车技术路线图 2.0》
2020 年 12 月	交通运输部	《关于促进道路交通自动驾驶技术发展和应用的指导意见》
2021 年 2 月	中共中央、国务院	《国家综合立体交通网规划纲要》
2021 年 3 月	工业和信息化部、交通运输部、国家标准化管理委员会	《国家车联网产业标准体系建设指南（智能交通相关）》
2021 年 4 月	公安部	《道路交通安全法（修订建议稿）》
2021 年 7 月	工业和信息化部、中央网络安全和信息化委员会办公室、国家发展和改革委员会、教育部、财政部、住房和城乡建设部、文化和旅游部、国家卫生健康委员会、国务院国有资产监督管理委员会、国家能源局	《5G 应用"扬帆"行动计划（2021—2023 年）》

（续）

时间	政府部门/发布单位	政策法规/标准规范
2021年7月	工业和信息化部、公安部、交通运输部	《智能网联汽车道路测试与示范应用管理规范（试行）》
2021年9月	交通运输部	《交通运输领域新型基础设施建设行动方案（2021—2025年）》
2021年11月	工业和信息化部	《"十四五"信息通信行业发展规划》

7.2.2 城市运营基础建设要求

智能网联汽车需要城市基础设施提供感知体系。全球智能汽车的发展主要有两条技术路线：一条是以美国为代表的单车智能技术路线；另一条是车路协同融合的自动驾驶技术路线。目前，单车智能路线存在感知盲点、成本过高等问题，而且无法推进区域内交通智能化调度。新一代车路协同能够协调车、网均衡发展，通过感知路侧设施范围内全部交通参与方以提升驾驶安全，通过优化道路资源分配提高交通效率。在车路协同环境下，智能网联汽车需要城市道路路口和道路两侧智能化设备提供先进感知技术和信息支撑。

智能网联汽车需要新型基础设施提供网络服务。智能网联汽车在复杂的数字交通环境中实现可靠而高性能的自动驾驶，需要车与车、车与基础设施、车与人之间的网联化。智能汽车、智能交通需要低时延、大容量、高可靠的通信能力，以实现与感知设备的信息交互；需要精准定位与实时动态地图等地理信息服务，以规划道路行径。城市5G通信基础设施、边缘计算设备、北斗差分基站等基础设施可有效满足智能网联汽车对城市通信和计算等技术的需求。

智能网联汽车需要城市提供多样化数据。为加快实现智能汽车向智能终端转化，需要汇聚城市道路、交通、汽车、公共设施、市政设施、地理信息等动态和静态数据，通过机器学习提升智能化水平。同时，智能汽车需要平台对收集的信息进行统一处理，提供丰富的网络化协同解决方案，支持智能网联汽车的运行，也要满足其他应用对于动态、实时、城市级多种类数据融合的需求。

7.2.3 新兴应用场景

当前复杂城市道路上的智能网联汽车自动驾驶还面临道德伦理、法律法规、技术等多层面问题，因此大量自动驾驶公司开始专注于短周期内易实现的应用场景，例如半封闭道路的营运车辆，封闭园区、码头、矿山、港口等场景的低速货运等，同时通过技术迁移逐步扩展到部分高速公路和城区开放道路的应用场景。

在此背景下，智能网联汽车的发展催生了丰富的应用场景，包括Robotaxi（自动驾驶出租车）、无人巴士（城市公交、摆渡车、长途客运）、无人配送、干线物流、港口自动驾驶、无人矿卡、自主代客泊车、无人环卫等。目前，国家和地方政府为推进智能网联汽车产业发展，陆续开放了园区、城市、港口和矿山道路以及高速公路等交通环境供智能网联汽车企业开展示范运营。下面对几个新兴应用场景进行简单介绍。

（1）Robotaxi（自动驾驶出租车）

自动驾驶商业化落地场景有多种选择，其中服务人类出行的是Robotaxi场景，也是目前自动驾驶商业化相对落地比较多的场景之一。Robotaxi可以在特定地点运送乘客，通俗点说就是网约车，只不过这个网约车不用配备驾驶人（现阶段需要配备安全员）。尽管 Robotaxi 即将步入商业化运营阶段，但技术水平、政策法规、测试环境等仍是限制其快速发展落地的主要瓶颈，随着 5G 和 V2X 技术的快速发展，Robotaxi 大规模商业化将是未来发展趋势。

（2）无人客车（城市公交、摆渡车、长途客运）

通过对无人客车、道路、站台、场站进行智能化升级，开展路侧设施智能化改造、车载 OBU 及配套显示平板部署安装等，构建车内信号灯配时、车辆实时状态监控、车内监控实时回传等智能公交车辆应用；构建前向碰撞预警、交叉路口来车提醒、公交车优先通行、信号灯信息提醒等公交车沿线智能网联应用；构建面向车辆的泊位诱导、面向乘客的泊位安全提醒以及到站语音播报应用，提供智能电子站牌及无人贩售机应用等公交站台智能网联应用；构建出入口来车提醒、出入站管理等公交站场智能网联应用。

（3）无人配送

在互联网经济的推动下，网购、外卖用户迅速增多，末端配送的实时性需求快速增加，无人配送迎来发展的新时期。无人配送是自动驾驶相对比较容易落地的场景之一，依托智能网联赋能无人配送，通过车端 - 路端的信息，可协助无人配送车辆实现"最后一公里"配送服务，一方面提高配送效率，另一方面又能通过全局规划减少重复性工作，同时在疫情常态化防控政策下，还能避免感染的风险并提供物资供应。

（4）干线物流

引入智能网联车辆可以有效弥补长途货运驾驶人缺口，满足长途货运需求，并有效降低人为因素造成的交通事故。干线物流主要运输场景是高速，高速场景相对封闭，依托高速公路基础设施智慧改造，可为智能网联货运车辆提供路况信息，推动自动驾驶车辆在可控封闭环境下的落地。

（5）港口自动驾驶

港口货物装卸与运输作业是一项繁重且危险的工作，工作环境差，工作强度大，对从业人员资格和经验要求高。智能网联汽车的自主可控、高效率、高保障的优势与当前智慧港口的建设目标吻合。一方面对于车辆来说，港口环境相对封闭，运行规则相对简单，是典型应用场景，另一方面通过智能网联技术，可实现路线的精准规划，帮助集装箱货车满足港口各种装卸工况下的自动驾驶，帮助港口提升运营效率，降低安全风险。

（6）无人矿卡

智能网联汽车的自主可控、高效率、高保障的优势与当前智慧矿山的建设目标吻合。通过无人矿卡，可有效解决矿山运输用人难、效率低、安全无保障等痛点。同时矿区场景单一，运行路线固定，运行过程易采用标准化程序，也为智能网联车辆提供有利的应用发展空间。当前无人矿卡应用主要由车 - 路 - 云组成，其中车端是无人驾驶运输任务的执行者，路端是系统稳健运行的支撑和保障，云端是智能中枢，具备调度、指挥、监控的功能，基于车 - 路 - 云高效协同作业，提高矿卡运输作业安全与效率，推动智慧矿山向数字化、智能化、集成化、模块化、网格化发展。

（7）自主代客泊车

当前泊车系统按照不同场景分为泊车辅助系统、自动泊车辅助、远程遥控泊车、自主代客泊车。其中自主代客泊车已经实现了人找位到车找位的转变，驾驶人在任意位置用手机发送指令，使车辆在没有驾驶人的情况下，实现自动找位泊车及自动找人取回。目前泊车系统主要以车端改装为主要技术方案，同时也有基于场端改造的方案，前者主要依靠单车智能，相对来说成本较高，后者只需要车辆具备基本的泊车电子电气功能及网联功能即可，对车辆本身成本较小。总体来说，自动泊车作为智慧出行场景的刚需，未来发展潜力巨大。

（8）无人环卫

无人环卫车辆具备自动循迹、厘米级精确定位、路缘石边缘检测并贴边清扫、遇障碍物停车或绕行、遥控启停、智能语音交互等功能，可根据实际需求提供智能辅助驾驶模式、智能跟随模式、自动驾驶模式、远程接管控制模式。同时依托智能网联赋能无人环卫，通过车端 - 路端的信息一方面可向周边车辆提醒，注意避让无人环卫车，另一方面可协助其合理规划巡查行程，提高效率。无人环卫有效解决了环卫行业用工难、效率低、环境差等问题，提高作业效率，降低运营成本，使清扫更加规范高效。

7.2.4 商业模式更新

随着智能网联汽车技术与产业的发展，应用场景不断丰富，与之相关的商业模式正在不断更新。行业内新兴企业正在积极探索立足于自动驾驶和相关的增值服务，以软件销售、平台运营等方式提升盈利水平。

当前与智能网联汽车落地应用相关的商业模式包括提供技术方案、提供硬件产品、提供软件产品、提供平台服务、提供数据增值服务以及车队运营六大类。

1）提供技术方案是指从事智能网联汽车关键技术领域攻关，面向零部件供应商、整车企业和运营方提供自动驾驶、网联通信、安全测评等方面技术方案；

2）提供硬件产品是指研发并销售智能网联汽车功能实现相关的硬件产品，如人工智能芯片、计算平台、线控机构等；

3）提供软件产品是指开发并销售智能网联汽车操作系统以及功能和应用软件，满足车辆控制、信息娱乐等功能，并提供 OTA 升级素材；

4）提供平台服务是指通过云平台技术进行智能网联汽车的规划调配，以及网约车业务运营商通过叫车软件提供智能网联汽车服务的用户入口，引导用户流；

5）提供数据增值服务是指通过收集用户端数据进行大数据分析，获取价值取向信息。此外，还可通过提供高精度地图数据、特定地区交通场景数据等支持自动驾驶功能实现；

6）车队运营是指通过智能网联汽车终端提供客运、物流等服务，培育市场，并通过降低人力成本、提升运营效率实现收益。

7.2.5 典型应用场景的商业模式探索

智能网联汽车与智慧城市协同发展，将成为汽车行业下一个风口。

智慧城市是运用物联网、云计算、大数据、空间地理信息集成等新一代信息集成技术，促进城市规划、建设、管理和服务智慧化的新理论和新模式。

2021 年，中共中央、国务院在印发的《国家综合立体交通网规划纲要》中提出，在未来 15 年，通过实现北斗时空信息服务、交通运输感知全覆盖，使我国智能网联汽车（智能汽车、自动驾驶、车路协同）达到世界先进水平。

未来我国将推动智能网联汽车与智慧城市协同发展，通过建造城市道路、建筑、公共设施融合感知体系，打造城市动静态数据融为一体的智慧出行平台。同时在细分场景，如物流园区、港口、机场、货运场站,其应用物联网、自动化技术也将得到推广。

1. 顶层政策不断加持,城市基础设施智能化与智能网联汽车产业协同发展

随着汽车加速朝着智能化、网联化等方向发展,一方面,对于城市建筑、道路、设施等数字化、智能化的要求也越来越高,汽车比以往任何时间都更加需要新型城市基础设施的支撑和保障。另一方面,智慧城市的建设和发展也需要以智能网联汽车发展为切入点和驱动力,通过合理规划和优化发展城市基础设施改善出行服务,提高城市的运行效率。说到底,智能网联汽车的发展需要智慧城市当基础底座,而智慧城市的发展则需要智能网联汽车提供切入点,两者相辅相成。

2. 智能网联汽车与智慧城市协同发展商业模式

智能网联汽车与智慧城市协同发展主要由"一平台、两基础、多应用"三大部分组成,如图7-3所示。其中车城网平台是发展核心,感知和网络两大基础设施建设是发展基础,多层次、多场景应用是发展引擎。

"一平台"指的是车城网平台。车城网平台以城市信息模型(CIM)平台为基础,汇聚城市道路、交通、汽车、公共设施、市政设施、地理信息等动态和静态数据,建设开源开放、支撑多类应用。

"两基础"指的是感知基础设施和网络基础设施,是搜集数据的触角。感知基础设施又细分为市政感知基础设施和交通感知基础设施。市政感知基础设施包括城镇供水、排水、燃气、热力等市政基础设施;交通感知基础设施涵盖道路路口及道路两侧的雷达、摄像头等感知设备,数字化的车道线、交通标识、护栏等。

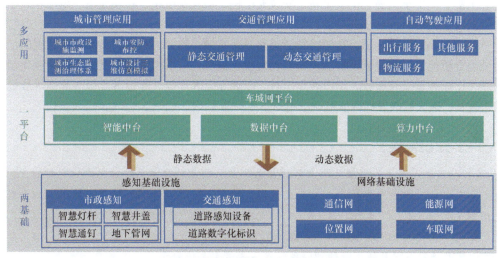

图7-3 智能网联汽车商业模式探索

在平台与基础设施之上,针对城市管理、交通管理和自动驾驶等可开展多层次、多场景的应用。城市管理方面,主要致力于市政设施监测、生态监测治理、城市安防布控、城市设计仿真等;交通管理方面,主要致力于动态交通管理和静态交通管理,解决出行时间增长与效率下降、公交出行、共享电单车与停车等当前城市出行体系存在的问题,在城市层面进行资源的协调与调度;自动驾驶商业化方面,则从出行、物流、环卫等角度,利用车城协同平台,帮助其更快落地。

智能网联汽车和智慧城市协同发展是一个复杂系统,且尚属于新生事物,没有可靠的经验可以借鉴，需要从建立健全跨部门协同管理机制、强化试点示范工作、完善标准法规体系、构建新型投融资体制、建立跨界融合的技术创新体系、加强人才队伍保障等方面形成协同发展的合力，为智能网联汽车与智慧城市协同发展构建基础。

7.2.6 智能网联汽车大规模商用运营模式探究

我国智能网联汽车发展正从测试验证转向多场景示范应用新阶段。前文介绍的无人配送、港口自动驾驶、无人矿卡、自主代客泊车、无人环卫等应用场景，依托其半封闭、低速等特性，是短周期内易实现的应用场景。

随着技术不断更新迭代与优化改进，待到一个大量测试应用验证的拐点，商业模式会以测试验证应用，逐步向上述重点新兴领域落地，再向规模化应用跨越，届时智能网联汽车的渗透率、路侧单元（RSU）及云控平台覆盖率将大大提升。

智能网联汽车车载单元配置短期由政府推动，优先在示范区内，后装车辆，参与测试验证；中长期由整车厂前装驱动，推动中高端车型商用到全面搭载。配套的路侧单元则主要由政府推动进行交通基础设施数字化升级，短期内主要由政府联合产业各方率先在示范区及高速公路进行智慧道路升级，小规模铺设路侧设备，待基建及技术成熟，再进行规模化部署。智能网联基础设备规模化部署完成后，随之而来的则是如何开展大规模商业运营的问题。

针对智能网联汽车端方面，未来可参考互联网的"用户运用"思维，围绕车和人来赢利，利用数据、软件和增值服务等为抓手，通过 OTA 升级、按需付费等方式实现价值变现。挖掘用户运营的持续价值，提供个性化软件服务和内容服务，如社区运营、集客、试驾、下单、交车、保养、维修、二手车交易、报废更新、安装充电桩、运营换电站、移动充电、电池租赁、电池回收等。通过建立产品生态和数据生态，持续扩大智能网联汽车与相关企业的数据变现模式。

针对智能网联路端方面，高等级智能道路具备车辆、道路、行人、云端高维数据的汇聚和实时处理分析能力，除服务于智能网联自动驾驶车辆外，可不断探索开展更多的商业化运营服务创新，比如智慧交管服务、城市智慧出行、车辆安全管理等，通过各类服务为高等级智能道路带来盈利，最大可能发挥智能网联应用的整体价值。

> **知识链接**
>
> 《智能网联道路系统分级定义与解读报告》从交通基础设施系统的信息化、智能化、自动化角度出发，结合应用场景、混合交通、主动安全系统等情况，把交通基础设施系统分为 I0 级~I5 级。
>
> I0 级（无信息化/无智能化/无自动化），交通基础设施无检测和传感功能，由驾驶人全程控制车辆完成驾驶任务和处理特殊情况，或者完全依赖于自动驾驶车辆本身。
>
> I1 级（初步数字化/初步智能化/初步自动化），交通基础设施可以完成低精度感知及初级预测，感知设备能实时获取连续空间的车辆和环境等动态数据，自动处理非结构化数据，并结合历史数据实现车辆行驶的短时、微观预测，为单个自动驾驶车辆提供自动驾驶所需静态和动态信息。
>
> I2 级（部分网联化/部分智能化/部分自动化），交通基础设施将高精度感知及深度预测结果传递给车辆，为自动驾驶车辆提供所需信息，在有限条件下可以初步实现自动驾驶

控制、基础设施系统接管和控制自动驾驶车辆。基础设施系统依托I2X通信，为车辆提供横向和纵向控制的建议或指令，同时车辆向道路反馈其最新规划决策信息。

I3级（基于交通基础设施的有条件自动驾驶和高度网联化），高度网联化的交通基础设施可以在数毫秒内为单个自动驾驶车辆（自动化等级大于1.5及以上）提供周围车辆的动态信息和控制指令，可以在包括专用车道的主要道路上实现有条件的自动化驾驶。遇到特殊情况，需要驾驶人接管车辆进行控制。基础设施系统可实现对自动驾驶车辆的横向和纵向控制，要求自动驾驶车辆的自动化等级达到1.5或以上。

I4级（基于交通基础设施的高度自动驾驶），交通基础设施为自动驾驶车辆（自动化等级大于1.5及以上）提供详细的驾驶指令，可以在特定场景/区域（如预先设定的时空域）实现高度自动化驾驶，实现对自动驾驶车辆的接管与控制，完成车辆的感知、预测、决策、控制等功能。遇到特殊情况，由交通基础设施系统进行控制，不需要驾驶人接管。

I5级（基于交通基础设施的完全自动化驾驶），交通基础设施可以满足所有单个自动驾驶车辆（自动化等级大于1.5及以上）在所有场景下完全感知、预测、决策、控制、通信等功能，并优化部署整个交通基础设施网络，实现完全自动驾驶。完全自动驾驶所需的子系统无需在自动驾驶车辆设置备份系统。提供全主动安全功能。遇到特殊情况，由交通基础设施系统进行控制，不需要驾驶人参与。

（来源：中国公路学会自动驾驶工作委员会）

小贴士

除了上文知识链接所介绍的《智能网联道路系统分级定义与解读报告》外，国内外也颁布了众多智能网联道路系统分级标准。

2019年3月，欧洲道路运输研究咨询委员会发布《Connected Automated Driving Roadmap》，定义自动驾驶的基础设施支持级别。

2019年9月，中国公路学会自动驾驶工作委员会、自动驾驶标准化工作委员会发布了《智能网联道路系统分级定义与解读报告（征求意见稿）》。

2020年12月，中国智能交通产业联盟发布《智慧高速公路 车路协同系统框架及要求》，其中规范性附录给出智慧高速公路车路协同系统等级划分。

2021年3月，中国智能交通协会发布《智慧高速公路分级（征求意见稿）》。

思考题

1. 当前城市交通发展趋势是怎样的？
2. 智能网联汽车有什么未来发展规划？
3. 我国出台了哪些与智能网联汽车相关的政策法规（请说出三个以上）？
4. 智能网联汽车对城市基础设施提出什么要求？
5. 智能网联汽车新兴应用场景有哪些？

参 考 文 献

[1] 李克强，戴一凡，李升波，等.智能网联汽车(ICV)技术的发展现状及趋势[J].汽车安全与节能学报，2017，8(1)：1-14.

[2] 中国汽车工程学会.节能与新能源汽车技术路线图[M].北京：机械工业出版社，2016.

[3] 中国电子信息产业发展研究院.智能网联汽车测试与评价技术[M].北京：人民邮电出版社，2019.

[4] 赵光辉，李翔宇，陈凯.我国智能网联汽车发展现状研究[J].时代汽车，2019(17)：153-154.

[5] 赫炎.智能网联汽车的测试评价[J].世界汽车，2021(1)：96-101.

[6] 中国汽车技术研究中心有限公司，中国智能交通协会.中国自动驾驶产业发展报告（2020）[M].北京：社会科学文献出版社，2020.

[7] 中国智能交通协会，中国汽车技术研究中心有限公司.中国自动驾驶产业发展报告（2021）[M].北京：社会科学文献出版社，2021.

[8] 马峻岩，田叶凡，赵祥模，等.基于自然驾驶数据挖掘的二阶车辆与行人交互测试场景[J].中国公路学报，2022，35(3)：139-152.

[9] 曾立锵，张志国，宋瑞.智能网联汽车复杂光线影响分析及其测试场景还原方法研究[J].汽车与配件，2021(3)：57-61.

[10] 马兵兵，郭刚，薛亮，等.智能网联汽车整车性能测试场景研究[J].中小企业管理与科技(下旬刊)，2020(8)：102-103.

[11] 田思波，郭润清，樊晓旭，等.智能网联汽车测试场景三维评价模型研究[J].汽车科技，2020(1)：46-50.

[12] 孔令旗，陈天姿，冀建波.智能网联汽车测试场场景设计方法研究[J].城市道桥与防洪，2021(4)：49-51+12.

[13] 易茂，夏芹，谯杰.智能网联汽车测试场建设与测试方法浅析[J].汽车实用技术，2018(20)：41-43.

[14] 冯屹，王兆.自动驾驶测试场景技术发展与应用[J].道路交通管理，2021(3)：90.

[15] 郑新强.基于场景元素的智能网联汽车场景库构建[J].无线互联科技，2021，18(11)：24-25.

[16] 杨秋燕，秦明明.基于场景元素的智能网联汽车场景构建探析[J].时代汽车，2020(12)：24-25.

[17] 陈韬，蔡博，回春.基于场景元素的智能网联汽车场景构建研究[J].公路与汽运，2019(6)：9-12.

[18] 张晓蕾，王斌，王伟平，等.国内智能汽车测试场的运营模式分析[J].上海汽车，2016(12)：58-62.

[19] 王巍，刘永生，廖军，等.数字孪生关键技术及体系架构[J].邮电设计技术，2021(8)：10-14.

[20] 赵龙刚，刘汉生，张小平，等.基于数字孪生的车路协同虚拟仿真平台研究[J].移动通信，2021，45(6)：7-12.

[21] 巴勇，王梦阳，赵立彬.智能网联汽车应用示范区管理平台研究与实践[J].中国新通信，2019，21(10)：122-123.

[22] 赵文博.从测试认证把握智能网联汽车安全[J].智能网联汽车，2022(1)：10-11.

[23] 马建勇，陈科，王晨阳.智能网联汽车产品认证的可行模式探讨[J].质量与标准化，2020(Z1)：75-78.

[24] 潘继红.智能网联汽车产品认证创新研究[J].科学与信息化，2019(11)：165.

[25] 刘法旺.智能网联汽车准入管理的研究与思考[J].机器人产业，2021(5)：65-68.

[26] 闫涛涛.《关于加强智能网联汽车生产企业及产品准入管理的意见》解读[J].中国宽带，2021(11)：2-3.

[27] 宋昊辰，杨林，徐华伟，等. 智能网联汽车信息安全综述 [J]. 信息安全与通信保密，2020(7)：106-114.

[28] 李喆，乔英俊. 新形势下我国城市交通发展战略思考 [J]. 中国交通信息化，2021(12)：134-137.

[29] 陈山枝，葛雨明，时岩. 蜂窝车联网（C-V2X）技术发展、应用及展望 [J]. 电信科学，2022，38(1)：1-12.

[30] 王卉捷，叶璐. 智能网联汽车商业模式探索与实践 [J]. 中国工业和信息化，2021(Z1)：80-84.

读者服务

机械工业出版社立足工程科技主业,坚持传播工业技术、工匠技能和工业文化,是集专业出版、教育出版和大众出版于一体的大型综合性科技出版机构。旗下汽车分社面向汽车全产业链提供知识服务,出版服务覆盖包括工程技术人员、研究人员、管理人员等在内的汽车产业从业者,高等院校、职业院校汽车专业师生和广大汽车爱好者、消费者。

一、意见反馈

感谢您购买机械工业出版社出版的图书。我们一直致力于"以专业铸就品质,让阅读更有价值",这离不开您的支持!如果您对本书有任何建议或意见,请您反馈给我。我社长期接收汽车技术、交通技术、汽车维修、汽车科普、汽车管理及汽车类、交通类教材方面的稿件,欢迎来电来函咨询。

咨询电话:010-88379353　　　　编辑信箱:cmpzhq@163.com

二、课件下载

选用本书作为教材,免费赠送电子课件等教学资源供授课教师使用,请添加客服人员微信手机号"13683016884"咨询详情;亦可在机械工业出版社教育服务网(www.cmpedu.com)注册后免费下载。

三、教师服务

机工汽车教师群为您提供教学样书申领、最新教材信息、教材特色介绍、专业教材推荐、出版合作咨询等服务,还可免费收看大咖直播课,参加有奖赠书活动,更有机会获得签名版图书、购书优惠券。

加入方式:搜索 QQ 群号码 317137009,加入机工汽车教师群 2 群。请您加入时备注院校 + 专业 + 姓名。

四、购书渠道

机工汽车小编
13683016884

编辑微信

我社出版的图书在京东、当当、淘宝、天猫及全国各大新华书店均有销售。

团购热线:010-88379735

零售热线:010-68326294　88379203